# 하이 컨셉트

# 하이 컨셉—할리우드의 영화 마케팅

초판 1쇄 인쇄 · 2004년 6월 10일
초판 1쇄 발행 · 2004년 6월 15일

지은이 · 저스틴 와이어트
옮긴이 · 조윤장, 홍경우
펴낸이 · 박성규

펴낸곳 · 도서출판 아침이슬
등록 · 1999년 1월 9일(제10-1699호)
주소 · 서울시 마포구 합정동 364-70 (121-884)
전화 · 02-332-6106 / 팩스 · 02-322-1740
E-mail · webmaster@21cmorning.co.kr

값 15,000원
ISBN 89-88996-42-9 03320

• 잘못 만들어진 책은 바꾸어 드립니다.

# 하이 컨셉트

## 할리우드의 영화 마케팅

저스틴 와이어트 지음 I 조윤장 · 홍경우 옮김

# 한국 영화의 새로운 경쟁력을 위하여

이 책을 번역하는 동안 한국 영화계에는 놀라운 일이 벌어지고 있었다. 〈실미도〉와 〈태극기 휘날리며〉가 자그마치 1,000만 관객을 돌파한 것이다. 업계의 전문가들 역시 놀랍기는 마찬가지인 한국 영화 역사의 대 사건으로 기록될 일이다. 어느 중견 감독의 말처럼 충무로 사람들은 모두 다 '동업자'다. 경쟁사라는 개념은 충무로 사람들에게는 그리 적절하지도 또 보편적이지도 않다. 일반 제조업이라면 시장점유율의 개념으로 따져 상대방이 잘 되는 현상에 대해서 나의 몫을 빼앗겼다는 공간 개념으로 생각하겠지만, 관객의 흐르는 시간을 차지하는 것이 업의 본질인 충무로에서는, 내 영화가 상영되는 시간이 아닌 동안에 이루어진 상대방의 성과에 대해서라면 축하하고 또 나의 일처럼 기뻐하는 것이 상식이다. 그러므로 충무로 사람들 모두는 '4차원(시간)의 동업자'들이다.

사실 충무로 역시 1,000만이 넘는 관객을 동원하는 현상에 대해서 원인을 명쾌하게 분석하지는 못한다. 그도 그럴 것이 우리나라 경제활동 인구가 2,200만 명 정도인데 관객 1,000만 명은 가히 그 이유를 설명해 낼 엄두가 안 난다는 것이 솔직한 표현이며 상식일 것이다. 한때는 한국 영화가 홍콩에서처럼 쇠퇴할 것이라고 전망하던 영화계 안팎의 사람들도 있었지만 이제는 그런 우려를 듣기 힘들다. 한국 영화가 다루는 소재도 다양해졌고, 더불어 질적으로 많은 성장을 했다는 뜻일 게다. 충무로의 한 모퉁이를 지켰던 역자이지만 충무로 동업자의 일원으로서 뿌듯하다. 자랑스럽다.

이제 한국 영화는 본격적으로 전세계를 향해 발진할 것을 새로운 목표로 잡고 있다. 벌써 의욕과 패기로 충만한 몇몇 젊은 프로듀서들의 여권에는 숱한 출입국 도장들이 찍혀 있다. 부디 이런 한국 영화의 선순환 사이클이 잘 작동하여 한국 영화의 세계화뿐 아니라 우리나라의 국가 이미지와 문화 이미지를 선양하여 우리 제조 기업들의 상품이 해외 각국에서 잘 팔릴 수 있도록 측면 지원하는 역할까지 해내기 바란다. 그것이 문화 마케팅이다. 또 그것이 국가 마케팅의 한 축이다. 그것이 국민들로부터 한없는 사랑을 받아 온 우리 영화계가 국민들에게 보답하는 길일 것이다.

한국 영화가 국내 시장에서의 안정된 성장을 기반으로 세계화를 추진하려는 지금, 새로운 패러다임에 대한 고민과 실험 그리고 검증이 이루어지게 될 것이다. 이제 다시 들판에 서서 "무지개를 보기 위해서는 거센 비바람을 맞아야 하는" 새로운 시작이 될 것이다.

《하이 컨셉트 ― 할리우드의 영화 마케팅》은 1970년대 〈죠스〉의 성공 이래 미국 상업 영화계에서 가장 활발하게 제작되어 왔던 '하이 컨셉트 영화'에 대한 연구서다. 하이 컨셉트 영화란 블록버스터 영화와는 개념이 다르다. 그렇지만 하이 컨셉트 영화를 만들다 보면 블록버스터화되는 경향이 강하게 나타난다. 하이 컨셉트는 미국의 상업 영화가 시장(관객)에서 경제성(수익성)을 보장받기 위해 필요하게 된 개념적 장치다. 쉽게 말하면 '이렇게 하면 관객들이 더 좋아하는 작품을 기획하게 되고 배급력이 증대되니 흥행 가능성이 높아지고 그럼으로써 스튜디오의 수익성이 개선되고 따라서 지속적인 재투자가 가능하게 된다'는 생각에서 출발한 영화의 '기획－제작－배급－마케팅－머천다이징－후속편 제작'이라는 일련의 가치사슬을 체계적으로 정리한 개념이다.

이 책에 담겨 있는 내용은, 한국 영화업계의 '고수'들은 한국 시장에서 학습한 경험을 바탕으로 '암묵지'의 형태로는 어느 정도 알고 있는 개념일 수 있다(그러나 한국 영화계는 '암묵지'를 '형식지'로 전환해 내지 못하고 있다. 자신의 경험을 통해 체득한 지식을 타인과 교환할 수 있는 문자라는 형식으로 정리해 내지 못하고 있는 것이다. 본의든 아니든 '청기와 장수'가 되어 있다고 할 수 있다). 이 책의 내용은 그것을 확인해 주는 것에 불과할 수도 있을 것이다. 그럼에도, 우리가 세계적인 경쟁력을 갖춘 영화를 기획하고 제작하려 한다면 현대 할리우드의 핵심적인 사고방식을 정확하게 이해하는 것은 매우 중요하다. 그런 점에서 하이 컨셉트는 충무로의 고수들에게도 많은 공감을 줄 것이다. 특히 제작자들에게는 더 없이 소중한 책이 될 것이다.

물론 할리우드 안에서 하이 컨셉트에 대한 반론도 만만치 않다. 특히 최근 몇 년간 강하게 드러나고 있는 미국 영화계의 '크리에이티브

고갈'이라는 문제에 대해서 하이 컨셉트는 일정 정도 책임이 있는 것으로 추궁당하기도 한다. 그렇다고 할지라도 아직 갈 길이 먼 우리에게 하이 컨셉트는 너무나 많은 것을 제시해 주는 '컨셉트'라는 점에서 우리에게는 매우 유효할 것으로 판단한다.

이 책은 노스 텍사스 대학의 저스틴 와이어트 교수가 1994년에 집필한 책이다. 본래는 연구논문으로 발표한 것을 책의 형태로 발간한 것이다. 그러다 보니 우선 10년 전의 미국 영화산업의 현재를 다루고 있다는 점에서 시의성이 다소 떨어질 수 있다. 또 책의 내용에서 특히 미학적 묘사에 있어서는 독자들이 이해하기가 다소 어려운 부분도 있을 수 있다는 점을 미리 말씀드리고 싶다. 미학과 평론이 전문이 아닌 역자의 입장에서는 무척 곤혹스러운 번역 작업이었음을 고백한다. 이 책을 처음 접했을 때 그 내용이 한국 영화계의 실력을 다지는 데 일조해 줄 것이라는 확신에 번역을 결심했다. 비록 발표된 지는 10년이 지났으나 우리가 배울 게 많다고 생각되는 이 책이 국내에서는 여태 번역 출간되어 영화인들에게 읽혀지지 못했다는 점이 늘 아쉬웠기 때문이다.

이 책을 출간해 주신 출판사 아침이슬에 깊이 감사 드린다. 또 《엔터테인먼트 마케팅 혁명》에 이어 이 책의 번역을 위해 지난 반 년간 지난한 길을 마다하지 않고 함께 꿋꿋하게 걸어온 서울외국어통역대학원의 홍경우 님께 진심으로 감사할 따름이다. 그리고 나의 활동에 정성어린 도움을 주신 씨앤필름의 장윤현 감독님, 김승준 이사님, 이창준 PD님, 헬로우타임의 김원석 님께도 고마움을 전한다. 끝으로 지난 몇 년간 나의 충무로 인생을 위해 어려움을 참고 견뎌 준 사랑하는 아내와 아일, 아영 두 딸에게 깊은 사랑의 마음을 전한다.

이 책이 한국영화계의 경쟁력을 높이는 데 작은 도움이라도 되기를 바라는 마음뿐이다. 동업자로서.


2004년 6월

조윤장

이 책은 UCLA에서 진행했던 박사 과정의 연구 성과를 발전시킨 것이다. 이 연구의 기본적인 틀을 잡을 수 있도록 도와준 스티브 맴버, 트루디 카메론, 하워드 서버, 캐스린 몽고메리, 캐롤 스코트, 그리고 특히 자넷 버그스트롬에게 감사의 뜻을 전하고 싶다. 필자는 UCLA에서 연구를 시작하기 전부터 영화와 경제학뿐만 아니라 두 학문이 교차되는 영역에 관심을 가지고 있었으며, 여러 선생님과 교수님들께서 이를 북돋워 주셨다. 어윈 디워트, 셀라 헤퍼넌, 존 밀스, A. J. 레이넛슨, 존 웨이마크, 그리고 조앤 야먀구치가 바로 그분들이다.

또한 필자가 하이 컨셉트라는 개념을 발전시키기 위해 노력해 온 지난 수년간 사람들이 보여 준 관대한 반응과 격려에 대해서도 감사한다. 특히 본 연구에 대한 최초의 글을 〈와이드 앵글<sup>Wide Angle</sup>〉지에 함께 기고했던 랜디 러츠키는 이번에도 정말로 많은 도움을 주었다. 많은 제언과 제안을 해 준 J. M. 클라크, 존 루이스, 제임스 내러모어, 빅토리아 오도넬, 도널드 모트, 브루스 오스틴, 케네스 화이트, 하미드 내

피시, 니나 리버먼 그리고 조앤 야먀구치에게 감사를 드린다. 나는 노스 텍사스 대학에서 뛰어난 동료를 만나는 행운을 누렸다. 이 가운데는 스티브 포어, 돈 스테이플즈, 인상 깊었던 주임 교수 게리 비더, 존 쿠이퍼, 쉬지 않고 도움을 준 요시코 나베이가 있었다.

영화와 텔레비전 산업에 종사하는 몇몇 지인들도 하이 컨셉트에 대한 견해를 기꺼이 공유해 주었다. 피터 거버, 제리 브룩하이머, 다이애나 위덤, 매기 영, 페리 캐츠, 피터 맥컬레비, 시드 카우프만, 애덤 골드, 힐러리 에스티, 로브 제닝스, 지금은 고인이 된 마디 매런스가 바로 그들이다.

이러한 친구들의 도움과 관심 덕택에 필자는 이 책을 쓸 수 있었으며, 후안 모랄레스, 로나 베렌스타인, 앨리슨 로이드 맥키, 제임스 스포티스우드, 콘스탄스 메이어, 우즈 글리슨, 프랜시스 가르가니, 에릭 프로케시, 토드 헤인즈, 데이비드 그리핀, 스티브 포어, 보브 헬스트롬, 마이라 워커를 포함하여 많은 이들에게 큰 지원을 받았다.

루크 라이언은 이 책의 스틸사진 촬영과 디자인을 맡아 주었다. 이 책 3장의 일부는 〈하이 컨셉트, 제품 차별화 및 현대 미국의 영화산업〉이라는 이전 논문에 일부 나와 있기도 하다.

텍사스 대학 출판부의 베치 윌리엄스와 프랭키 웨스트브룩의 열정과 조언은 내게 많은 도움이 되었다. 무엇보다도 편집장 토머스 슈워츠의 친절과 비판, 인내심, 그리고 지적인 엄격함에 감사한다.

# 차례

## 4장   이미지 마케팅: 하이 컨셉트와 마케팅의 발전 *179*



## 5장   하이 컨셉트와 시장조사: 숫자로 만드는 영화 *245*



## 6장   하이 컨셉트와 미국 영화 역사의 과정 *291*

일러두기

- 이 책의 원서 *High Concept—Movies and Marketing in Hollywood*는 1994년에 출간된 것으로, 책 내용 중 각 스튜디오 간부들의 직위는 당시의 것이다.
- 이 책에서 소개하고 있는 영화의 제목은 국내 개봉 당시 붙인 한글 제목을 썼고, 처음 영화 제목이 소개될 때에만 원제와 개봉 연도를 부기했다.

# 하이 컨셉트란 무엇인가

**1970년대 말에 제작된** 뮤지컬 영화 두 편을 생각해 보자. 영화 〈그리스<sup>Grease</sup>〉(1978)는 수백만 명의 10대 팬들에게서 비난과 찬사를 동시에 받았고, 영화 〈올댓재즈<sup>All That Jazz</sup>〉(1979)도 미국 영화아카데미협회<sup>The Academy of Motion Picture Arts and Sciences</sup> 회원들로부터 많은 칭송을 받으며 아카데미상 9개 부문에 노미네이트되었다. 노래와 춤을 다루고 있다는 점에서 두 영화 모두 뮤지컬 장르에 속하지만, 영화의 내용과 마케팅 그리고 영화에 대한 대중적 반응의 차이에서 이 두 편의 영화는 현대 할리우드에 내재된 영화 제작 형태의 의미심장한 차이를 드러내고 있다. 보다 분명히 말한다면, 이 두 영화는 하이 컨셉트<sup>high concept</sup>와 로우 컨셉트<sup>low concept</sup>의 차이를 분명하게 보여 주는 사례다.

영화 〈그리스〉는 현대 할리우드의 주류 제작 형태 내에 확고하게 자리 잡고 있었다. 마케팅과 관련하여 이 영화에 내재되어 있는 자산은, 예를 들면 〈올댓재즈〉 같은 다른 뮤지컬 영화와 쉽게 구분된다. 이 잠재적 마케팅 자산은 무엇보다 스타 파워에서 비롯된다. 〈토요일 밤의

존 트래볼타와 올리비아 뉴튼 존은 스타 파워를 이용한 마케팅이었다(〈그리스〉, 파라마운트, 1978).

중년 관객 계층을 공략하기 위해 캐스팅된 프랭키 아발론
(〈그리스〉, 파라마운트, 1978).

열기<sup>Saturday Night Fever</sup>〉(1977)를 통해 스타 대열에 오른 존 트래볼타<sup>Jon Travolta</sup>가 최신작으로 출연했고, 대중의 인기를 한 몸에 받고 있던 팝스타 올리비아 뉴튼 존<sup>Olivia Newton-John</sup>을 필두로, 프랭키 아발론<sup>Frankie Avalon</sup>, 애드 쿠키 번즈<sup>Ed Kookie Byrnes</sup>, 이브 아든<sup>Eve Arden</sup>, 시드 시저<sup>Sid Caesar</sup> 등 1950년대를 풍미했던 영화계의 미디어 스타들이 출연하면서 나이 든 관객의 관심까지 불러일으킬 수 있었다. 이들 스타 배우 중에서 존 트래볼타는 가장 중요한 미디어 우상이었다. 〈그리스〉가 개봉되었을 때는 존 트래볼타가 당시 영화계에서 가장 주가가 높은 최고의 흥행 배우로 부상했을 무렵이었고 또한 그를 단숨에 스타의 반열에 올려놓은 데뷔작 〈토요일 밤의 열기〉가 개봉된 지 6개월밖에 지나지 않은 시점이었다. 〈그리스〉는 〈토요일 밤의 열기〉에 대한 기억이 뇌리에서 채 사라지지 않은 관객들에게 그 열기를 넘어서는 신선한 바람을 몰고 왔다. 게다가 남

우주연상 후보로 지명되면서 트래볼타는 평단으로부터도 중요한 배우로 인정받았다.

여러 타깃층의 스타 배우들을 함께 출연시키는 스타 패키지$^{Star Package}$ 전략은 영화 〈그리스〉의 마케팅 공식을 잘 설명하고 있다. 즉 존 트래볼타에 열광하는 젊은 층을 대상으로 10대들의 사랑과 음악이라는 주제를 제시하고, 또 한편으로 기성 세대에게는 과거 시절의 향수를 불러일으키려는 것이다. 이와 같이 두 세대를 동시에 겨냥하는 전략을 두고 평론가 데이비드 안젠$^{David Ansen}$은, "영화 〈그리스〉가 마치 콘서트에 와 있는 것처럼 의자에 앉아 몸을 흔드는 10대들에게서 성공을 거둔 요인은 (기성 세대들에게 호소하는) 1950년대에 대한 향수와는 거의 상관이 없는 것이다. 이 영화는 얼마 전 개봉되었던 〈토요일 밤의 열기〉와 마찬가지로 중산층의 여러 가치를 상찬하는 디오니소스적 축제라고 할 수 있다"라고 평했다. 이렇게 한데 묶어서 마케팅하는 방식은 신세대와 구세대 모두에게 효과를 발했다. 예를 들어, 티셔츠와 소설, 포스터 판매는 통상 신세대를 대상으로 기획되었지만 구세대 관객들의 관심도 끌 수 있도록 제작되었다. "기억하십니까? 귀를 찢을 듯한 음악과 패거리 지어 몰려다니던 친구들, 그때의 감정을 말이에요. 파라마운트$^{Paramount}$가 자신 있게 내놓는 대히트 뮤지컬 〈그리스〉는 1950년대의 삶과 시대상을 우리 눈앞에 펼쳐 보이고 있습니다. …… 그때 그 시절을 다시 느껴 보세요!"라는 문구는 더블 앨범 사운드트랙의 판촉에도 활용되었다. 향수를 자극하기 위해 광고에서 사용한 문구는 사운드트랙에도 사용되었다. 1950년대를 연상시키는 밴드그룹 샤나나$^{Sha-Na-Na}$의 곡들과 함께 (1978년 당시 10대들로서는 분명 수용하기 어려웠던) 〈Love is a Many Splendored Thing〉과 〈Look at Me, I'm Sandra Dee〉가 삽입되었다. 그러나 이 영화를 통해 인기를 얻게 된 〈You're the One That I Want〉, 〈Hopelessly Devoted to You〉 같은 곡들은 1970년대 유행하던 팝의 느낌을 반영하고 있으며, 사실 당시 브로드웨이에서 상연 중이던 원작 뮤지컬의 원곡이 영화에 삽입된 것이기도 했다. 1950년대와 1970년대는 테마곡 〈그리스〉에서 하나로 융화되었다. 이 곡은 프랭키 발리Franki Valli가 노래했으며, 〈토요일 밤의 열기〉에 나왔던 디스코 곡들로 당시 절정의 인기를 누리고 있던 그룹 비지스Bee Gees의 배리 깁Barry Gibb이 작곡·프로듀싱했다. 신구의 조화는 영화의 시각적 스타일에까지 영향을 미쳤다. 영화 개봉 당시 랜들 클레이저Randal Kleiser 감독은 "영화의 스타일 면에서 보자면 배우들은 동작을 멈추고 노래를 부르게 될 것이다. 이는 오래된 방식이지만, 스크린을 분할하고 고성능 사운드를 사용하는 등 1970년대의 모든 영화 제작 기법을 동원할 것이다"라고 말했다.

스타 배우들과 음악 그리고 관련 상품 판매 이외에도 〈그리스〉는 브로드웨이에서 이미 선보이고 있는 뮤지컬—브로드웨이에서 3,388회의 장기 공연을 하고 있었다— 덕택에 마케팅에 또 다른 강점을 가지고 있었다. 이 영화의 제작자 로버트 스티그우드Robert Stigwood와 앨런 카Allan Carr는 '완전히' 50년대풍의 원작 음악 가운데 절반은 내버리고는 젊은 관객을 영화에 끌어들이기로 마음먹었다. 영화의 시장성marketability을 높이기 위해 극장용 뮤지컬로 다소 거칠게 보이는 대화는 삭제했고, 배경은 대도시라는 설정을 바꿔 모두가 선망하는 신선한 남부 캘리포니아 지역으로 바꾸었다. 그 결과 디즈니 애니메이션 같은 분위기에 건달이나 오토바이 폭주족 같은 전형적인 악당들이 영웅으로 출연하는 뮤지컬 영화가 탄생되었다.

이 영화는 포스터, 음반, 영화를 각색한 소설, 영화 예고편과 같은 각종 미디어를 통해 마침내 공개되었다. 이 다양한 마케팅 형태에는 누구나 한눈에 알아볼 수 있는 로고가 늘 붙어 다녔다. 로고는 GREASE라는 글씨가 쓰여진 작은 자동차였는데 이 글씨는 마치 기름(그리스)으로 쓴 것처럼 흘러내리는 모양을 하고 있었다. 영화의 마케팅 담당자들은 기회가 있을 때마다 이 로고를 일관되게 사용했고, 이러한 노력들은 대중들이 영화를 시각적으로 인지하는 데 큰 몫을 했다. 모든 마케팅 자산을 집중적으로 동원한 결과 당시로서는 비교적 많은 902개 극장에서 개봉할 수 있었으며, 개봉한 첫 주말에 931만 달러라는 당시로서는 경이적인 흥행 수익을 올렸다. 〈그리스〉는 여름 시즌을 넘어서면서도 계속하여 성황을 누렸으며, 결국 파라마운트는 9,630만 달러의 매출<sup>rental1)</sup>을 올렸다.

반면에, 〈올댓재즈〉는 외형상으로는 같은 뮤지컬 장르라 할 수 있지만 〈그리스〉와 같은 마케팅상의 자산을 내재하고 있다고 보기는 어려웠다. 보브 포시<sup>Bob Fosse</sup>가 연출한 이 영화는 예술 영화, 특히 펠리니<sup>Federico Fellini</sup>의 〈8과 2분의 1〉(1963)에서 상당 부분을 차용해 자전적인 이야기를 하고 있다. 이 이야기에서 자신의 일에 과도하게 집착하는 영화감독은 심장병으로 인해 한 개인으로서, 그리고 직업 감독으로서 삶의 위기를 맞는다. 영화는 주인공의 죽음으로 끝을 맺는다. 이렇게 어려운 주제는 뮤지컬과 어울리지 않아 보이며, 이 영화는 오히려 뮤지컬이라는 장르를 해부하고 해체하는 데 관심이 집중되어 있었던 것처럼 비쳐진다. 포시 감독의 첫 번째 영화 〈스위트 채리티<sup>Sweet Charity</sup>〉를 분석한 리처드 다이어<sup>Richard Dyer</sup>는 〈올댓재즈〉를 통해 드러난 포시 감독의 접근 방식을 다음과 같이 한마디로 요약한 적이 있다. "(〈스위트 채리

---

1) 렌탈(rental)은 영화 배급사가 얻는 배급 매출을 뜻하며, 박스오피스 수입을 뜻하는 것은 아니다.

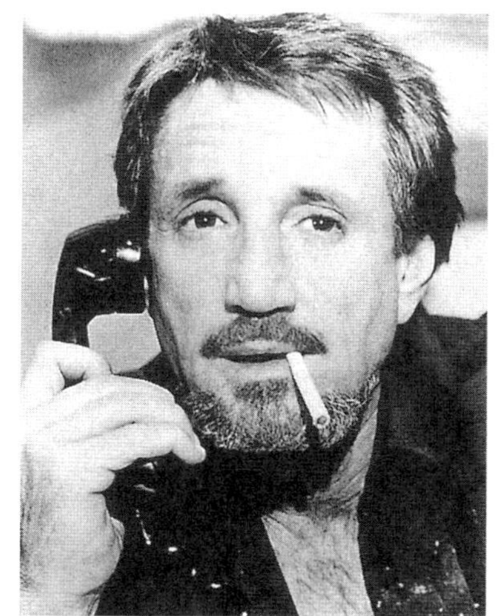

왼쪽은 〈올댓재즈〉에서 조 기디언 역할을 맡은 로이 샤이더
이다. 이 영화의 조 기디언은 포시와 비슷한 안무가이다.
오른쪽은 〈올댓재즈〉의 공동 대본작가이자 감독, 안무가인
보브 포시이다〈올댓재즈〉, 20세기 폭스와 콜럼비아, 1979).

티〉는) 뮤지컬의 리듬과 멜로디, 톤을 살리기 위해 교과서적인 영화 기
법을 모두 구사하고 있으며, 뮤지컬 장르가 한계를 가지고 있다는 비
판을 비웃기라도 하려는 듯 시각적 효과와 대사, 안무의 뮤지컬적 특
성을 총동원했다.”〈올댓재즈〉는 실제로 뮤지컬 영화 세계 내에 존재
하는 통합과 연대의 노력을 포함하여 뮤지컬 영화의 몇 가지 기본 틀
을 뒤엎어 버렸다.

포시 감독은 자신의 영화는 기존 뮤지컬과 차이가 있음을 잘 알고
있었고, 개봉 당시까지 “(내 영화는) 어떤 카테고리에도 속하지 않는
다”고 말하기도 했다. “여러분이 내 영화를 좋아할 수도 있고 싫어할
수도 있다. 하지만 나는 그 어떤 것도 모방하지 않았으며 그 점이 너무
도 자랑스럽다.” ‘어떤 카테고리에도 속하지 않는다’는 말은 상업적

측면에서 무수한 의미를 지닌다. 심지어 영화가 촬영되고 있는 도중에도 투자 배급사인 콜럼비아<sup>Columbia</sup>는 심각한 재정적 손실의 위험을 걱정해야 했으며, 급기야 포시 감독이 당초 예산보다 400만 달러 이상을 초과 지출하자 20세기 폭스<sup>Twentieth Century-Fox</sup>를 공동 투자 배급사로 끌어들이기에 이르렀다. 영화의 빈약한 시장성을 고려해 볼 때 두 배급사의 우려는 충분히 이해할 만했다. 비록 주연 배우 로이 샤이더<sup>Roy Scheider</sup>가 〈프렌치 커넥션<sup>The French Connection</sup>〉과 〈죠스<sup>Jaws</sup>〉(1975) 등 상업적으로 성공한 영화에 출연했던 스타였다 할지라도 그 명성 하나만으로 박스오피스의 성공을 기대할 수 없음은 너무나 분명했다. 대형 스타의 부재라는 어려움과 더불어, 분산된 주제와 복잡한 내러티브는 심플하고 집약적인 마케팅 방식의 구사를 더욱 어렵게 만들었다. 단적인 예로 이 영화의 포스터에는 포커스가 없다. 그래픽적 요소를 보면 조명 아래 영화 제목이 있고, 이 영화의 주제를 변형시킨 카피 "올댓……" 때문에 관심이 분산된다.[2] 이런 광고에는 심각한 결함이 있다. 영화의 다양성을 보여 주려다 보니 영화의 플롯에 관해서는 아무것도 전달하지 못하는 것이다. 설상가상으로 영화의 개봉에 맞춰 출간된 소설은 다른 그래픽과 카피(조 기디언<sup>Joe Gideon</sup>은 왜 춤을 추는가? 힘과 섹스, 그리고 …… 재즈라는 모든 것)를 사용함으로써 영화와 일관성 있는 마케팅을 전개하지 못했고, 따라서 대중에게도 그 둘이 동일한 작품이라는 인식을 확보하지 못했다. 사운드트랙에서도 〈Bye, Bye, Love〉나 〈After You're Gone〉과 같은 곡을 대표곡으로 채택했는데 당시 비지스와 디스코가 유행했다는 것을 생각해 보면 시장성을 확보하기가 어려웠음은 물

---

2) 예를 들면, 올댓워크, 올댓글리터, 올댓패인, 올댓러브, 올댓크레이지리듬, 올댓재즈(All that work, All that glitter, All that pain, All that love, All that crazy rhythm, All that jazz)…….

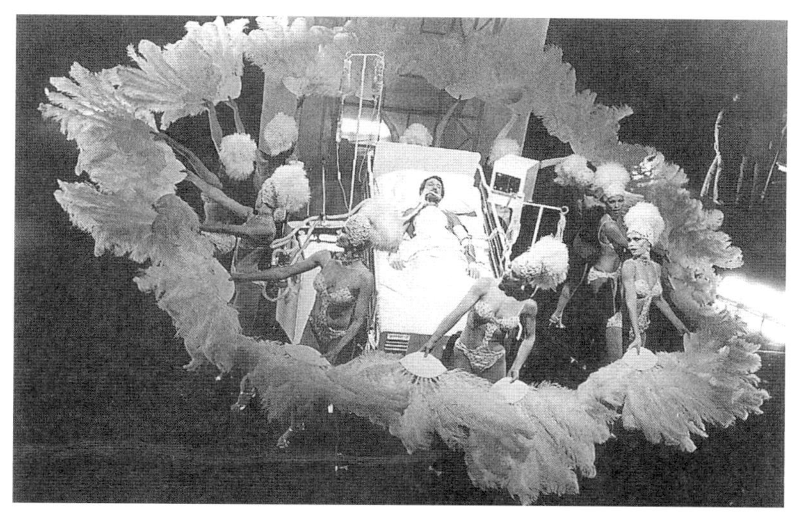

빈약한 시장성, 뮤지컬 장르의 파괴라는 면에서 전형적인 〈올댓재즈〉의 한 장면(〈올댓재즈〉, 20세기 폭스와 콜럼비아, 1979).

론이었다. 결과적으로 이 영화는 마케팅 포인트를 찾지 못했다. 다만 질적으로 높은 수준에 도달하여 '예술 작품'의 범주에 속한다고 할 수 있겠다. 포시 감독의 전기를 집필한 케빈 보이드 그럽<sup>Kevin Boyd Grubb</sup>은 이 영화의 상업적 성과에 대해 다음과 같이 말할 수밖에 없었다. "당연히 〈올댓재즈〉는 미국보다 유럽에서 훨씬 많은 관객을 유치했고 또 좋은 평을 받았다." 정통 뮤지컬 팬조차 이 영화의 장르 파괴적인 성격에 등을 돌렸다. 물론 파격적이리만큼 솔직하고 과감한 대사와 누드, 외설적인 부분에 대해서는 더 말할 것도 없었다.

마케팅적 기회 요인이 부족한 상태에서 〈올댓재즈〉가 제작되었다면, 신세대와 구세대를 아우르는 〈그리스〉는 작품에 내재된 마케팅적 가능성과 기회 요인이 아주 높은 작품이었다고 정의할 수 있다. 영화 〈그리스〉의 마케팅 포인트는 다양했고 또 강력했다. 게다가 스타 마케팅과 원작의 영향력, 음악, 머천다이징, 단일한 로고 이미지 등에 대한 〈그리스〉의 의존은 마케팅 접근 방식으로서 매우 중요하게 되었다. 이 같은 접근 방식은 하나의 문구 또는 한 줄짜리 컨셉트로 간결하게 요약할 수 있었다. "존 트래볼타와 올리비아 뉴튼 존이 인기 뮤지컬을 영화화한 〈그리스〉에서 50년대 건달과 순진한 소녀 역으로 등장한다." 이와는 대조적으로 〈올댓재즈〉의 이질적인 여러 주제와 복잡성은 하나의 컨셉트 또는 한 줄짜리 광고 문안으로 환원될 수 없었다.

이런 차이점을 볼 때, 〈그리스〉는 상대적으로 하이 컨셉트 프로젝트로 기술할 수 있는 반면 〈올댓재즈〉는 로우 컨셉트에 속하는 프로젝트로 분류할 수 있다. 이러한 분류는 메이저 스튜디오들이 영화 제작을 결정할 때 중요한 요소로 활용한다. 하이 컨셉트라는 용어를 처음 사용한 것은 텔레비전과 영화계였다. 그러나 곧이어 대중매체가 이 용어를 받아들여, 엄청난 매상 수익을 올리고 있는 할리우드 영화들을 비판하는 데 사용했다. 당연한 일이지만 스튜디오는 대개 확실한 수입을 가져다주리라 예상되는 영화에 관심을 가졌으며, 하이 컨셉트는 그동안 상업 영화 프로젝트를 기술하는 하나의 상투 문구로 사용되어 왔다. 필자는 이 책을 통해 이런 독특한 상업 영화 제작 기법을 낳는 데 이바지한 역사적, 제도적, 경제적 요소들을 추적하여 하이 컨셉트에 관한 좀 더 정확한 정의를 제시하려 한다. 이러한 요소들을 인식함으로써 우리는 하이 컨셉트를 주류 영화산업 내에 존재하는 차별화된 상품 제작 형태로 받아들일 수 있을 것이다. 차별화는 크게 두 가지 방법을 통해 이루어진다. 한 가지는 영화 자체의 스타일을 강조하는 것이고 다른 하나는 마케팅과 머천다이징의 통합이다.

하이 컨셉트를 현대 영화산업 내에 존재하는 영화 제작의 한 방법이나 스타일로 가정해 보면 하이 컨셉트는 상업 영화 제작을 결정하는 핵심 요소뿐만 아니라 영화의 역사를 이해하는 데도 많은 도움을 준다. 영화의 역사에 관해 살펴보자면, 고전 할리우드 영화classical Hollywood Cinema 시기는 성숙된 스튜디오 시스템 그리고 시나리오 중심의 영화 제작 스타일, 두 가지로 요약할 수 있다. 이에 비해 후기 고전 할리우드 영화post-classical Hollywood Cinema 시기, 즉 제2차 세계대전 후 어느 정도 궤도에 올랐던 스튜디오 시스템이 분열되고 텔레비전이 급부상하던 시기의 특징에 대해서는 여러 논의가 있었지만 아직 공식화되지 못했다. 보다 빈번히 후기 고전 할리우드 시기는 작가주의 감독auteur 그리고 영화산업과 관련된 복합 미디어 기업의 등장으로 특징지을 수 있는 60년대와 70년대의 뉴 할리우드 시기와 비교된다. 하이 컨셉트는 경제적 요소와 제도적 요소가 어우러져 만들어진 하나의 영화 제작 스타일로, 후기 고전 할리우드 영화 시기에서 볼 수 있었던 하나의 주요한 진전—아마도 유일한 진전—으로 간주될 수 있다. 하이 컨셉트를 통해 우리는 미국 영화 역사의 특정한 한 시기에서 어떤 다양한 방식으로 경제학과 미학이 결합될 수 있었는가를 이해하고 또 평가할 수 있을 것이다.

## 하이 컨셉트와 엔터테인먼트 산업

엔터테인먼트 산업계에서 전해들을 수 있는 이야기에 따르면, 하이 컨셉트가 하나의 용어로서 사용되기 시작한 것은 배리 딜러Barry Diller가 1970년대 초, ABC 방송의 편성 담당 임원으로 재직하던 때부터라고 한다. 딜러는 1965년 23세의 나이에 프로그램 부국장을 시작으로 미디어 분야에서 일하기 시작했다.[3] 딜러는 텔레비전용 영화 형식의 도

---

3) 딜러는 1965년 23세의 나이에 프로그램 부국장으로 미디어 분야에서 일하기 시작했다. 그는 ABC에서 승진을 계속하여 1974년 그만둘 때에는 ABC의 프라임타임 프로그램 부사장을 맡고 있었다.

입 등을 통해 ABC의 시청률을 끌어올린 공으로 커다란 신뢰를 받고 있던 사람이었다. 딜러는 30초짜리 TV 광고에 맞게 간략한 설명이 가능한 이야기를 원했으며 나아가 하나의 문장으로 표현될 수 있는 프로젝트에 한해 제작을 승인했다. 이런 한 문장짜리 프로그램 설명 문구는 프로그램을 홍보하는 광고와 〈TV 가이드<sup>TV Guide</sup>〉 시놉시스 소개란에 등장하기 시작했다. 그 결과 〈브라이언의 노래<sup>Brian's Song</sup>〉(1971), 〈어떤 여름<sup>That Certain Summer</sup>〉(1972)처럼 주제와 소구(訴求, appeal)가 명료한 텔레비전용 영화가 제작되었다. 이에 따라 시장성이 있는 주제나 플롯에 대한 요구는 하이 컨셉트라는 용어와 관련을 맺기 시작했다.

한편 디즈니<sup>Disney</sup>의 제프리 카첸버그<sup>Jeffrey Katzenberg</sup> 사장은 하이 컨셉트라는 용어의 창시자가 배리 딜러가 아니라 마이클 아이즈너<sup>Michael Eisner</sup>라고 주장한다. 카첸버그에 따르면 아이즈너가 파라마운트에서 제작 이사로 있는 동안 독창성을 간단 명료하게 전달할 수 있는 아이디어를 기술하기 위해 하이 컨셉트라는 용어를 사용하기 시작했다는 것이다. 비슷한 예로, 콜럼비아의 피터 거버<sup>Peter Guber</sup> 사장은 스토리를 설명하는 용어로 하이 컨셉트를 정의한다. 거버는 아이디어의 독창성을 강조하기보다는, 매우 직설적이며 쉽게 전달되고 따라서 누구에게나 쉽게 이해할 수 있는 내러티브로 하이 컨셉트를 이해해야 한다고 말하고 있다.

그러나 하이 컨셉트를 이끄는 추진력으로서 내러티브를 강조하다 보면, 영화산업이나 텔레비전 산업 내에서 사용하는 하이 컨셉트라는 용어의 또 다른 일면이 감추어진다.[4] 아이디어는 쉽게 전달되고 간략히 요약되어야 하지만, 동시에 두 가지 중요한 방식으로 활용될 수 있

---

4) 하이 컨셉트는 프로젝트를 정의하는 수단으로, 영화와 텔레비전 모두에서 비슷한 의미로 사용된다.

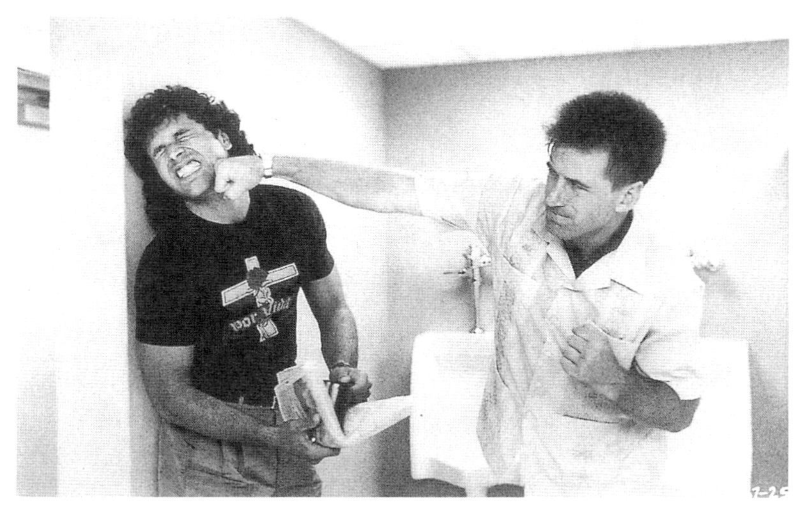

영화 〈마이애미 블루스〉의 한 장면. 폭넓은 관객층을 끌어
들이기에는 부족한 영화다(〈마이애미 블루스〉, 오라이언,
1990).

어야 한다. 즉, 처음에는 프로젝트의 투자 제안을 위한 피치[5]로 그리고
나중에 마케팅 과정에서는 대중을 끌어들이는 선전으로서 활용되어야
하는 것이다. 영화계 안을 들여다보면, 내용을 간략히 요약할 수 있지
만 하이 컨셉트 작품으로 분류될 수 없는 영화는 많다. 예를 들어, 〈모
두가 미국인Everybody's All American〉(1989, 미식축구 스타와 매력적인 그의 아내
가 인기가 다한 후 인생의 역경을 맞는다), 〈셜리 발렌틴Shirley Valentine〉(1989,
삶에 싫증난 가정주부가 그리스로 도망쳐 새로운 인생을 시작한다), 혹은
〈마이애미 블루스Miami Blues〉(1990, 강한 개성을 지니고 있지만 정신 질환을
앓고 있는 전과자가 형사를 사칭하여 몇몇 사건을 해결한다)에 사용된 컨셉
트를 살펴보자. 이 세 작품의 컨셉트는 관객들에게 어필할 수 있는 부

---

5) pitch. 투자 요청 제안 프레젠테이션. ― 옮긴이

분이 극히 제한되어 있어 시장성이 떨어진다. 예를 들어 〈셜리 발렌
틴〉과 〈모두가 미국인〉은 주로 나이 든 연령층, 특히 장년기의 여성들
을 대상으로 제작되었으며 〈마이애미 블루스〉는 경찰을 소재로 하는
다른 텔레비전 프로그램이나 영화와 별 다른 특징을 지니고 있지 않아
소구력이 부족하다.

　사실 시장성과 하이 컨셉트, 이 두 단어의 연관성은 엔터테인먼트
산업에서 아주 강력해 보인다. ABC 엔터테인먼트의 사장 브랜든 스토
다드<sup>Brandon Stodard</sup>는, 한 문장으로 된 하이 컨셉트는 마케팅을 할 때 등장
하는 광고 카피와 별 다를 게 없다고 말한다. 던 스틸<sup>Dawn Steel</sup> 콜럼비아
전 사장 또한 하이 컨셉트의 중요한 점은 간단하고 시장성 있는 주제
라고 강조한다. "(1978년 영화 사업은) 당시의 시대 정신을 보여 주는 것
이었고, 이것이 가능했던 것은 하이 컨셉트로 만든 영화, 즉 한두 문장
으로 주제를 설명할 수 있는 영화가 젊은 관객들을 완전히 사로잡았기
때문이다. 〈토요일 밤의 열기〉가 이 같은 영화였다. 이 영화는 만족스
러운 흥행 성과를 기록함으로써 당시 어떤 비평으로부터도 자유로워
졌으며, 따라서 기존의 낡은 사고방식을 모두 뛰어넘을 수 있었다."
이런 전제에 따라 하이 컨셉트로 만들어진 영화는 영화 내용을 아주
정확하게 전달하는 마케팅 과정을 통해 관객의 관심을 집중시킬 수 있
었다. 반면 로우 컨셉트로 만든 영화에는 문제가 많았다. 로우 컨셉트
영화의 마케팅은 필연적으로 영화의 이야기를 요약해 내기에도 버거
워 우왕좌왕하기에 급급했고, 그렇게 헤매는 과정에서 대개 영화는 제
대로 전달되지 못했다.

　스타 파워는 영화의 마케팅 기회를 한층 폭넓게 한다. 영화산업 내
에서 하이 컨셉트가 가지고 있는 또 다른 측면은 작품의 컨셉트와 스
타의 페르소나 사이의 연관성에 있다.<sup>6)</sup> 예를 들어 범죄 스릴러물에 클

〈모두가 미국인〉. 영광이 사라져 버린 후 한 부부가 겪는 극적인 상황〈모두가 미국인〉, 워너 브러더스, 1988).

린트 이스트우드Clint Eastwood가 등장한다면 이것은 하이 컨셉트 작품이라고 연상하게 된다. 하지만 스타가 출연한다고 해서 반드시 하이 컨셉트를 가지고 있다고 볼 수는 없다. 스타 배우의 페르소나가 장르에 매우 밀접하게 부합해야 하고, 또 영화가 장르적 성격에 맞도록 제작되어야만 하이 컨셉트 영화 범주에 드는 것이다. 예를 들면, 클린트 이스트우드와 찰리 쉰Charlie Sheen이 각각 노련한 경찰과 신참 경찰 역을 맡았던 〈루키Rookie〉(1990)는 분명 하이 컨셉트 영화의 범주에 속한다. 반면, 클린트 이스트우드가 괴팍하고 편집증적인 감독으로 나왔던 〈추악한 사냥꾼White Hunter, Black Heart〉(1990)은 그렇지 않다. 이러한 원칙에 따르면

---

6) persona. 페르소나는 '마스크'를 뜻하는 라틴어로, 원래 연극 배우가 쓰는 탈을 가리키는 말이었다. 최근에는 특정 감독의 작가적 분신으로서 특정 배우의 이미지를 일컫는 말로 사용된다. ― 옮긴이

자신의 이미지와 정반대의 캐릭터로 출연하는 스타 배우 또한 하이 컨
셉트의 가능성을 보여 줄 수 있다. 가령 〈버라이어티Variety〉지는 터프가
이인 아놀드 슈워제네거Arnold Schwarzenegger가 코믹한 캐릭터의 이빨 요정[7]
으로 출연할 가능성에 대해 다음과 같이 보도했다. "노먼 리어스 액트

스타 파워와 하이 컨셉트. 〈루키〉의 클린트 이스트우드와
찰리 쉰(〈루키〉, 워너 브러더스, 1990).

3 커뮤니케이션<sup>Norman Lear's Act III Communications</sup>과 콜럼비아 픽처스는 이른바 하이 컨셉트 코미디 작품으로 〈스위트 투스<sup>Sweet Tooth</sup>〉를 계획 중인데, 아놀드 슈워제네거가 이 영화에 출연한다. 지금 아놀드 슈워제네거는 지난 2년 동안 작가 홀리 슬로언이 공들여 집필한 대본에 따라 이빨 요정 역을 연기할 준비를 하고 있다.”

비슷한 주장을 하나 더 소개해 보자. 파라마운트에서 대외 홍보 수석 부사장을 역임한 바 있는 다이애나 위덤<sup>Diana Widom</sup>은 예컨대 “에디 머피, 찰스 황태자를 만나다”와 같은 가상의 영화 컨셉트를 묘사하면서, 하이 컨셉트를 스타의 페르소나를 통해 정의한다. 에디 머피<sup>Eddie Murphy</sup>를 왕족과 병렬시키는 심플한 전략은 이 영화의 컨셉트로 정의되는 일련의 대립 구도를 확연하게 드러낸다. 즉 부자와 가난한 자, 영국과 미국, 백인과 흑인, 말수가 적은 신사와 떠버리 남자 등 분명한 차이점을 부각시키는 것이다. 이 모든 대립 구도는 아주 단순하게 한 줄짜리 컨셉트<sup>one-line concept</sup>로부터 발전해 간다. 또한 예에서 볼 수 있듯이 이 컨셉트는 약간 독특한 상황을 만들어 여기에 친숙한 상업적 요소—이 경우에는 스타 배우가 자신의 장기인 코미디를 연기한다—를 더하고 있다. 이렇게 볼 때 친숙성과 차별성은 하이 컨셉트에 관한 숱한 정의에서 가장 중요한 필수 요소일 것이다.

이제 하이 컨셉트라는 용어의 마지막 측면을 살펴보자. 하이 컨셉트가 시기를 타는 작품이나 시대 유행을 반영하는 영화에 사용되는 경우다. 하이 컨셉트 영화는 곧 가장 상업적인 종류의 영화라는 인식 때문에, 하이 컨셉트라는 용어는 필연적으로 인기 있는 주제를 다루는 작

---

7) 미국 어린이들 사이에는 이를 뽑아 베개 밑에 두고 자면 이빨 요정<sup>Tooth Fairy</sup>이 나타나 돈을 주고 사간다는 이야기가 있다. — 옮긴이

품과 관련되어 사용되어 왔다. 이러한 요인이 유사한 컨셉트를 다루는 영화(물론 하이 컨셉트 영화다)들이 주기적으로 제작되는 현상을 낳기도 한다. 예를 들어 〈애리조나 유괴사건<sup>Raising Arizona</sup>〉(1987), 〈뉴욕 세 남자와 아기<sup>Three Men and a Baby</sup>〉(1987), 〈베이비붐<sup>Baby Boom</sup>〉(1987), 〈결혼의 조건<sup>She's Having a Baby</sup>〉(1988) 같은 영화들이 쏟아져 나오면서, 평론가들로 하여금 여피족과 아이들의 문제를 다루는 이런 트렌드 역시 하이 컨셉트라고 규정하도록 이끌었다. 역시 마찬가지로 〈하몬드 가의 비밀<sup>Like Father, Like Son</sup>〉(1987), 〈마법의 이중주<sup>Vice Versa</sup>〉(1987), 〈빅<sup>Big</sup>〉(1987), 〈드림 어 리틀 드림<sup>Dream a Little Dream</sup>〉(1989) 같은 영화들은 각각 신체 바꿈<sup>switching bodies</sup>이라는 하나의 강력한 하이 컨셉트를 응용하고 변형한 영화들이다. 트렌디한 이슈에 컨셉트를 집중한 영화를 예로 들자면 가장 확실한 사례로 존 트래볼타와 제이미 리 커티스가 출연한 〈퍼펙트<sup>Perfect</sup>〉(1985)를 꼽을 수 있다. 1980년대 초반에 휘몰아쳤던 헬스클럽 유행 현상을 등에 업은 이 영화는, 헬스클럽이 독신자들의 새로운 사교 모임 장소가 되어간다는 아이디어에서 거의 전적으로 영감을 얻은 것이었다. 그러나 일부에서 신랄하게 비평하는 것처럼 이 영화는 한물간 컨셉트 영화의 전형적인 예다. 뉴스와 대중매체를 통해서 헬스클럽이라는 소재가 지겨울 정도로 다루어지면서 영화가 개봉될 즈음에는 이제 더 이상 유행을 타는 현상이 아니었기 때문이다.

　　정리해 보면 영화계와 텔레비전 업계가 하이 컨셉트를 내러티브, 특히 시장성이 아주 높은 내러티브의 한 형태로서 받아들이고 있다는 것은 분명하다. 시장성은 바로 스타 배우, 그리고 스타 배우와 영화적 조건의 일치, 인기 있는 주제 등에 의해 영향받을 것이다. 실제적으로 현재의 영화계가 이런 시장성의 핵심에 두는 것은 '선전'이다. 영화를 간명하게 선전하기 위해서는 영화가 반드시 하이 컨셉트로 이루어져 있어야만 한다. 스티븐 스필버그<sup>Steven Spielberg</sup> 감독의 말을 새겨들어 보자. "만약 어떤 사람이 스물다섯 개 혹은 그 이하의 단어로 설명할 수 있는 아이디어가 있다면 그 아이디어는 아주 괜찮은 영화로 만들어질 수 있다. 나는 그런 아이디어를 좋아한다. 특히 손에 쥘 수 있듯 아주 간결한 그런 아이디어를 사랑한다." 스필버그 감독의 이와 같은 말은 할리우드의 거물들이 지닌 하이 컨셉트에 관한 시각과도 정확히 일치한다. 즉, 높은 시장성을 보장하면서도, 강한 인상을 줄 수 있고, 그러면서도 쉽게 요약될 수 있는 내러티브, 바로 이것이 하이 컨셉트인 것이다.

## 하이 컨셉트에 대한 비판

내러티브가 여전히 분명함에도 불구하고, 하이 컨셉트는 할리우드의 대중매체와 애널리스트들에게 일련의 또 다른 의미를 제공한다. 리처드 쉬켈<sup>Richard Schickel</sup>은 이 의미들에 대해 개괄하며 하이 컨셉트라는 용어와 관련해 하이(high)라는 표현이 사실은 잘못된 것이라고 지적한다. "이 용어가 진정으로 의미하는 바는 바로 컨셉트가 너무 부족한(low) 나머지 단 한 줄의 문장만으로 요약해도 팔릴 수 있다는 것이다." 지난 10년 동안, 하이 컨셉트는 영화계의 논리로서 아주 빈번하게, 그리고 지금도 계속 확장되어 사용되고 있는 추세다. 〈버라이어티〉지나 〈할리우드 리포터<sup>The Hollywood Reporter</sup>〉, 〈박스오피스<sup>Boxoffice</sup>〉, 〈폴 캐건<sup>Paul Kagan</sup>의 뉴스레터〉 같은 업계 전문지에서부터 유력 신문의 엔터테인먼트 섹션에 이르기까지 다양하게 사용되고 있다. 종종 하이 컨셉트는 현대 영화업계에 대한 비판의 무기로 사용되어 할리우드에서 창의력이 고갈되었음을 암시하기도 한다. 카첸버그 같은 창의적인 제작자들이 하이 컨셉트가 내포하고 있는 아이디어의 독창성을 강조하는 반면, 비판적 입장의 미디어 평론가들은 하이 컨셉트야말로 사실은 창의성이 없음을 상징할 뿐이라고 맹렬히 비난한다.

평론가들은 하이 컨셉트가 새로운 아이디어 개발에 기여하기보다, 이전에 성공했던 이야기들을 복제하거나 재구성하는 데 기여할 뿐이라고 말한다. 더욱 극단적인 경우에는, 하이 컨셉트 영화라는 것은 몇 개의 다른 성공적인 영화들을 조합한 것일 뿐이라고 말하기도 한다. 예를 들어, 〈로스앤젤레스 타임스〉는 〈로보캅<sup>Robocop</sup>〉은 〈터미네이터<sup>Terminator</sup>〉가 〈더티 해리<sup>Dirty Harry</sup>〉를 만난 것이고 〈해리와 헨더슨<sup>Harry and the Hendersons</sup>〉도 〈젠틀 벤<sup>Gentle Ben</sup>〉이 〈E. T.〉를 만난 것일 뿐이라며, 이런 사례들을 거대한 하이 컨셉트 매칭 게임<sup>High Concept Matching Game</sup>이라고 정의한 적이 있다. 그 정도까지는 아니지만, 스타를 등장시키거나 또는 초점에 변화를 주어 과거의 성공작에 새 생명을 불어넣기도 한다. 영화 〈플래시댄스<sup>Flashdance</sup>〉(1983)가 개봉될 당시 존 피터스<sup>Jon Peters</sup>는 영화가 흥행에 성공할 것임을 확신했다. 영화의 핵심이 바로 여성을 위한 〈록키<sup>Rocky</sup>〉(1976)에 다름 아니었기 때문이다. 물론, 이렇게 기존의 영화를 복제하거나 새롭게 조합하여 영화를 제작할 경우, 상업적으로 성공할 수 있는 요소는 강해진다. 관객들은 기존의 영화에 친숙하기 때문에 새롭게 만들어진 영화를 관람할 때 관람 포인트를 쉽게 갖게 된다. 흥행에 성공한 다른 영화들을 조합하여 만드는 영화는 마케팅상의 장점이 내재되어 있는 셈이다. 언론은 마케팅에 중점을 둔 이런 영화를 통해 할리우드 영화계가 예술보다 상업성에 중점을 두고 있으며 독창성 있는 이야기보다는 시장 지향적인 이야기에 관심을 가지고 있다고 생각한다.

따라서 평론가들은 창의성이나 예술적 표현보다는 천박하게도 이익만을 추구하는 할리우드의 사업을 하이 컨셉트로 기술한다. 하이 컨셉트에 치중하는 현상을 두고 일부에서는 영화 제작에 따른 수익성에 대한 우려와 재정적 책임감 때문이라고 심정적으로 이해해 주는가 하면, 대다수는 하이 컨셉트라는 말을 현대 할리우드를 비아냥거리는 데 사용한다. 이렇게까지 부정적인 의미를 얻게 되면서, 오늘날 하이 컨셉트는 종종 자극적 언사로 난도질을 서슴지 않는 혹독한 평론가들에게 전가의 보도로 쓰여지기도 한다. 평론가 마이클 윌밍턴<sup>Michael Wilmington</sup>이 〈착한 여자는 성질을 내지 않아<sup>Nice Girl Don't Explode</sup>〉(1987)에 관한 기사에서 하이 컨셉트에 대해 저주에 가까운 혹평을 했던 적이 있다. "위트도 없고 아무런 독특함도 없는 이놈의 하이 컨셉트 시대에 〈착한 여자는 성질을 내지 않아〉가 반드시 받아야 할 상이 하나 있다. 나는 그 상을 이름하여 황금 폭탄상<sup>the Golden Bomb</sup>이라 하겠다."

대중매체에서 사용하는 하이 컨셉트라는 용어에는 영화의 내용을 요약하는 것뿐 아니라 영화를 파는 것도 중요하다는 점이 내포되어 있다. 티모시 노어<sup>Timothy Noah</sup>는 하이 컨셉트를 정의하면서 계속해서 이 점을 부각시켰다. "하이 컨셉트 어프로치는 영화를 파는 제작자—즉 스튜디오를 설득하여 자신이 제작하고자 하는 영화에 투자를 유치하려는 프로듀서—들이 선호한다. 이는 하이 컨셉트 어프로치를 통해 스튜디오를 대상으로 하는 투자 유치 제안서에서 영화에 대해 간단 명료하게 설명할 수 있게 된다면 투자 유치 실패의 가능성을 사전에 낮출 수 있기 때문이다. 하이 컨셉트 어프로치로 기획된 영화의 투자 제안서는 스튜디오 경영자들이 영화를 쉽게 파악할 수 있도록 해 줄 뿐 아니라 개봉 후 영화를 계속 상영할지 결정할 1~2주 정도의 기간 동안 영화를 관람하는 관객층의 관심도 상대적으로 쉽게 끌어낼 수 있다고 생각되기 때문이다." 영화업계와 관객들 사이에서 속기처럼 신속하게 오가는 이런 형태의 커뮤니케이션은 단순 명료하고 직접적인 설명이 가능한 하이 컨셉트 마케팅을 통해 이루어진다. 결론적으로, 이런 영화들은 오로지 판매되기 위해 제작된다. 평론가 오웬 글라이버만<sup>Owen</sup> Gleiberman은 존 굿맨<sup>John Goodman</sup>이 제작한 〈킹 랄프<sup>King Ralph</sup>〉(1991)에 대한 리뷰에서, "이 영화는 하이 컨셉트 코미디로, 여기에 등장하는 재치 있는 농담들은 주로 예고편에서 좋은 반응을 이끌어 내기 위해 만들어진 듯하다"고 말했다.

사실 많은 면에서 미디어 평론가들의 하이 컨셉트에 대한 이해는 영화업계 내부의 이해와 다르지 않다. 평론가들과 영화계 전문가들 모두 하이 컨셉트를 정의함에 있어 마케팅과 스토리를 강조한다. 그러나 영화계 전문가들이 하이 컨셉트야말로 차별성과 독창성을 가지고 있다고 강조하는 반면, 언론은 그것의 창의력이 고갈되었음을 강조한다. 사실 영화계 내부를 들여다보면 영화계는 하이 컨셉트를 규범적인 수단으로 사용한다. 즉, 상업적으로 성공하는 영화를 만들기 위한 법칙 중의 하나라는 것이다. 반면 대중매체에서는 하이 컨셉트를 평가의 측면에서 사용하는데, 하이 컨셉트 영화라 함은 이 영화가 예술적으로는 의심스럽거나 혹은 타락한 것으로 간주됨을 의미한다. 대중매체에서 하이 컨셉트에 이 정도까지 부정적인 의미를 부여하자, 할리우드 제작진들은 일종의 이기적인 방식으로 하이 컨셉트 영화로 분류될 수 있는 영화를 멀리하려는 움직임도 있다. 유나이티드 아티스트<sup>United Artists</sup>의 발전에 관한 어떤 글에서 잭 매튜스<sup>Jack Matthews</sup>는, "18개월 전 유나이티드 아티스트의 중역들은 재정적으로 신뢰할 수 있는 하이 컨셉트 영화를 제작하는 것에 대해 이야기하곤 했다"고 지적했다. 매튜스는 이어서, 당시 UA의 사장이었던 토니 토모폴루스<sup>Tony Thomopolous</sup>가 컨셉트("그 영화는 우주 공간에서 펼쳐지는 〈하이 눈〉이다" 등)에 대해서는 말을 줄이고 뛰어난 스토리에 대해 더 많이 이야기하고 있다고 말한다. 익명을 요구한 어떤 스튜디오의 중역은 하이 컨셉트라는 말이 1980년대 초에 빈번히 사용되었지만 그 이후 평론가들에 의해 경멸적인 의미로 사용되고 있다는 것을 안다고 말하면서, "사람들은 영화계의 말장난과 어휘들을 재미있어 한다. 하이 컨셉트라는 용어는 이제는 일부 퇴락한 평론가들이 자신의 마음에 들지 않는 영화에 대해 끼적거릴 때나 쓰는 말이다"라고 말하기도 했다.

## 경제학, 미학 그리고 후기 고전 영화의 하이 컨셉트

기본적으로 하이 컨셉트는 상업 영화를 제작함에 있어 경제학(수익성)과 미학 사이에서 발생하는 긴장의 결과로도 해석할 수 있다. 할리우드의 모든 주류 영화는 제작 비용의 최소화와 흥행 수입 극대화를 통한 이윤 창출을 목표로 한다. 그중 수익성과 하이 컨셉트 간의 연관성이 특히 강력한 이유는, 해마다 제작되는 영화 중 하이 컨셉트 영화가 가장 강한 시장 지향성을 지니고 있기 때문이다. 이러한 관계는 두 가지의 상이한 형태로 개념화할 수 있다. 첫 번째, 더글러스 고메리Douglas Gomery와 로버트 앨런Robert Allen의 주장처럼 영화계의 제작 방식은 할리우드의 구조적 변화에 영향을 받는다. 이 두 사람은 영화 제작의 산업적 방식―인간, 테크놀러지, 미학에 관련된 원료를 영화로 전환시키는 방식―과 문화적 산물인 영화와의 관계를 다음과 같이 설명한다. "각각의 제작 방식은 고유의 제작 관행을 가지고 있다. 즉 그것은, 어떤 특정한 영화가 관객들에게 어떻게 보여지고 들려져야 하느냐에 관한 규범인 것이다." 역사적으로 볼 때, 시대의 흐름에 따라 제작 방식을 구성하는 요소가 변하면 영화라는 상품도 변하고 영화의 특정 시각적 스타일과 사운드가 각광을 받게 된다. 이렇게 새로운 시각적 스타일과 사운드는 하이 컨셉트 영화의 형태에서 두드러진다. 둘째, 수익성과 하이 컨셉트 간의 관계는 마케팅 단계에서 찾을 수 있다. 하이 컨셉트 영화는 시장성을 극대화하기 위해 고안되었다. 즉, 영화 흥행 수입을 제고하기 위한 것이다. 시장성은 스타 배우, 스타 배우와 영화 자체의 조화, (리메이크 혹은 베스트셀러 소설을 영화화할 때) 원작의 영향력, 전국적인 반응을 이끌어 낼 수 있는 컨셉트 등에 의해 결정된다.

경제학과 미학 사이의 이런 관계는 하이 컨셉트를 이해하는 데 필수적인 것으로 시간의 차원에서 볼 때도 중요하다. 하이 컨셉트는 제2차 세계대전 이후 할리우드의 특정 시기에 개발되고 발전된 영화 제작 스타일의 하나로 볼 수 있다. 좀 더 구체적으로 말해, 하이 컨셉트 영화는 후기 고전 할리우드 영화 가운데서 찾아볼 수 있는 한 형태라고 말할 수 있다. 하이 컨셉트 영화는 고전 영화와 많은 연관성이 있기는 하지만 구성 면에서는 중요한 이탈 현상을 보여 준다. 영화 연구 영역에서 고전 할리우드 영화에 관한 이론들은 최근 중요한 발전을 보여 왔고, 영화를 연구하는 학자들 사이에서는 이 주제에 대해 다양한 방법론적·이론적인 접근이 적용되어 왔다. 이 중 가장 영향력 있는 접근 방법 중 하나는 데이비드 보드웰David Bordwell, 자넷 스타이거Janet Staiger, 크리스틴 톰슨Kristin Thompson의 저작에서 찾아볼 수 있다. 이들은 고전 할리우드 영화를 경제학적·미학적 결정 요소로 이루어져 있을 뿐만 아니라 시스템적으로 분명한 스타일을 가지고 있다고 했다. 이 세 명의 저자는 이런 고전 영화 제작 스타일을 몇몇 우연적인 요인이 서로 영향을 미친 결과로 규정하며 고전 할리우드 영화가 초기의 영화 제작 방식과 분명한 차이를 보인다고 주장했다. 그들의 논의의 초점을 감안하면 이해할 만하지만, 그들은 1960년 이후의 경제적·제도적 변화의 영향을 고려하지 않았다. 이 같은 변화로 인해 할리우드의 영화 제작 방식은 불가항력적으로 바뀔 수밖에 없었다. 하이 컨셉트는 이런 경제적·제도적 변화—영화업계의 거대 복합 기업화, 텔레비전의 등장, 새로운 마케팅 기법, 유통 전략의 변화를 포함하여—가 어떻게 확대되어 왔으며 고전 영화 제작 방식의 중요한 요소에 어떤 영향을 주어 왔는지 설명한다.

## 미시 및 거시 분석: 스타일, 마케팅 그리고 상품 차별화

우선 하이 컨셉트 영화의 특징을 확인할 수 있는 미시적 수준에서 하이 컨셉트의 분석을 시작해 보자. 광범위한 마케팅 캠페인의 기초가 되는 추상화된 이미지들은 적어도 부분적으로는 하이 컨셉트 영화의 독특한 스타일에서 얻어진다. 이러한 스타일은 일련의 영화를 통해 코드화된다. 따라서 우리는 고전 할리우드 영화들 속에서 스타일이 어떻게 조금씩 변화되는지 알 수 있다. 구체적으로 말해 하이 컨셉트 영화의 스타일은 두 개의 주요 요소에 의해 결정된다. 하나는 캐릭터와 내러티브의 단순화이고, 다른 하나는 영화 전반에 걸친 이미지와 사운드의 강한 일치다. 하이 컨셉트 영화에서 내러티브는 대체로 장르적 속성과 관객들의 기대감을 충족시킨다는 전제를 절대로 어기지 않으며, 내러티브를 위해 설정되는 상황들을 극도로 탄탄하고 치밀하게 구성한다. 그렇기 때문에 하이 컨셉트 영화라면 어느 누구라도 한 줄짜리 컨셉트만 전해 듣고서도 스토리가 어떻게 진행되는지 쉽게 간파할 수 있다. 예를 들어 영화 〈폭풍의 질주<sup>Days of Thunder</sup>〉(1990)의 스토리는 경주용 자동차를 타고 있는 〈탑건<sup>Top Gun</sup>〉(1986)이라는 한 줄짜리 컨셉트로 설명할 수 있다. 이 컨셉트를 통해서 우리는 이 작품의 플롯과 화면의 움직임, 긴장뿐만 아니라, 스타와 스타일, 장르 등에 대해서도 쉽게 알 수 있다. 역으로, 하이 컨셉트가 아닌 영화는 내러티브의 흐름에 대해 적절한 설명을 하기가 쉽지 않다고 해석할 수 있다. 예를 들어 〈애정의 조건<sup>Terms of Endearment</sup>〉(1983)은 30년이란 긴 세월에 걸친 엄마와 딸 사이의 지독한 애증 관계로 설명할 수 있다. 그러나 이 영화를 이런 컨셉트로 설명한다면 관객들에게 영화가 가지고 있는 전반적인 내러티브 흐름의 구조를 매력적으로 보여 줄 수 없다. 따라서 이 영화는 하이 컨셉트 영화와는 달리 마케팅 캠페인 과정을 통해서도 영화에 관한 이미지를 단 하나로 압축해서 관객들에게 제시하기 어렵다.

하이 컨셉트 스타일의 가장 중요한 구성 요소는 아마도 이미지와 사운드트랙의 관계일 것이다. 왜냐하면 하이 컨셉트 영화의 상당 부분은 어쩌면 뮤직비디오의 시퀀스처럼 종종 여러 개의 몽타주로 구성되기 때문이다. 이런 음악적 시퀀스들은 분절될 내러티브를 조각들로 다시 묶어 주는 모듈module 역할을 한다. 또 사운드트랙은 내러티브의 진행을 늦추거나 중단시키는 일련의 테크닉들을 동반하기도 한다. 이런 공식에 가까운 테크닉에는 가령, 극단적으로 강한 역광을 사용하거나 컬러를 최소화한다거나(종종 거의 흑백에 가깝게 한다), 혹은 (거울 등에) 반사된 이미지를 지배적으로 사용하거나 첨단 기술과 세련된 산업 디자인 기법을 활용하는 것들이 있다. 영화 〈플래시댄스〉에 나오는 모듈 중의 하나를 예로 들어 보자. 제니퍼 빌즈Jenifer Beals와 마이클 누리Michael Nouri가 손을 잡고 〈레이디, 레이디, 레이디Lady, Lady, Lady〉라는 노래가 배경으로 흐르는 가운데 버려진 기찻길 위를 걷는 장면이 있다. 이 곡은 로맨틱한 분위기에서 이 장면과 어울리는데, 버려진 산업 현장에 있는 이 커플의 강렬한 이미지는 내러티브의 흐름과는 완전히 동떨어진 감상(感想)을 야기한다. 이러한 상황은 표면적인 내러티브와 캐릭터에 의해 더욱 강화된다. 일부의 경우 영화 제작물의 스타일은 내러티브 속으로 스며들어 있는 것처럼 보인다. 그에 따라 스타일이나 이미지 문제는 캐릭터의 역할과 내러티브의 전개에서 더욱 중요하게 되었다. 또한 〈플래시댄스〉에서 춤 스타일의 중요성을 생각해 보자. 〈탑건〉에서 비

내러티브의 스타일, 영화 연출의 스타일(《플래시댄스》, 파라마운트, 1983).

행기 조종의 스타일을 생각해 보고, 〈아메리칸 지골로<sup>American Gigolo</sup>〉(1980)에서 등장인물의 개인적인 스타일을 생각해 보자. 각 영화의 내러티브는 영화 내용의 진행상 스타일에 의존한다. 〈플래시댄스〉에서 알렉스의 독특한 춤은 스트립 걸로서의 그녀의 세계나 발레리나로서의 그녀의 세계가 아닌, 전혀 새로운 세계에 그녀를 위치하게 만든다. 또한 〈탑건〉에서 매버릭이 교관의 지시를 따르지 않고 비행기를 조종하는 스타일은 군기 문제로 상관들과 갈등을 일으키게 되며, 〈아메리칸 지골로〉에서 줄리안 케이가 선택하는 의상과 이미지는 LA의 여타 남창(지골로)과의 차이점을 부각시킨다. 대담한 이미지에 대한 의존도가 점점 높아지면서 영화의 마케팅과 머천다이징을 위해 영화에서 이런 이미지들을 추출하는 것이 장려되고 있다. 내러티브는 절제하고 스타일을 집중적으로 강조하는 방식은 종종 시각적으로 강력한 효과를 발휘하는데, 대중에 대한 마케팅의 과정에서 영화 속의 주요 시각적 이미지들은 더욱 광범위하게 재생산되거나 확대되어 표현되기까지 한다.

만일 하이 컨셉트를 영화 역사에 존재하는 어떤 특정 시점의 영화 제작 스타일 중의 하나라고 설명한다면 이 시기를 형성하고 특징짓는 메커니즘 또한 존재할 것이다. 영화계 내부에서 일어나는 엄청난 구조적 변화, 가령 영화 제작사의 거대 복합 기업화, 새로운 테크놀로지의 개발과 발전, 마케팅과 머천다이징의 중요성의 급속한 부상 등과 같은 현상들은 한 줄로 요약해서 어필할 수 있는 영화들에게 압도적인 장점으로 작용되게 되었다. 그러나 이러한 구조적인 변화 하나하나가 하이 컨셉트 영화를 낳았다고 볼 수는 없다. 이러한 변화들이 하이 컨셉트의 발전과 상관관계에 있는 것은 사실이지만, 영화 제작 스타일로서 하이 컨셉트는 고전 영화들과의 미학적인 연관성을 포함하여, 여러 다양한 복합적인 요인들에 의해 만들어져 왔다고 보아야 할 것이다. 아마도 하이 컨셉트를 평가하기에 가장 적절한 시각은 고전 영화 시기 이후 영화계가 미학적 측면과 경제적 측면(스튜디오의 수익성 제고)을 모두 충족하는 방안으로 발전시켜 온 유일한 접근법이 바로 이 하이 컨셉트였다고 보는 것이 좋을 것이다.

하이 컨셉트를 미학적 관점에서 분석하면 하이 컨셉트라는 영화 제작 스타일을 낳은 보다 거시적인 요인들을 찾아낼 수 있다. 최대한 거시적으로 본다면, 하이 컨셉트 영화는 지난 20년 동안 영화 시장의 변화에서 많은 영향을 받아 왔다. 재편된 영화 시장을 살펴보면 하이 컨셉트에 관한 필자의 생각을 보다 명확히 알 수 있을 것이다. 산업조직론의 기초 원칙에 따르자면, 기업 행동은 시장 구조에 의해 지배되고 또 영향을 받아 변화하고 적응해 나간다. 따라서 고메리와 앨런이 지적하고 있는 것처럼 영화라는 상품 역시 영화를 생산하고 소비하는 시장의 변화에 맞게 변화한다. 하이 컨셉트는 최근 수년간 영화 시장의 형태를 주도적으로 변화시켜 온 두 가지 요인과 분명하게 연결되어 있다. 하나는 홈 비디오와 케이블 방송 같은 뉴미디어의 발전이요, 다른 하나는 영화산업 내의 경영권의 변화다. 이들 요인들은 경제 주체들과 그들이 속한 다른 영역―영화 외의 영역, 가령 케이블 방송과 같은 미디어 영역― 간의 경계를 계속 좁혀 가면서, 동시에 또 다른 한편으로는 계속 조각조각 세분화시켜 가고 있다. 이렇게 급변하고 있는 시장에서 가장 성공적으로 대응해 온 스튜디오들이 사용하는 두 가지의 기본적인 방법은 바로 상품 차별화와 새로운 배급 시스템에 의해 조성된 신규 시장으로의 진입이다. 이런 환경 안에서 하이 컨셉트야말로 현대 영화계에서 가장 잘 먹히는 상품 차별화의 주요 형태 가운데 하나인 것이다. 하이 컨셉트 영화를 제작함으로써 스튜디오들은 세분화된 특정 시장을 파악하고 각각의 시장 특성에 맞는 상품을 개발하여 집중 공략함으로써 수익을 극대화할 수 있게 된 것이다. 이제 이런 방식은 하나의 흐름으로 당당히 자리 잡게 되었다. 즉 변화하는 영화 시장이야말로 하이 컨셉트 영화라는 하나의 타입이 형성하는 데 기여해 온 것이다.

하이 컨셉트는 주로 두 가지 경로를 통해 차별화된 상품의 형태로 기능한다. 하나는 마케팅과 머천다이징을 통합하는 것이고, 다른 하나는 스타일에 집중하는 것이다. 하이 컨셉트와 마케팅의 결합은 피치 단계와 같이 프로젝트가 시작되는 아주 초기 단계부터 적용된다. 하이 컨셉트 영화의 제작비 투자 유치를 위한 피치 단계에서 영화는 한 줄짜리 컨셉트로 요약할 수 있어야 하며, 어떻게 요약하느냐에 따라 투자를 유치할 수도 있고 그렇지 못할 수도 있다는 사실을 생각해 보라! 마케팅에 집중하는 현상은 영화가 시장에 진입하는 시기를 거치면서 더욱 강화된다. 하이 컨셉트 영화에는 시각적으로 강력한 인쇄 광고와 텔레비전 광고가 반드시 뒤따르며, 또 많은 영화에는 영화와 관련된 다양한 파생 상품들이 쏟아져 나온다. 하이 컨셉트 영화는 그 영화로부터 추출한 키 이미지key image를 활용하여 파생 상품화하고 또 그 파생 상품들을 마케팅하는 데 기여하기도 한다. 그리고 이 이미지를 시장에서 계속 활용하고 관리함으로써 영화의 상품 판매/유통 기간shelf life을 연장해 나간다. 광고와 각종 타이-인 상품[8]을 통해 지속적으로 재생산되는 이미지는 하이 컨셉트 영화에서 가장 상업적인 요소를 표현한 것으로 볼 수 있다.

일련의 마케팅 캠페인 기간 동안 인상 깊은 이미지를 만들고, 파생 상품이나 타이-인 상품의 개발 출시 등의 과정에서 이미지를 계속 반복·복제하는 것 외에도 다른 혁신적인 마케팅 기법들이 하이 컨셉트라는 이름으로 꽃을 피우고 있다. 가령, 텔레비전을 통한 광고 물량 공세와 함께 포화 수준을 넘기더라도 가능한 한 최대한의 극장 배급망을 늘리는 세츄레이션 릴리스saturation release 전략(포화 배급 전략)을 펼치려는 경향, 영화 제작 전뿐 아니라 그 후에도 필수적인 과정으로 인식되는 광범위한 시장조사 활동, 그리고 가장 중요한 초기 마케팅 수단으로 각광받고 있는 사운드트랙의 활용 등을 예로 들 수 있다. 이런 마케팅 기법은 70년대와 80년대를 거치는 동안 하이 컨셉트의 발전과 상호작용하면서 이제는 상식이 되었다. 다시 한 번 말하면, 영화 〈그리스〉는 하이 컨셉트를 통해 제시된 새로운 마케팅 가능성을 실현한 패러다임의 하나로 볼 수 있다. 〈그리스〉가 시도한 와이드 개봉 전략(의 성공)은

---

8) tie-in products. 마케팅 기법의 일종으로 영화 개봉에 맞춰 내놓는 소설, 인형, 옷 등의 관련 상품. ― 옮긴이

영화 내에 존재하는 강력한 마케팅 잠재력—하이 컨셉트—에 기초하고 있다. 하이 컨셉트 전략을 관리·운영할 때 마케팅이 얼마나 중요한지는 아무리 강조한다 해도 지나치지 않다. 할리우드 영화 중에서도 가장 시장 지향적인 영화로 평가되는 하이 컨셉트 영화는 영화의 스토리에 대해 언급되는 만큼이나 자주 그 작품들의 마케팅에 관해서도 회자된다. 이렇게 볼 때, 자넷 스타이거와 바브라 클링어Barbara Klinger는 영화의 내용, 스타일 그리고 영화에 대한 평가를 이끌어 내는 데에 있어서 프로모션—마케팅과 머천다이징을 포함한—이 갖는 중요성에 대해 설득력 있는 주장을 펴 왔다. 영화 프로모션과 영화의 텍스트 그리고 대중들로부터의 평판, 이 세 가지 요소 간의 관계는 시장 지향적인 하이 컨셉트 영화에 더욱 더 중요하다.

하이 컨셉트 영화는 시장성이 높은 영화로 인식되기 때문에 혹자는 이들 영화가 실제로 시장에서 얼마만큼의 상업적인 성과를 거두고 있는지 궁금해할 것이다. 필자는 하이 컨셉트 영화의 마케팅 전략과 이러한 마케팅이 영화에 대한 시장의 반응에 미치는 영향을 조사한 후, 이런 상업적 영화 제작 스타일과 실제 흥행 성적 사이의 관계를 살펴볼 것이다. 또 박스오피스 수입에 관한 통계 모델을 제시하여 하이 컨셉트 영화의 상업적 성공과 실패를 설명해 볼 것이다. 이런 과정을 통해서 하이 컨셉트의 발전을 가속화하는 데 일조한 시장조사(및 예측)가 현대 영화산업에서 역할을 중대해 온 과정에 대해서도 알아볼 것이다. 배리 리트먼Barry Litman은 《극장 영화의 성공 예측: 새로운 경험적 증거 Predicting Success of Theatrical Movies: New Empirical Evidence》를 통해 이런 분석을 가능케 하는 모델들을 제시한다. 또 이 분석의 일환으로 하이 컨셉트로 분류되는 영화와 박스오피스 수입의 관계에 대해서도 분석할 것이다. 시장 성과 과거의 성공작에 의존하고 있다는 점을 감안해 볼 때 하이 컨셉트 영화가 다른 영화보다 대중적일 가능성은 높다. 게다가 하이 컨셉트 영화가 규격화되고 내용적으로 반복된다는 점을 생각해 볼 때, 여러 구성 변수들로 나누어 이런 영화를 분석하고 이에 근거해 통계 모델을 세운다면 로우 컨셉트 영화의 통계 모델을 세우는 것보다 극장 흥행 수입을 비교적 더 정확하게 예측해 낼 수 있을 것이다. 앞서 언급했듯이 하이 컨셉트가 상품 차별화로 기능한다면, 실제 영화 시장에서 차별화가 상업적으로 성공할 것인지 실패할 것인지 여부는 하이 컨셉트의 가치를 측정하는 데 실제로 중요한 측면임이 틀림없다.

## 보여 주고, 끌어들이고, 표를 사게 하기

따라서 하이 컨셉트 영화는 제작 단계에서는 스타일에 집중하고 마케팅 단계에서는 영화와 마케팅을 결합함으로써 상품을 차별화하는 것으로 볼 수 있다. 이렇게 정의하면 하이 컨셉트의 여러 가지 측면을 아우를 수 있다. 가령, 우리는 하이 컨셉트를 "이미지를 보여 주고, 영화로 끌어들이고, 그리고 영화표를 사게 하기The Look, the Hook, and the Book" 의 과정으로 생각해 볼 수 있다. 영화의 이미지, 마케팅 포인트 그리고 간단한 내러티브, 바로 이 세 가지가 하이 컨셉트의 초석을 이룬다. 하이 컨셉트는 이들 세 가지를 변수로 하는 하나의 스펙트럼으로 볼 수 있다. 모든 할리우드 영화들은 바로 이 스펙트럼상에 위치하는데, 일부 영화는 스펙트럼의 낮은 쪽(로우 컨셉트 영화)에 있는 반면, 일부 영화는 높은 쪽(하이 컨셉트 영화)에 위치한다. 양쪽 끝, 즉 완전히 로우 컨셉트이거나 아니면 완전히 하이 컨셉트인 영화는 할리우드에는 거의 찾아보기 힘들다. 이러한 모델에 따라 분석하면 우리는 영화를 절대적인 기준보다는 상대적인 기준에 따라 보다 정확하게 구분할 수 있게 된다. 예를 들어, 두 작품 모두 스타 주도형 작품이라는 점에서는 공통점이 있지만, 〈에디 머피의 구혼 작전<sup>Coming to America</sup>〉(1988) 같은 코미디 영화가 〈장미의 전쟁<sup>The War of Roses</sup>〉(1989) 같은 블랙 코미디보다 상대적으로 하이 컨셉트 영화의 특징을 더 많이 가지고 있다고 평가할 수 있다.

　하지만 이렇게 하이 컨셉트 모델을 구축하려는 시도가 상업 영화 제작에 비판을 가하는 평론가들에게 학문적으로 대응하려는 것으로 비친다거나, 혹은 상업 영화를 좋아하는 대중들의 취향을 미화하려는 시도로 인식되어서는 안 될 것이다. 오히려 이번 연구를 통해 영화 〈그리스〉나 〈죠스〉, 〈스타워즈<sup>Star Wars</sup>〉(1977), 〈토요일 밤의 열기〉 같은 영화가 〈올댓재즈〉, 〈네트워크<sup>Network</sup>〉(1976), 〈뻐꾸기 둥지 위로 날아간 새<sup>One Flew over the Cuckoo's Nest</sup>〉(1975), 〈크레이머 대 크레이머<sup>Kramer vs. Kramer</sup>〉(1979)와 같이 평론가들로부터 당대의 의미 있는 영화로 인정받았던 영화들보다도 오히려 미국 영화사에서 더 중요하다는 점을 말하고자 한다. 지난 30년 동안 미국 영화사의 표준을 세우고 있던 사람들에게 이와 같은 주장이 놀라운 것으로 들릴 수도 있지만, 필자는 〈그리스〉 같은 하이 컨셉트 영화가 가지고 있는 상업적인 비결과 경제적인 결정 요소(수익성)를 이해함으로써 오늘날 미국 영화의 참모습—하이 컨셉트 영화에 자양이 되어 준 풍토—을 제대로 볼 수 있을 것이라고 믿어 의심치 않는다.

아래의 표는 하이 컨셉트 영화, 즉 하이 컨셉트의 요소(the look, the hook, and the book)를 하나 혹은 그 이상 가지고 있는 영화의 예들이다. 이 표는 지난 30여 년간 나온 영화 중에서 하이 컨셉트 영화를 모두 예시하려는 것이 아니라 하이 컨셉트의 특징을 보여 주는 영화의 예를 다양하게 제시하려는 것일 뿐이다.

| | |
|---|---|
| 죠스Jaws(1975) | 에디 머피의 대역전Trading Places(1984) |
| 오멘The Omen(1976) | 스테잉 얼라이브Staying Alive(1984) |
| 킹콩King Kong(1976) | 인디애나 존스Indiana Jones/Temple Doom(1984) |
| 스타워즈Star Wars(1977) | 터미네이터The Terminator(1984) |
| 디프The Deep(1977) | 내츄럴The Natural(1984) |
| 토요일 밤의 열기Saturday Night Fever(1977) | 악마의 성The Keep(1984) |
| 그리스Grease(1978) | 자유의 댄스Footloose(1984) |
| 슈퍼맨Superman(1978) | 레크리스Reckless(1984) |
| 메인 이벤트The Main Event(1979) | 시프 하트Thief of Hearts(1984) |
| 저크The Jerk(1980) | 퍼플 레인Purple Rain(1984) |
| 브루스 브라더스The Blues Brothers(1980) | 스트리트 오브 파이어Streets of Fire(1984) |
| 캐디섁Caddyshack(1980) | 그렘린Gremlins(1984) |
| 제국의 역습The Empire Strikes Back(1980) | 비버리 힐스 캅Beverly Hills Cop(1984) |
| 도시의 카우보이Urban Cowboy(1980) | 고스트버스터즈Ghostbusters(1984) |
| 아메리칸 지골로American Gigolo(1980) | 세인트 엘모의 열정St. Elmo's Fire(1985) |
| 플래시 고든Flash Gordon(1980) | 코만도Commando(1985) |
| 슈퍼맨 2Superman II(1981) | 매드 맥스 3Mad Max beyond Thunderdome(1985) |
| 끝없는 사랑Endless Love(1981) | 신비의 체험Weird Science(1985) |
| 도둑Thief(1981) | 늑대의 거리To Live and Die in L.A.(1985) |
| 캣피플Cat People(1982) | 나인 하프 위크$9^{1/2}$ Weeks(1986) |
| 스타트랙 2Star Trek II:The Wrath of Khan(1982) | 퀵 실버Quicksilver(1986) |
| E. T. the Extra-Terrestrial(1982) | 플라이The Fly(1986) |
| 블루 선더Blue Thunder(1983) | 불타는 도전American Anthem(1986) |
| 플래시댄스Flashdance(1983) | 맨헌터Manhunter(1986) |
| 스타워즈 에피소드 6: 제다이의 귀환Return of the Jedi(1983) | 하워드 덕Howard the Duck(1986) |
| | 핑크빛 연인Pretty in Pink(1986) |

페리스의 해방Ferris Bueller's Day Off(1986)

골치 아픈 여자Ruthless People(1986)

탑건Top Gun(1986)

로스트 보이The Lost Boys(1987)

드라그넷Dragnet(1987)

이스트윅의 악녀들The Witches of Eastwick(1987)

마네킨Mannequin(1987)

언터처블The Untouchables(1987)

위험한 정사Fatal Attraction(1987)

비버리 힐스 캅 2Beverly Hills Cop II(1987)

칵테일Cocktail(1988)

죽음의 카운트 다운D.O.A.(1988)

트윈스Twins(1988)

에디 머피의 구혼 작전Coming to America(1988)

블랙레인Black Rain(1989)

배트맨Batman(1989)

에디머피의 할렘 나이트Harlem Nights(1989)

폭풍의 질주Days of Thunder(1990)

유혹의 선Flatliners(1990)

붉은 10월The Hunt for Red October(1990)

딕 트레이시Dick Tracy(1990)

귀여운 여인Pretty Woman(1990)

토탈리콜Total Recall(1990)

48시간 2Another 48 Hours(1990)

유치원에 간 사나이Kindergarten Cop(1990)

후크Hook(1991)

의적 로빈후드Robin Hood: Prince of Thieves(1991)

아담스 패밀리The Addams Family(1991)

웨인즈 월드Wayne's World(1992)

배트맨 2Batman Returns(1992)

# 이미지와 하이 컨셉트 스타일의 구축 2

**영화 시장에서 하이 컨셉트 영화는** 스타일을 강조하고 이를 마케팅과 일관되게 통합함으로써 다른 작품과의 차별화를 확고히 한다. 이 두 가지 요소, 즉 스타일과 마케팅은 서로 배타적인 관계가 아니다. 마케팅과 하이 컨셉트는 시장에서 어필할 수 있는 컨셉트, 즉 스타 배우를 캐스팅함으로써 관객들로부터의 인기를 예상할 수 있다거나 영화 이외의 분야에서 이미 상품성이 검증된 전매(前賣) 자산<sup>pre-sold property</sup>이 있는 아이템(예를 들면 소설이나 연극 등)을 영화화하는 것 등에 집중되어야 한다. 작품이 시장성을 갖기 위해서는 컨셉트가 TV 광고나 극장 예고편, 인쇄 광고 등에서 단일하게 사용될 수 있도록 작품에 대해 대표성을 띤 통일된 비주얼 형식을 포함하고 있어야 한다. 따라서 하이 컨셉트 영화라고 한다면 광고를 통해 영화의 마케팅 컨셉트를 시각적으로 적절하게 표현할 수 있어야 한다. 영화의 마케팅 컨셉트를 시각적으로 최적화하여 표현할 수 있는 광고는 하이 컨셉트 영화의 상업적 성공에서 가장 중요한 역할을 담당한다. 그러나 좀 더 원론적으로 생각해 보면 표현 수단으로서의 광고야말로 하이 컨셉트 영화를 구성하는 가장 기본적인 요소라고 할 수 있다. 사실 하이 컨셉트 영화의 스타일을 분석해 보면, 여러 면에서 일반 소비재 광고의 디자인이나 레이아웃을 반영하고 있음을 알 수 있다.

여기에서 스타일이란, 한 편의 영화에서 그 영화에 특징적인 테크닉을 사용하는 방식을 지칭한다. 영화적 테크닉이나 연출적 요소들과도 관계 있는 이 용어를 확대하면, 영화를 구성하며 또 마케팅에서도 필수적 요소인 스타 배우나 음악까지 스타일의 범위 안에 포함시킬 수 있다. 스타일은 하이 컨셉트의 성격을 결정짓는 요소이다. 하이 컨셉트 영화 안에 들어 있는 미학적·투자 수익적 가치를 이해하는 데 필요한 스타일의 중요성은 아무리 강조해도 지나치지 않다. 하이 컨셉트에 속하는 스타일은 폭넓은 장르에 걸쳐 찾아볼 수 있다. 이렇게 볼 때, 하이 컨셉트 영화의 스타일은 범죄 영화나 갱 영화뿐만 아니라 멜로 드라마나 뮤지컬에서도 찾아볼 수 있는 영화 연출의 한 스타일로서 필름 누아르film noir의 개념과도 유사하다. 하이 컨셉트 영화의 스타일에는 몇 가지 구성 요소가 있다. 프로덕션 디자인과 촬영을 통해 표현되는 하이 컨셉트한 룩look, 스타 배우, 음악, 음악 파생 상품music tie-in, 캐릭터 및 장르 등이 그것인데, 이런 것들이 전체적으로 하이 컨셉트 영화의 패턴을 구성한다. 영화에서는 스타일의 여러 요소를 볼 수 있지만, 영화 한 편에 스타일의 모든 요소가 포함되는 경우는 드물다. 일반적으로 영화의 최전방에 드러나는 스타일은, 스타일이 어떤 마케팅과 판매 과정을 통해 통합되느냐에 따라서 다르게 구성된다. 예를 들어, 톰 크루즈Tom Cruise가 주연한 〈칵테일〉(1988)처럼 스타 배우가 극의 진행을 주도하는 가벼운 코미디 드라마 영화는 스타 배우와 음악을 전면에 배치하며, 이러한 특징은 영화의 뮤직비디오와 광고에도 적극 활용된다.

한편, 〈터미네이터〉(1984) 같은 SF 스릴러 영화는 영화의 하이 컨셉트 한 룩과 장르적 내러티브, 그리고 강력한 비주얼 임팩트를 지닌 주연 배우 아놀드 슈워제네거를 강조하여 효과를 본 예이다.

이번 장에서는 하이 컨셉트 영화의 스타일을 구성하는 다섯 가지 요소인 하이 컨셉트의 룩, 스타, 음악, 캐릭터 그리고 장르에 대한 분석을 통해 하이 컨셉트 스타일의 구축에 대해 알아볼 것이다. 이 구성 요소들은 동시에 복합적으로 활용되면서 이따금 영화의 내러티브 그 자체를 '넘어서며', 이 때문에 스토리의 전개에 비해 과도하다고 여겨질 때도 있다. 이러한 장면은 미학적으로 두드러져 광고에서 자주 사용되는 경향이 있다. 스타일의 각 요소는 궁극적으로 영화의 마케팅을 위한 것이다. 따라서, 하이 컨셉트 영화의 스타일을 분석하기에 앞서 그간 광고가 영화 연출 스타일에 어떻게 영향을 주었는지 알아보고자 한다.

## 광고는 스타일에 어떻게 영향을 미치는가

시장성 있는 요소를 잘 갖춘 하이 컨셉트 영화라면 "클린트 이스트우드 주연의 신작 스릴러", "스티븐 스필버그 감독의 신작 액션 어드벤처"라는 컨셉트 사례처럼, 누가 봐도 흥행할 가능성이 있는 확실한 아이덴티티와 자산을 내재하고 있다. 광고의 기능은 영화가 개봉될 때까지 이러한 요소를 대중에게 알림으로써 작품의 아이덴티티를 확립시키는 일이다. 하이 컨셉트 영화는 이미 누가 봐도 흥행이 확실할 것 같은 속성을 내재하고 있기 때문에 이 속성을 단순하면서도 그래픽적으로 효과적인 이미지와 카피를 사용하여 광고를 해야 한다. 참고로 광고는 단순할수록 영화 관람객들이 영화를 떠올리는 데 도움이 된다. 기업이 소비자와의 커뮤니케이션에서 모든 광고의 디자인 아이덴티티를 창조하고 유지하는 것을 가장 중요하게 여기는 것처럼, 하이 컨셉트 영화의 광고도 대부분 아이덴티티를 개발하고 관리하는 것을 중시한다. 디자이너는 메시지를 단순한 그래픽으로 효율적으로 전달해야 하지만, 가끔은 움직임이나 변화를 암시하는 데 역점을 두면서 아이덴티티의 창출과 유지라는 원칙을 지켜 가야 한다. 하이 컨셉트 영화에 등장하는 강렬한 그래픽을 보면 이를 알 수 있다. 예를 들어, 영화 〈에일리언^Alien〉의 포스터에는 공중으로 떠오르는 알을 배경으로 레이저바가 'ALIEN'이라는 글자를 이루고 있다. 단순한 로고로 타이틀을 표현하는 존 휴즈^John Hughes 감독처럼 특이한 방법을 사용할 수도 있다. 휴즈 감독은 인쇄 광고를 할 때 눈에 잘 띄는 그래픽 디자인과 로고를 활용하여 〈페리스의 해방^Ferris Bueller's Day Off〉(1986)을 FBDO로, 〈사랑 시대 Some Kind of Wonderful〉(1987)를 SKOW로 줄여서 사용하곤 했다.

하이 컨셉트 영화의 광고가 그래픽적으로 대담하고 스타일리시^stylish 하다는 평을 받는다면 이는 실제 영화의 내용을 반영한다고 볼 수 있다. 분명히 스타일은 대다수 하이 컨셉트 영화에서 아주 중요한 요소다. 스타일의 기능에 대해 좀 더 정확히 살펴보기 위해 스타일을 사회적인 요소 중 하나로 보는 스튜어트 이웬^Stuart Ewen의 의견을 들어 보자. "스타일이 아름답고 매혹적인 겉모습에 관한 것임을 우리는 알고 있다. 그러나 우리는 그 이상의 것을 본다. 단순한 겉모습을 넘어서 우리에게 전해지는 텔레비전 프로그램의 간단없는 메시지는 바로 스타일이 삶의 한 방식, 유토피아 같은 삶의 한 방식을 이루고 있다는 것이다." 이웬의 이러한 분석은 특히 하이 컨셉트 영화를 고려해 볼 때 아주 적절하다고 하겠다. 한편, 하이 컨셉트의 아이덴티티는 영화의 표면에 드러나는 외양^appearance을 통해 정립되기도 한다. 즉, 하이테크적 요소가 가미된 시각적 스타일과 프로덕션 디자인을 가지고 있어서, 물리적으로 완벽하게 구성된 비주얼이 내러티브를 압도해 버릴 수도 있는 것이다. 또한, 하이 컨셉트 영화는 하나의 삶의 방식으로 스타일을 제시해 주기도 한다. 즉 각각의 캐릭터가 내러티브를 따라 움직이는 과정에서 스타일을 보여 주고, 이런 스타일이 영화를 이끄는 현상을 많은 하이 컨셉트 영화에서 볼 수 있다. 여기서의 스타일은 라이프스타일, 즉 삶에 대한 접근 방식 혹은 이웬의 말대로 삶의 한 방식<sup>a way of life</sup>을 포함한다. 이런 개념이 유토피아적인 삶은 아니라 할지라도, 많은 광고에서 제시되는 지금보다 나은 인생, 보다 업그레이드된 라이프스타일을 보여 주는 것만은 분명하다.

예를 들어 패션 광고는 비단 소비자들이 하나의 상품을 구매하도록 조종하는 것뿐만 아니라 그 상품과 함께 새롭게 시작될 환상적인 라이프스타일을 구매하도록 자극하기 위해 기획된다. 단순한 상품의 판매에서 벗어나 이렇게 라이프스타일의 판매로까지 나아가기 위해서는 광고의 이미지가 완벽해야 한다. 여기서 말하는 완벽함이란 해당 상품뿐만 아니라 그 상품을 둘러싼 주위의 모든 환경까지도 잘 조직되어서 충분히 흠모될 수 있을 정도가 되어야 한다는 뜻이다. 자넷 버그스트롬이 캘빈 클라인의 광고를 해석한 사례를 살펴보자. 이 광고에는 남녀 양성의 소유자인 모델 3명—남자 2명, 여자 1명—이 침대를 가로질러 흩어져 누워 있다. 버그스트롬은 이러한 이미지가 다양한 해석을 가능케 한다는 것을 보여 주었다. 광고 속 이미지에 초점을 맞춰 보면, 색깔과 질감 및 디자인은 성적 매력과 유혹에 탐닉하는 라이프스타일을 표현하고 있다. 나아가, 이 광고가 현대 미디어 속에서 양성 소유자의 변화 과정을 추적해 보려는 버그스트롬의 시도를 뒷받침하고 있다는 점도 중요하다. 이미지를 이런 식으로 파악하는 것과 관련해 보자면, 광고 속의 모델은 본질적으로 행동 모델<sup>models of behavior</sup>로 기능하고 있다. 모델들은 패션계와 광고계가 만들어 놓은 가상의 세계에서 살아간다. 특히 광고에 해당 제품을 광고하는 카피가 없다는 점을 고려해 보면, 이 광고는 그 옷을 사 입음으로써 삶이 어떻게 바뀔 것인가보다는 하나의 라이프스타일을 제안하고 있는 것이다.

## "룩을 만들어 내셨군요": 하이 컨셉트에서의 완벽한 이미지

광고 속 이미지의 특징, 즉 물리적으로 완벽하며 상품과 라이프스타일 두 가지를 모두 판매하려는 의도 등은 하이 컨셉트 영화의 스타일과도 일치한다. 영화 스타일과 광고 스타일의 연관성은 결코 우연이라 할 수는 없다. 애드리안 라인Adrian Lyne, 리들리 스코트Ridley Scott, 토니 스코트Tony Scott, 휴 허드슨Hugh Hudson처럼 하이테크 스타일 취향이 강한 감독들은 TV 광고를 통해 감독으로서의 경력을 시작했다. 특히 유럽은 TV 광고가 빈번히 대중들과 대중문화를 선도하는 곳인데 이들은 대개 유럽 지역에서 수많은 TV 광고를 연출한 경력이 있다. 이렇게 광고적 성향이 강한 감독들이 하이 컨셉트에 미치는 영향은 엄청나다. 토니 스코트 감독을 예로 들어 보자. 형인 리들리 스코트와 함께 TV 광고를 연출한 후, 토니 스코트는 카트린 드뇌브Catherine Deneuve와 수잔 서랜든Susan Sarandon, 데이비드 보위David Bowie가 출연한 공포 영화 〈악마의 키스The Hunger〉(1983)에서 현대 뉴욕을 배경으로 하여 흡혈귀와 불멸의 삶에 대해 그렸다. 그러나 이런 한 줄짜리 영화 개요는 영화의 느낌을 분명하게 설명하기에는 아무래도 부족하다. 왜냐하면 이 영화는 영화의 스토리를 충분히 압도하는, 시각적으로 흥미로운 이미지들로 가득 채워져 있기 때문이다. 〈우먼스 웨어 데일리Women's Wear Daily〉지의 하워드 키슬Howard Kissel도 영화의 내러티브가 사실상 이미지에 종속되어 있다는 것을 알아차린 듯하다. "토니 스코트 감독의 〈악마의 키스〉는 죽음이나, 불멸, 폭력 그리고 사랑 같은 주제를 다루어야만 했다. 그러나 이 영화는

〈악마의 키스〉에서 카트린 드뇌브와 데이비드 보위. 〈악마의 키스〉는 예술적 연출에 관한 영화였다(〈악마의 키스〉, MGM/UA, 1983).

사실상 예술적 연출에 관한 영화였다. 가령 음악을 배경으로 피가 우아하게 흩어지는 방식이나, 불길에 비친 카트린 드뇌브의 얼굴을 밑에서 찍은 모습, 선명한 렌즈로 그녀의 볼에서 천천히 흘러내리는 눈물을 화면에 담는 방식, 데이비드 보위와 수잔 서랜든을 비슷하게 보이도록 촬영하는 방법, 깨끗하게 닦은 전화기의 표면에 수잔 서랜든의 모습을 비추는 방식 등이 그것이다."

영화 〈악마의 키스〉가 상업적으로 실패했다는 점을 생각해 볼 때, 스코트 감독이 돈 심슨Don Simpson, 제리 브룩하이머Jerry Bruckheimer 같은 제작자들에게 기용되어 많은 예산이 투입된 하이 컨셉트 영화 〈탑건〉의 연출을 맡게 된 것은 일면 의외이다. 프로듀서인 심슨과 브룩하이머가 스코트 감독을 선택한 것은 이 영화를 주로 시각적인 측면에 집중시키려 했던 그들의 제작 컨셉트 때문으로 볼 수 있다. 잡지 〈캘리포니아California〉에서 미라마 해군 항공 기지에서 촬영한 초음속 비행기의 공중전 사진들을 본 후, 이들은 교전 중인 제트기와 공군 파일럿의 이미지를 담을 수 있는 영화를 찍는 것으로 결정을 내렸다. 브룩하이머와 심슨의 눈에 〈악마의 키스〉에서 보여 준 스코트 감독의 스타일과 TV 광고를 연출한 그의 경력은 영화 〈탑건〉의 연출 감독으로 그를 선택하는 것이 합리적이라는 판단을 내리게 했다.

이처럼 영화 제작자들이 광고 미학을 차용·변형함으로써 영화의 스토리 전개에 반(反)하는 듯한 순간이 만들어지고, 이는 영화의 형식적 구성에 대해 감상할 것을 요구했다. 이러한 경향은 '과잉excess'이라는 용어를 통해 설명될 수 있다. 크리스틴 톰슨의 설명을 따르자면, 스타일은 영화 내에서 반복적으로 사용되면서 영화를 특징짓는 일련의 테크닉을 지칭하는 반면, 과잉은 영화 전반에 걸쳐 특정한 패턴을 형성하지 않는 테크닉을 지칭하는 것으로 이해할 수 있다. 스타일의 경우, 어떤 특정 영화는 관객이 예술가의 작품으로 인식함으로써—톰슨의 표현을 빌리자면 구성적 동기compositional motivation를 통해— 정당화되는 경향이 있지만, 과잉은 이와 유사한 방식으로 이해될 수 없다. 과잉은 해당 영화의 동기에 차이가 있음을 암시한다.

형식적 구성의 수준에서 하이 컨셉트 영화는 극단적으로 강한 역광을 사용하거나 종종 거의 흑백에 가까울 정도로 컬러를 최소화한다거나, 혹은 거울 등에 반사된 이미지를 지배적으로 사용하거나 첨단 기술과 세련된 산업 디자인 기법을 활용하는 일련의 테크닉과 연관되어 있다. 종종 이런 테크닉이 결합되어 영화의 내러티브를 방해하고 영화 내 과잉 현상을 만들어 낸다. 영화 〈플래시댄스〉의 도입부를 예로 들어 살펴보자. 크레디트credit와 함께 흘러나오는 아이린 카라Irene Cara의 〈What a Feeling〉은 관객들에게 "열정을 가지고 열정을 이루어라to take your passion and make it happen" 고 하는, 막연하지만 고무적인 메시지를 전달한다. 이에 더해 이 곡은 "이제 나는 내 인생을 위해 춤춘다now I'm dancing for my life" 고 하면서 알렉스(제니퍼 빌즈 분)가 자신의 춤을 통해 인생의 변화를 가져온다는 것을 암시한다. 이제 곡은 알렉스가 다리 주위를 맴도는 장면을 롱숏으로 잡는 동안 배경 음악으로 흐른다. 비록 역광이 극단적으로 사용되어 프레임 내 인물의 그림자가 확대되고, 이미지들과 큰 대조를 보여 인물의 정확한 위치를 알아내는 것조차 거의 불가능하지만 노래는 끊어지지 않고 강력한 백비트backbeat로 흐르고, 장면은 건축 현장으로 바뀐다. 사실 산업 현장의 기계, 건축 현장, 노동자들이 등장하는 전체 화면은 프레임 구석에서 종종 보이는 빨간색 경고등을 제외하고는 흑백으로 보인다. 이렇게 화면을 구성함으로써 일상적인 광경이 미학적으로 즐겁거나, 최소한 미학적으로 두드러지게 보이게 한다. 이런 변환은 처음에는 아주 낯선 것이어서 관객들은 이미지가 스토리의 전개에 어떻게 도움을 주는지에 대해 생각하기보다 이미지 자체가 이상하다고 여긴다.

미학적으로 대담하며, 종종 첨단 기술이나 산업 사회를 배경으로 하는 이런 종류의 이미지는 많은 하이 컨셉트 영화에서 찾아볼 수 있다. 예를 들어, 스릴러 영화 〈유혹의 선Flatliners〉(1990)의 이미지는 〈플래시댄스〉에서 볼 수 있었던 이미지와 유사한 기능을 한다. 이 영화는 가사(假死)를 체험해 보려는 의대생들이 주인공이다. 이 영화의 주요 장면들은 캠퍼스 내의 의대 건물과 가까이 있으며 아직 건축 중인 굴 같은 건물에서 이루어진다. 이 거대한 건물은 고딕풍의 장식과 내버려진 장식물—예컨대 거대한 여신의 머리 조각상— 등을 제외하면 텅 비어 있다. 빛은 마치 상처로 인해 생긴 것처럼 깨진 유리창 사이로 비치면서 〈플래시댄스〉를 떠올리는 강한 역광 효과를 만들어 낸다. 후광을 통해 건물 내에서 일어나는 모든 장면은 흑백 혹은 다크블루 계열의 색감을 띤다. 이런 이미지에 천상의 합창단이 부르는 듯한 사운드트랙이 뒤따른다. 이렇게 역광 효과, 프로덕션 디자인, 사운드트랙을 사용하여 죽어 가는[1] 의대생들을 위한 저승 같은 분위기를 만들어 낸다. 의대생들이 살아가는 공간이 실감나게 그려진 것과는 대조적으로, 의대 실험실 장면들은 양식화되어 있고 형식적(formal)으로 느껴진다. 여기에서 실험실 장면은 스토리의 기능을 압도하기 때문에 과잉이다. 영화 〈플래시댄스〉와 마찬가지로 〈유혹의 선〉은 영화의 과잉 이미지를 통해 배경을 미학적으로 처리하고 있다.

영화의 배경이 되는 건축 중인 건물과 현대적인 의대 건물은 이 영화가 하이 테크놀로지 세팅에 충실하다는 것을 보여 준다. 하이 컨셉트 영화는 간결하고 깔끔한 분위기를 통해 후기 산업 시대를 반영하는 단정하고 현대적인 배경을 추구하는 경향이 있다. 가령, 〈플래시댄스〉에 나오는 하이테크 댄스 클럽 모비, 〈유혹의 선〉에서 키퍼 서덜랜드 Kiefer Sutherland가 소유한 넓은 흰색의 아파트, 〈나인하프 위크 9½ Weeks〉

---

1) flatlining. flatline은 병원 응급실이나 중환자실에서 환자가 사망하여 심장 박동이 멈추고 심전도 기록기에 일직선이 나타날 때 이 일직선을 가리킨다. — 옮긴이

사후 경험자들의 실험을 위한 배경이 되는 대학 건물. 양식
화되어 있고 형식적이다(《유혹의 선》, 콜럼비아, 1990).

(1986)에서 볼 수 있는 보수적인 단색의 비즈니스 세계, 〈베이비붐〉, 〈월스트리트<sup>Wall Street</sup>〉(1987), 〈비버리 힐스 캅<sup>Beverly Hills Cop</sup>〉에 나오는 로데오 드라이브<sup>Rodeo Drive</sup> 아트의 세계, 혹은 네온 불빛으로 가득한 아파트와 개조한 창고가 젊은 여피족의 아지트로 바뀌는 〈세인트 엘모의 열정<sup>St. Elmo's Fire</sup>〉(1985) 같은 영화를 보자. 이러한 배경들은 스타일의 수준에서 기능을 하고 있으며, 현대적인 건축물과 실내 장식은 도시에 살면서 신분 상승을 꿈꾸는 인물들과 가장 많이 연관되어 있다.

하지만 매끈하고 시각적으로 뛰어난 룩만으로는 영화가 하이 컨셉트적인 요소를 갖추었다고 말할 수 없다. 광고를 통해 그러한 룩을 갖추었다는 평판을 받을 수는 있어도, 하이 컨셉트의 다른 면들을 가지고 있지 않다면 영화의 가치를 인정받을 수 없기 때문이다. 사실, 영화의 이미지는 시장성 있고 활용 가능한 컨셉트와 반드시 연관되어야 한다. 아주 다른 외양을 선보이고 있으며 상업적 실험작인 영화 두 편이 그런 사실을 잘 보여 준다. 프랜시스 코폴라<sup>Francis Coppola</sup>의 〈마음의 저편<sup>One from the Heart</sup>〉(1982)에서 라스베이거스는 코폴라 감독 자신이 경영하던 조에트로프 스튜디오<sup>Zoetrope Studios</sup>에 마련된 화려한 네온 불빛 아래에서 완전히 재창조되어 우리 앞에 나타났다. 조에트로프 스튜디오의 전 중역이었던 루시 피셔<sup>Lucy Fisher</sup>가 "내 마음속의 라스베이거스"라고 표현했듯이, 이 영화는 감각적인 색감과 현란한 불빛, 그리고 네온으로 가득한 배경을 활용하여 배경을 만들어 냈다. 코폴라 감독은 고전 뮤지컬에서 찾아볼 수 있는 인공적인 연출을 부활시켰고, 이로써 그의 영화는 개봉 당시 주목을 받았다. 하지만 이 영화에는 시장에서 주목을 받을 만한 특징이 없었다. 로맨틱한 플롯은 그저 평범했으며 주연 배우는 스타 배우가 아니라 연기파 배우였다. 사운드트랙의 경우도 상업적으로는 잘못된 선택으로, 귀에 거슬리는 목소리의 톰 웨이츠<sup>Tom Waits</sup>와

컨트리송 가수 크리스탈 게일<sup>Crystal Gayle</sup>이 맡았다.

하이 컨셉트 룩을 취하지는 않았지만 워렌 비티<sup>Warren Beatty</sup>의 〈딕 트레이시<sup>Dick Tracy</sup>〉(1990) 또한 코폴라 감독의 작품처럼 만화를 원작으로 삼아 사람들의 시선을 사로잡는 룩을 가지고 있다. "〈딕 트레이시〉의 통제된 색감과 인위적인 세트는 원작 만화에서 가져온 것이다. 일요 신문 만화의 역동적인 기본 색조를 따라야 한다는 비티의 말에 힘입어 의상 디자이너 밀레나 카노네로<sup>Milena Canonero</sup>는 영화 전체의 색채를 빨강, 노랑, 오렌지, 파랑, 자홍, 자주, 청록, 검정, 흰색으로 제한할 것을 제안했다." 그러나 〈마음의 저편〉과 달리 비티 감독의 영화는 시장에서 강하게 어필할 수 있는 요소를 몇 가지 가지고 있었다. 인기 있는 만화를 원작으로 하여 비티, 마돈나, 알 파치노 등 스타 배우들이 출연했으며, 영화 개봉에 맞춰 세 장의 앨범을 시판하는 등 영화와 연계된 머천다이징 캠페인을 벌인 것이다. 그 결과 '룩'을 제외한 다른 여러 요소들을 통해 시장성 있는 하이 컨셉트 영화가 탄생한 것이다.

## 스타와 스타일

영화의 형식적 구성 요소는 별도로 하더라도 하이 컨셉트 영화에 내재된 다른 요소들, 특히 전매 자산 역시 과잉 현상을 야기한다. 상업적인 관점에서 가장 중요한 전매 자산은 인적 자산, 즉 영화 제작에 참여한 스타 배우이다. 경제학적으로 스타라는 지위는 개인의 독특한 특징에 대한 특허로 간주될 수 있다. 이런 특징에는 순수하게 물리적인 측면이 포함될 것이다. 많은 스타 배우들이 무엇보다 그들의 빼어난 외모로 인식되는 것을 보면 이 점을 이해할 수 있다. 스타 배우가 가진 독특함은 비슷한 방식으로 하이 컨셉트 영화 내에서 과잉된 순간들을 만들어 낼 수 있다.

하이 컨셉트 영화 〈배트맨<sup>Batman</sup>〉(1989)에서 잭 니콜슨<sup>Jack Nicholson</sup>의 역할을 살펴보자. 니콜슨의 페르소나는 영화를 압도할 필요가 없었지만—그가 영화 〈레즈<sup>Reds</sup>〉(1981)에서 유진 오닐<sup>Eugene O'Neill</sup> 역을 맡아 조연으로 절제된 연기를 펼친 것이나, 영화 〈더 보더<sup>The Border</sup>〉(1982)에서 자연스러운 연기를 선보였다는 것을 떠올려 보자— 좀 더 최근의 니콜슨의 연기는 완전히 반대 방향으로 나아가고 있다. 니콜슨의 페르소나는 다소간 인습 타파주의자이자 체제 불응주의자의 모습을 하는 탓에 정력적이고 장난기 있는 그의 연기는 전파력이 있고 호소력도 강하다. 니콜슨의 이러한 이미지가 〈이지 라이더<sup>Easy Rider</sup>〉(1969), 〈파이브 이지 피시스<sup>Five Easy Pieces</sup>〉(1970), 〈마지막 지령<sup>The Last Detail</sup>〉(1973), 〈차이나타운<sup>Chinatown</sup>〉(1974), 〈뻐꾸기 둥지 위로 날아간 새〉(1975) 같은 1960년대와 1970년대에 출연한 영화를 통해 형성되었다면, 1980년대에는 이 이미지가 영화계에 정착이 되어 〈애정의 조건〉이나, 특히 〈이스트윅의 악녀들<sup>The Witches of Eastwick</sup>〉(1987) 같은 영화에서는 조연으로 스스로를 패러디하기까지 했다. 1980년 스탠리 큐브릭<sup>Stanley Kubrick</sup> 감독의 호러물 〈샤이닝<sup>The Shining</sup>〉(1980)은 니콜슨의 자기 패러디 연기가 응집력 있고 자연스러운 주연 연기를 방해하기 시작한 시기에 제작된 영화로 볼 수 있다. 폴린 캘<sup>Pauline Kael</sup>은 영화 〈샤이닝〉에서 니콜슨의 연기가 스타 배우로서 니콜슨과 극중 배역 사이에서 다음과 같이 긴장을 발생시켰다고 평가했다. "그러나 니콜슨이 연기하는 데 고생을 많이 하고 있다. 그가 사악하게 나와야 하는 장면이 너무 많고 〈애정과 욕망<sup>Carnal Knowledge</sup>〉(1971), 〈바람둥이 길들이기<sup>The Fortune and Goin' South</sup>〉(1978)에서 그가 보여 준 기이한 연기와 흡사한 장면도 너무 많기 때문이다. …… 니콜슨이 보여 주는 연기는 출연 영화에 비해 너무 격렬한 톤을 가지고 있다. 손에 도끼를 들고 침을 흘리며 혀가 입 밖으로 나온 모습은 오래된 AIP 영화

스타 배우로서 잭 니콜슨과 극중 인물로서 잭 니콜슨의 매치, 잭 네이피어(조커)로 분한 잭 니콜슨(〈배트맨〉, 워너 브러더스, 1989).

(AIP는 1955년 설립된 독립 영화사)에서 막 걸어나온 듯했다." 많은 장면에서 그가 절제된 자연주의적 연기를 한 반면, 그의 페르소나는 종종 영화의 세계를 분열시킨다. 이는 그가 극중 인물 이상의 의미가 있음을 암시한다. 사실, 영화 〈샤이닝〉에서 니콜슨이 "여기 조니가 왔어요"라고 소리를 지르면서 욕실 문을 도끼로 찍고, 부인을 공격하는 장면이 가장 기억에 남는 이유는 이 장면이 니콜슨이 가지고 있는 악동 페르소나와 관련된 유머와 자기 비하적인 면을 보여 주기 때문이다.

과잉 현상은 특히 니콜슨을 전면에 내세운 영화 〈배트맨〉에서 분명하게 볼 수 있다. 니콜슨이 극중에서 맡은 조커가 사실 잭 네이피어이며, 따라서 극중 인물들이 그를 계속해서 잭이라고 부른다는 것을 상기해 보자. 스타 배우로서 잭 니콜슨과 극중 인물로서 잭 니콜슨을 매치시키는 효과를 통해 그는 스타 배우로서 가지고 있는 위상이 극대화된다. 음침하고 억압적인 〈배트맨〉의 세계에서 니콜슨은 자신이 등장하는 각각의 장면에서 통일성을 파괴한다. 이런 파괴는 부분적으로는 번쩍이는 의상(자주, 파랑, 오렌지색을 섞어 만든)과 분장(항상 웃고 있는 거짓된 조커의 얼굴)을 통해서도 이루어지지만, 주로는 몸짓을 통해 조심성 없고 과장된 연기를 보여 줌으로써 이루어지는데, 이로써 그의 연기는 다른 배우들의 보다 자연스러운 연기와는 극적으로 상반되는 효과를 가져온다. 이런 연기 스타일은 우리가 니콜슨의 스타 페르소나를 인지하고 있다는 점에 의존하고 있고, 이것이 조커로 분한 그가 악동 연기를 할 수 있는 전후 맥락을 제공해 준 것이다.

영화에서 니콜슨의 전형적인 모습은 자신을 비키 베일에게 소개하는 장면에서 볼 수 있다. 고담 시Gotham City 갤러리에서 베일을 만나기로 약속한 후 잭과 그의 수하들이 도착하고, 프린스Prince의 〈파티맨Partyman〉에 맞춰 춤을 추면서 스프레이 페인트로 갤러리의 예술 작품들을 손상시킨다. 잭은 자신을 "살인 예술가homicidal artist"로 소개하고 "뭘 원하세요?"라는 베일의 질문들에 "10억 달러짜리 지폐에 내 얼굴이 인쇄되는 것"이라고 즉석에서 대답한다. 그는 이어 "이런 사람에 대해 아는 게 있냐?"고 물어보며 팔을 벌려 나는 시늉을 해 보인다. 이 과장된 몸동작은 배트맨을 가리키는 것이었다. 잭이라고 하는 인물을 연기하기에 니콜슨의 연기는 너무 크고 너무 우스꽝스럽다. 잭과 베일의 만남은 베일이 잭에게서 도망치기 위해 그의 얼굴에 물을 끼얹으면서 절정에 이른다. 잭은 웅크린 채, 〈오즈의 마법사The Wizard of Oz〉(1939)에 나오는 사악한 마녀처럼 "나 녹아!" 하고 외친다.[2] 베일이 그를 위로하려 하자 니콜슨은 "우우~" 하고 소리치며 크게 웃는다. 이런 일련의 연기는 다른 그 어떤 배우가 하더라도 낯설어 보였겠지만, 니콜슨의 페르소나, 조커의 역할 그리고 과시적 행동이 밀접하게 연관되면서 스토리와 인물의 일관성을 방해한다. 따라서 하이 컨셉트 영화에서는 영화의 완벽한 구성을 통해 발생하는 것만큼 스타 배우 같은 요소를 통해서 과잉이 발생할 수 있다.

빌 머레이$^{Bill Murray}$나 에디 머피 같은 코미디 스타들도 냉소적이며 심술을 부리는 연기로 영화와는 동떨어진 모습을 취함으로써 니콜슨처럼 영화 내에서 과잉을 유발시킨다. 에디 머피는 영화 〈비버리 힐스 캅〉에서 기괴한 '변신'을 통해 몇 번인가 영화 스토리의 전개를 방해한다. 탐정 엑셀 폴리 역의 에디 머피는 정보를 캐내기 위해 성난 〈롤링스톤$^{Rolling Stone}$〉지 기자에서부터, 헌신적인 화환 배달원, 나긋나긋한 동성애자까지 확연히 다른 사람 역할을 소화한다. 이런 변신이 오로지 머피의 연기를 통해 완벽하게 이루어진다. 그는 겉모습을 바꾸는 정도가 아니라 말하는 방법, 몸 동작, 자기 표현 방식까지 바꿔 연기한다. 임의로 각각의 인물을 택해 연기를 바꿔 나가는 데서 보여 주는 급작스러움은 또한 이 영화의 스토리 진행을 방해하는 데 일조한다. 심리적인 변신들로 이루어지는 에디 머피의 연기는 매번 진부한 형사 영화의 틀을 깨며, 그 어떤 내러티브 전개보다 우위를 보인다.

하이 컨셉트 영화의 과잉은 더글러스 서크$^{Douglas Sirk}$, 니콜라스 레이$^{Nicholas Ray}$ 같은 감독이 연출한 고전 가족 멜로 드라마에서 찾을 수 있는, 과도하게 코드화된 과잉의 순간들과는 다르다. 레이 감독이 1956년 연출한 〈비거 댄 라이프$^{Bigger than Life}$〉를 예로 들어 보자. 이 영화는 새롭고 신기한 약 코르티손$^{3)}$이 주인공과 그의 가족들을 파멸로 이끄는 과

---

2) 이런 인용을 통해 잭 니콜슨이 〈샤이닝〉에서 욕실 문을 도끼로 찍으며 "여기 조니가 왔어요" 하며 외칠 때 표현되었던 것과 매우 유사한 과잉 효과가 나타난다.
3) cortisone. 부신피질 호르몬의 일종으로, 관절염 등의 치료제로 쓰인다. — 옮긴이

정을 그리고 있다. 주요 장면 중, 아들이 수학 문제를 푸는 동안 에드 (제임스 메이슨 분)가 옆에서 들볶는 장면은 아주 낮은 각도에서 촬영되어 실제보다 과장된 에드의 이미지를 보여 주며, 이렇게 거대한 그림자가 상징적으로 아들을 삼켜 버리는 효과가 발생한다. 이 경우, 이미지를 통해 나타나는 과잉은 플롯과 캐릭터 전개 과정에 부응한다. 서크 감독과 레이 감독이 멜로 드라마의 플롯에서 잘 맞는 과잉의 순간들을 시각적인 스타일로 만들어 낸 반면, 하이 컨셉트 영화에서는 과잉을 이 같은 식으로 만들어 낼 수 없다. 비슷한 예로, 하이 컨셉트 영화의 스타일은 마틴 스콜세지<sup>Matin Scorsese</sup>나 브라이언 드 팔마<sup>Brian De Palma</sup>, 스티븐 스필버그, 로버트 알트만<sup>Robert Altman</sup> 같은 이른바 신 할리우드<sup>New Hollywood</sup> 감독들이 가지고 있는 스타일과는 차이가 있다. 가령, 드 팔마 감독이 알프레드 히치콕<sup>Alfred Hitchcock</sup> 감독의 내레이션 도구를 도용하여 〈옵세션<sup>Obsession</sup>〉(1976)과 〈드레스트 투 킬<sup>Dressed to Kill</sup>〉(1980) 같은 영화를 연출했다는 식으로 신 할리우드 감독들이 스타일을 모방한다는 비난을 받고 있지만, 이들 감독의 스타일은 여러 편의 영화를 통해 통일되어 있고 패턴화되어 있다. 더욱 중요한 점은, 그들의 스타일이 영화의 내러티브 속에서 표현된다는 사실이다. 창조적이며 사실주의적이며 중첩되는 사운드를 많이 사용하는 알트만 감독의 스타일은 사실감을 가진 영화를 연출하고 싶어 하는 감독의 욕구와 직접적으로 관련을 맺고 있다.

그러나 하이 컨셉트와 관련하여, 광고를 통해 강화되는 과잉은 동기 없는<sup>unmotivated</sup> 스타일이나 전통적 고전 사실주의 미학<sup>traditional classical-realist aesthetics</sup>에 위협이 될 영화를 만들어 내기도 한다. 〈분노의 함성<sup>The Strawberry Statement</sup>〉(1970)이나 〈미디엄 쿨<sup>Medium Cool</sup>〉(1969) 같은 1960년대 할리우드의 저항 영화<sup>protest films</sup>에 대한 피터 로이드<sup>Peter Lloyd</sup>의 설명은 이런

더글러스 서크 감독의 스타일, 〈비거 댄 라이프〉에 등장하
는 제임스 메이슨과 바브라 러시(〈비거 댄 라이프〉, 20세기 폭
스, 1956).

측면에서 참고할 만하다. "구조, 또는 각각의 프레임이 가지는 영화 전체 개념에 대한 유기적 관계를 의식하지 않고 피상적인 목표에만 집중한다면, 주제와 스타일의 연관성을 찾으려는 시도는 모두 실패할 것이다." 리처드 T. 제임슨<sup>Richard T. Jameson</sup>은 로이드의 입장을 더욱 확대하여 과잉적인 스타일의 구사는 영화감독에게 개인적인 비전이 없음을 말해 주는 것이라고 주장한다. "어떠한 형식도, 어떤 스타일적 전통도, 영화감독이 자신의 스타일에 대한 확신을 가지고 있지 않다는 것을 감추기 위해 확립된 적은 없다. 스타일은 절대적이며, 개인적이고 그리고 직접적이다."

하이 컨셉트 영화에서 볼 수 있는 과잉은 (감독) 개인의 비전에 의해 주도되지 않으며, 시장의 논리가 스타일을 결정함은 분명하다. 따라서, 이러한 과잉 현상을 염두에 두고 마케팅 과정에서는 마케팅과 영화 실제의 내용 사이에 거리를 두도록 유도한다는 점은 영화 〈악마의 키스〉와 〈탑건〉에서 토니 스코트 감독이 보여 준 이미지를 통해 확인할 수 있다.

영화의 물리적인 디자인, 즉 "룩"이 하이테크 기술로 구현된 영화의 예고편이나 TV 광고로 손쉽게 바뀔 수 있는 과잉으로 인식되는 것은 분명하다. 이 같은 이유로 하이 컨셉트 영화는 광고 담당자에게는 완벽한 것이다. 등장인물이 모델로 매치될 수 있게 물리적인 디자인을 하고 장르에 충실한 영화를 만든다면 미학적으로 두드러지면서도 영화를 정확히 표현하는 광고용 스틸 사진을 만들 수 있다. 영화 〈이반 대제<sup>Ivan the Terrible</sup>〉(1945)의 스틸 사진이 세 번째 의미, 즉 극적인 의미를 넘는 담론 수준의 징후로 롤랑 바르트<sup>Roland Barthes</sup>의 관심을 끌었던 반면, 하이 컨셉트 영화의 스틸 사진은 단 하나의 해석만을 가능케 한다. 영화 〈탑건〉에서 그을린 근육질의 톰 크루즈가 제트기를 배경으로 자세

섹스와 장르(〈탑건〉, 파라마운트, 1986).

를 취하고, 금발의 켈리 맥길리스<sup>Kelly McGillis</sup>가 그에게 기대 있는 도발적인 스틸 사진을 보자. 이 사진은 남녀 간의 역학과 장르—로맨스가 있는 어드벤처—라는 영화 홍보상의 초점 두 가지를 압축해서 보여 준다. 비슷한 예로, 〈나인하프 위크〉의 홍보용 스틸 사진은 영화의 과잉

영화에서의 과잉. 〈나인하프 위크〉의 킴 베이싱어(〈나인하프 위크〉, MGM/UA, 1986).

로우 컨셉트 영화의 홍보용 스틸 사진. 애매모호한 이미지들이 특징이다. 〈마지막 사랑〉의 데브라 윙어와 존 말코비치(〈마지막 사랑〉, 워너 브러더스, 1990).

을 보여 주고 있으며, 이는 이미지를 강력한 마케팅 도구로 활용할 수 있음을 말해 준다. 흑백 스틸 사진에서 킴 베이싱어Kim Basinger는 수줍은 듯이 아래를 바라보면서, 허벅지의 란제리를 끌어올리며 벽의 가장자리를 꽉 잡고 있다. 베이싱어라는 배우를 통해 물리적으로 완벽하고 강한 관능미를 발산하는 이러한 이미지는 상류 계층의 섹스를 말해 준다. 영화의 과잉 때문에 상류 계층이 즐겨 보는 패션 잡지의 란제리 광고로 영화 홍보를 하는 것처럼 해석될 수 있는 스틸 사진이 탄생한 것이다. 예를 들어, 하이 컨셉트 영화의 스틸 사진과 영화 〈마지막 사랑 The Sheltering Sky〉(1993)의 스틸 사진을 비교해 보자. 이 영화는 마케팅을 통해 살릴 수 있는 장점을 갖추고 있지 않으며, 복잡한 내러티브와 주제 때문에 하이 컨셉트 영화의 범주에 들지 못한다. 존 말코비치John Malkovich가 피곤한 데브라 윙어Debra Winger를 격려하고 있는 모습의 스틸 사진은 여러 가지로 스토리를 상상할 수 있는 가능성을 제시하는 것 같다. 윙어가 지친 표정을 짓고 말코비치가 바깥을 보고 있는 이러한 장면은 둘 사이의 로맨스에 문제가 생겼거나 혹은 남자가 여자를 유혹하려 하거나 혹은 아픈 친구를 위로하려는 모습 등으로 다양하게 생각할 수 있다. 이렇게 애매모호한 이미지를 보면 바르트가 〈이반 대제〉를 보면서 가졌던 생각이 떠오른다. 하이 컨셉트 영화와는 달리 〈마지막 사랑〉 같은 영화는 영화 홍보를 위한 스틸 사진 하나로 압축할 수 없다. 이러한 영화의 스타일은 영화의 내용을 축약하여 마케팅할 수 있는 도구가 없기 때문이다.

## 스타일 요소로서의 음악

영화의 물리적 디자인과 스타 배우는 마케팅 과정을 통해 시각적으로 쉽게 표현할 수 있다. 하지만 마케팅/머천다이징을 위한 하이 컨셉트 영화의 스타일에서 가장 중요한 요소는 아마 음악일 것이다. 영화에서 음악을 상업적인 목적—가령, 뮤직비디오나 사운드트랙—에 활용하면 영화의 다른 요소들과 음악을 분리하는 데 커다란 효과를 볼 수 있다. 크리스틴 톰슨은, "음악은 영화 이미지와 관련된 기능 이외에도 음악 자체가 가치 있다는 것을 (관객들에게) 보여 줄 수 있는 잠재력을 가지고 있다"고 말하면서, 사운드와 이미지의 관계, 특히 이 두 가지 요소를 합칠 경우 영화의 통일성에 방해가 된다는 주장을 폈다.

후기 고전 할리우드 영화 시대의 마케팅 활동에서 음악은 점차 중점을 두어야 하는 요소가 되어 왔다. 알렉산더 도티[Alexander Doty]의 말처럼, "할리우드가 젊은 층이라는 크고 돈이 되는 시장을 인식하게 되면서, 영화업계 광고 담당자들은 복합 엔터테인먼트 사업망에서 개발할 수 있는 영화음악의 잠재력을 완전히 깨닫게 되었을 것이다." 영화와 영화 마케팅에서 음악을 활용한 예는 고전 영화 시대와 하이 컨셉트 영화 시대 사이에도 발견할 수 있다. 예를 들어, 〈졸업The Graduate〉(1973)이나 〈청춘 낙서American Graffiti〉(1973) 같은 영화는 당시 음악과 영화가 어떤 다양한 형태로 통합될 수 있는지를 잘 보여 준다. 영화 〈졸업〉은 스토리와 사운드트랙이 놀라울 정도로 어울리게 병치되어 있어, 〈사운드 오브 사일런스The Sounds of Silence〉, 〈스카보로 페어Scarborough Fair〉, 〈미세스 로빈슨Mrs. Robinson〉 같은 사이먼과 가펑클Simon & Garfunkel의 노래들은 사건사건을 설명해 줄 뿐만 아니라 이미지의 해석까지 제시함으로써 사건을 이끌기도 한다. 사실, 벤과 일레인이 결혼식장에서 도망쳐 나와 버스에 올라앉아 있는 마지막 장면에는 〈사운드 오브 사일런스〉가 흐르면서 우울한 분위기를 만들어 낸다. 이렇듯 위의 곡들은 영화의 내러티브 전개와 관객의 영화 인식에 있어 아주 중요한 요소이다. 〈청춘 낙서〉에서는 음악이 언제나 주요 장면의 배경 음악으로 사용되고 있지만 스토리에 직접적인 영향은 주지 않는다. 영화에 나오는 41곡의 빈티지 록vintage rock 음악 중 대부분이 울프만 잭 방송국Wolfman Jack station에서 흘러나온다. 이 음악들은 현실감을 만들어 내는 데 아주 중요한 역할을 한다. 그럼에도 불구하고 음악은 상당 부분 내러티브와 분리되어 있으며 역사상 특정 시기를 알 수 있는 지표anchor로서 기능한다.

하지만 전후 맥락에서 따지자면 이러한 영화에서의 음악은 하이 컨셉트 영화와는 차이가 있다. 하이 컨셉트 영화에서 음악은 전반적으로 영화 이면에서 시장성 있는 컨셉트와 연계되어 있다. 게다가 하이 컨셉트 영화는 비단 음악과 시장성 있는 컨셉트뿐 아니라 스타일을 구성하는 다른 요소—가령 마케팅적으로 이점을 가진 특정의 '룩'이나 스타 배우, 그리고 내러티브—에 있어서도 다른 영화와 차이점을 드러낸다. 바로 이런 다양한 요소의 구성이 하이 컨셉트 영화의 음악에 존재하는 차이점이며, 영화에 음악을 삽입함으로써 얻어지는 고유한 시장 성은 이를 통해 강화된다.

음악이 주도하는 하이 컨셉트 영화로 〈플래시댄스〉나 〈자유의 댄스 Footloose〉(1984), 〈퍼플 레인Purple Rain〉(1984), 〈스테잉 얼라이브Staying Alive〉(1983), 〈보디가드Bodyguard〉(1992) 등을 들 수 있다. 이들 영화에서 음악과 이미지가 결합되어 만들어진 과잉은 내러티브와 분리된 모듈을 만들어 내며, 영화의 구조를 저해하는 방향으로 작용한다. 영화의 마케팅과 머천다이징에 있어 음악이 차지하는 중요성 때문에 음악은 영화에서 거의 완전하게 제시된다. 이런 영화 구성 방식과, 역시 주요 사건과는 별도로 여러 부수적 장면에 의존하는 고전 뮤지컬 영화의 구성 방식에 차이점이 생기는 것은, 하이 컨셉트 영화가 여러 장면을 계속해서 보여 주기보다는 광적으로 편집에 매달리고, 또한 음악이 가져야 할 극적인 목적을 결여하고 있기 때문이다. 영화 〈플래시댄스〉에서 노래는 알렉스가 춤추는 장면에 중점적으로 할애되어 있다. 모비의 바에서 춤추는 장면에는 〈그는 꿈만 같은 남자예요He's a Dream〉과 〈주머니 속에In the Pocket〉, 아파트에서는 〈매니악Maniac〉, 오디션 장에서는 〈왓 어 필링What a Feeling〉, 친구들과 있는 자리에서는 〈나는 로큰롤을 사랑해요I Love Rock'n Roll〉이 나온다. 이러한 곡들이 주제곡으로서 내러티브에 관해 이야기해 주는 것은 매우 모호할 뿐이다. 이런 노래들은 그보다는 오히려 그녀와 그녀 친구들의 생활 방식과 관련되어 있다. (〈나는 로큰롤을 사랑해요〉는 분명히 이들의 축가이며, 〈매니악〉은 댄스 플로어에서 춤추는 댄스 매니아에 관해 노래하며,[4] 〈그는 꿈만 같은 남자예요〉와 〈주머니 속에〉는

---

4) 흥미롭게도 작곡가 마이클 셈벨로는 "〈매니악〉은 사실 연쇄살인자에 관한 곡이다"라고 언급한 적이 있다. 그러나 영화에서 알렉스는 노래에 맞춰 춤을 추며, 알렉스가 춤에 '미쳐' 있다고 생각할 수 있을 것이다.

남성과 여성의 유혹에 관한 곡이다.) 중요한 것은 이런 곡들 중 대다수가 영화의 핵심, 즉 알렉스가 합법적인 댄서로서 성공할 수 있을 것인가 하는 문제와는 피상적으로만 연관되어 있다는 점이다.

영화 〈플래시댄스〉는 뮤지컬―현대적 록 뮤지컬―로 분류되어 있기 때문에 관객들은 극중 인물들이 음악과 춤을 표현의 양식으로 삼아 자신들의 세속적인 조건을 초월할 수 있는 과잉의 순간들을 기대할 수도 있다. 이런 점에서 〈플래시댄스〉는 분명 고전 뮤지컬과 유사하다. 릭 알트만Rick Altman이 지적한 것처럼, 이런 뮤지컬 영화 내의 과잉은 이차적 텍스트 수준에서 구조화된다. "리드미컬한 몽타주 기법, 병행 화면의 강조highlighted parallelism, 긴 스펙터클 등은 고전 내러티브 시스템에서 볼 수 있는 과잉으로서, 영화의 내러티브와 경쟁하는 논리, 두 번째 목소리가 존재함을 관객에게 알려 준다." 따라서 여러 면에서 음악의 과잉과 모듈의 생산은 뮤지컬을 본 적이 있는 관객의 경험에 따라 조정될 수 있는 것이다.

그러나 많은 하이 컨셉트 영화들의 과잉을 설명하기 위해 뮤지컬 장르에 기대기는 힘들다. 사실 몇몇 하이 컨셉트 영화는 음악을 활용하지만 뮤지컬 영화로 분류되지 않는다. 이런 영화에서 사운드트랙과 이미지의 관계는 뮤지컬 영화의 경우와 다른데, 이는 관객들이 영화를 보면서 음악 때문에 나타나는 과잉을 발견하고도 내러티브를 따라가려 애쓰기 때문이다. 이런 영화에서 음악은 영화 전반에 걸쳐 패턴화되기보다 영화 일부 장면에만 폭발적으로 사용되면서 순간적으로 영화의 평형 상태를 깬다. 이렇게 음악이 폭발적으로 사용되는 영화는 하이 컨셉트 영화든 로우 컨셉트 영화든 상관없이 지난 수십 년간 후기 고전 할리우드 영화에서 자주 찾아볼 수 있다. 〈블랙보드 정글Blackboard Jungle〉(1955), 〈이지 라이더〉, 〈귀향Coming Home〉(1978), 〈새로운 탄생<sup>The Big Chill</sup>〉(1983), 〈아이다호<sup>My Own Private Idaho</sup>〉(1991) 같은 영화가 좋은 예이다. 그러나 하이 컨셉트 영화는 다른 후기 고전 할리우드 영화들에 비해 이러한 장면을 훨씬 더 중요시한다. 〈배트맨〉, 〈귀여운 여인<sup>Pretty Woman</sup>〉(1990), 〈위험한 청춘<sup>Risky Business</sup>〉(1983), 〈칵테일〉, 〈웨인즈 월드<sup>Wayne's World</sup>〉(1992) 같은 하이 컨셉트 영화의 경우 영화의 마케팅을 위해 반복되는 음악에 어우러진 주요 장면들을 한번 상기해 보자.

이런 영화에서 음악은 크레디트나 오프닝 장면 등 영화의 도입부에 등장한다. 내러티브 정보는 이때 집중적으로 나타난다. 데이비드 보드웰은, "크레디트 시퀀스는 매우 중요한 내러티브적인 몸짓이다. 이런 별도의 단락은 대개 고도로 자의식적이며 전지적인 방식으로 정보를 제공한다"라고 말했다. 폴 슈레이더<sup>Paul Schrader</sup> 감독의 〈아메리칸 지골로〉는 이런 전략을 구사하는 교과서적인 영화이다. 기본적으로 영화의 첫 장면은 LA 지역에서 잘나가는 지골로(남창) 줄리앙 케이(리처드 기어 분)의 하루하루의 생활에 관한 것들로 이루어져 있다. 블론디<sup>Blondie</sup>가 부르는 〈콜 미<sup>Call me</sup>〉라는 노래를 배경으로 하여 이런 장면이 계속 이어진다. 가령, 줄리앙이 벤츠를 타고, 옷을 구입하고, 나이든 여성들을 에스코트하는 장면은 조르지오 모로더<sup>Giorgio Moroder</sup>와 블론디가 합작한 노래를 통해 힘을 얻는다. 이 노래의 가사는 지골로를 원하는 사람들의 간청으로 해석될 수 있는데, 사실 가사를 보면 주인공을 세부적으로 묘사하고 있다. 가령 "당신은 사랑이라는 언어를 말하고 있군요"라는 부분은 중요한 내러티브라고 할 수 있는데, 줄리앙이 여주인공 미셸과 처음 만나는 장면에서 사랑의 언어를 비롯하여 여러 언어를 구사하기 때문이다.

비슷한 예로, 〈핑크빛 연인<sup>Pretty in Pink</sup>〉(1986)의 크레디트도 여주인공 앤디의 일상의 삶을 그리고 있다. 〈핑크빛 연인〉을 배경 음악으로, 극도로 클로즈업한 화면에서 앤디가 아침 옷을 입고 화장을 하는 모습을 보여 준다. 그녀의 의상과 장신구, 스타일 감각—앤디가 다른 인물들과 차별되는 점이다—은 플롯의 전개에 있어 필수적인 것이며, "그녀가 이 드레스를 입고 걸어 보면서"라는 가사는 이러한 차이점을 분명히 해 준다. 요컨대, 이런 하이 컨셉트 영화들과 〈탑건〉, 〈비버리 힐스 캅〉, 〈브레드레스Breathless〉(1983) 같은 영화에서 음악은 도입부에서 과잉을 만들며, 도입부에는 관습적으로 자의식적이며 내러티브에 관한 정보들이 집약되어 있다.

하이 컨셉트 영화에서 음악은 비단 도입부뿐만 아니라 일부 장면에서 재등장할 수 있다. 음악이 장면을 따라가기도 하고, 음악이 영화의 한 장면을 만들어 내기도 하는 것이다. 사실, 음악과 내러티브의 상호 작용 정도는 영화마다 차이가 있다. 영화 〈공포의 눈동자Eyes of Laura Mars〉(1978)에서 음악은 사진 작가인 로라가 폭력적이며 성적인 이미지를 사진으로 담아낼 때마다 흘러나온다. 가령, 란제리 차림의 모델 두 명이 뉴욕 거리에서 불타는 자동차 두 대를 놓고 아웅다웅하는 장면에서 관객은 미찰스키와 우스터빈Michalski & Oosterveen의 노래 〈번Burn〉을 들을 수 있는데, 이 곡은 펑크 송과 유사한 느낌의 곡으로, 화재의 아름다움을 내용으로 한다. 무정부적이고 날카로운 보컬과 리듬을 가진 이 곡은, 따라서 영화의 긴장된 시각적 이미지와 잘 부합된다. 비슷한 예로, 로라가 살인과 상류 사회의 패션을 병치하며 이를 정교하게 사진에 담는 장면에서 어빈 커쉬너Irvin Kershner 감독은 마이클 재거 밴드Michael Zager Band가 노래하는 〈다 함께 노래하자Let's All Chant〉를 집어넣었다. 그러나 다른 장면들과는 달리 이 장면에서 음악은 주제 면에서만 해당 장면의 이미지와 관련될 뿐이다. 디스코 비트와 파티에 관한 가사들은 해당 장면에 나오는 모델들의 기분이 고조되어 있음을 보여 줄 뿐이다.

하지만 음악은 영화의 디제시스$^{diegesis5)}$를 파괴하는 과정에서 내러티브에 통합될 수도 있다. 브라이언 드 팔마 감독이 연출한 〈침실의 표적$^{Body Double}$〉(1984)을 예로 들어 보자. 이 영화는 불법적인 포르노 영화의 더러운 세계를 중심으로 벌어지는 스릴러물이다. 영화의 중간 무렵, 남자 주연 배우인 제이크(크래이그 와슨 분)가 여배우 홀리 바디(멜라니 그리피스 분)를 만나서 하드코어 영화를 찍는 장면이 있다. 제이크의 오디션 장면 후 드 팔마 감독은 제이크가 한 클럽의 층계참에 기대어 서 있는 장면으로 건너뛴다. 그런데, 제이크를 뒤따르는 노래가 불길하다. 프랭키 고즈 투 할리우드$^{Frankie Goes to Hollywood}$의 리드 싱어 홀리 존슨이 약하지만 성적인 의미가 담겨 있는 〈릴랙스$^{Relax}$〉를 부른다. 이 노래를 부르면서 존슨은 제이크를 클럽으로 유혹하고, 클럽에서 제이크는 다양하고 기이한 성행위에 노출된다. 그러나 이 장면의 끝 부분에서 제이크는 자신이 하드코어 비디오의 한 장면에 나오고 있다는 것을 깨닫는다. 드 팔마 감독은 이러한 노래가 나올 만한 동기, 혹은 제이크의 상상이나 환상 같은 분명한 이미지를 제공하지는 않는다. 사실 이 장면의 구성은 한 편의 뮤직비디오와 흡사하다.

베벌리 휴스턴$^{Beverle Houston}$은 〈뮤직비디오와 관객: 텔레비전, 이데올로기 그리고 꿈〉이라는 글에서 뮤직비디오는 연기, 종속 내러티브, 그리고 가장 중요하게도 시간적·공간적 통일성을 방해하는 시각적인 단편화를 결합시킨다고 정의했다. 영화 〈침실의 표적〉에서 〈릴랙스〉가 흘러나오는 장면은 이러한 공식을 명확히 따르고 있다. 여기서 홀리 존슨이 주도적으로 참여하고 있다는 것을 감안할 때 퍼포먼스라는 요소는 중요하다. 또 클럽에서 제이크를 유혹하는 것은 명목적인 내러

---

5) 영화 속 스토리에서 진행되는 허구의 세계. — 옮긴이

영화 〈침실의 표적〉에서 〈릴랙스〉라는 곡은 멜라니 그리피
스가 크래이그 와슨을 유혹하는 장면에서 흘러나온다(〈침실
의 표적〉, 콜럼비아, 1984).

티브로서 기능하고 있으며, 이 시퀀스에서 시간/공간은 분명히 단절된
상태이다. MTV에서 실제 방송되었던 〈릴랙스〉의 뮤직비디오가 정확
히 이 장면은 아니지만, 드 팔마 감독은 원래 영화의 이 장면을 이용하
여 홍보 비디오를 만들려고 생각했다. 아마 이러한 요인이 이 뮤직비

디오의 실제 구성에 영향을 미쳤을 것이다. 이렇듯 형식적인 요소들이 상호작용하여 뮤직비디오를 영화의 나머지 부분과 분리시키고 있다. 관객이 이 장면을 뮤직비디오로 인식하는 것은 가장 중요한 거리 두기 distancing의 한 형태이다. 이 장면은 뮤직비디오로 제작되었기 때문에 관객들이 기대하는 것과는 분명히 차이가 있다.

이와 유사한 방식으로 〈핑크빛 연인〉에서도 음악을 내러티브에 활용하고 있다. 앤디의 친구인 더키(존 크라이어 분)는 〈좀 부드럽게 대해봐Try a Little Tenderness〉라는 곡에 맞춰 춤추고 립싱크로 노래를 불러 앤디를 감동시키려 한다. 그러나 이 노래는 더키에게는 의미가 있는 곡이다. 더키가 이 곡을 '해석'하는 바에 따르자면, 곡에 맞춰 최면에 걸린 것처럼 열광적으로 게다가 거의 곡예에 가깝게 춤을 춰야 하기 때문이다. 이 곡은 〈침실의 표적〉에서 사용된 음악과는 달리 영화 내에서 시간과 공간에 묶여 있다. 그러나 스토리를 전개하는 과정 중 노래가 나올 만한 동기가 부족한 상황에서 더키의 해석이 더해지며 영화의 나머지 부분과 분리되는 것이다. 〈핑크빛 연인〉의 각본을 맡은 존 휴즈는 자신의 영화에서 이러한 장면이 나오는 것에 대해 강한 애착을 가지고 있었다. 〈페리스의 해방〉에서 페리스가 〈감사합니다Danke Schoen〉와 〈트위스트 앤 샤우트Twist and Shout〉에 맞춰 립싱크를 하는 장면, 혹은 〈자동차 대소동Planes, Trains & Automobiles〉(1987)에서 존 캔디John Candy가 〈고인돌의 테마The Flintstones Theme〉를 연주하는 장면을 상기해 보자.

## 하이 컨셉트에서의 과잉: 홍보용 뮤직비디오

영화 제작, 스타 배우 그리고 특히 사운드트랙의 과잉을 통해 만들어지는 디자인에서의 모듈화modularity를 하이 컨셉트 영화의 특징이라고 보면, 모듈화는 영화 내에 있는 뮤직비디오 시퀀스의 'B면' 즉 홍보용 뮤직비디오를 통해 더욱 강화된다. 홍보용 뮤직비디오는 곡이 담긴 앨범—사운드트랙 및 기타—의 판매 촉진과 영화 홍보의 두 가지 기능을 수행한다. 어떤 측면에서 볼 때, 뮤직비디오는 사실 이러한 기능을 수행하는 과정에서 영화의 내러티브를 방해하여 영화의 통일성을 저해한다. 바브라 클링어가 지적한 것처럼 영화 홍보용 뮤직비디오는 영화 텍스트의 의미를 다중화하여 관객의 저변을 확대하려는 경향이 있다. "홍보용 미디어는 종종 영화의 주제나 스타, 스타일 같은 요소들 중 몇 가지를 다룸으로써 텍스트를 다양화하는 경향이 있다. 그러나 이런 종류의 상호 텍스트 지대inter-textual zone는 텍스트 체계 내에서는 자리 잡을 수 없다. 이것은 오히려 텍스트를 혼란스럽게 할 뿐이다."

이렇게 텍스트가 혼란스럽게 되는 것은 부분적으로 영화 자체를 넘어 홍보용 뮤직비디오에까지 확대되는 하이 컨셉트 영화의 허구적인 세계와 관련되어 있다. 이런 상호참조cross reference 방식은 텔레비전에서 자주 볼 수 있다. 미미 화이트Mimi White의 표현을 빌리자면, 특정 프로그램의 출연자들이 다른 프로그램에 출연하여 "긴밀한 텍스트 네트워크"를 만드는 것이다. 뮤직비디오는 대개 뮤직 아티스트를 위한 공간을 만들어 놓고, 그 속에서 영화 속 등장인물과 만나게 하는 내용으로 진행된다. 영화 〈탑건〉에 나오는 〈데인저 존Danger Zone〉의 뮤직비디오를 예로 들어 보자. 검은색 선글라스를 낀 가수 케니 로긴스Kenny Loggins는 어떤 방의 침대에 누워 있는데, 이 방의 분위기를 이루는 강한 역광과 컬러의 최소화는 영화 속에서도 극도로 패턴화되어 있는 것이다. 로긴스는 한편으로는 영화에서 일어나는 사건에 관한 논평자commentator로서 사실상 비행 시퀀스에 대해 '내레이팅'을 하고 있으며 다른 한편으로는 톰 크루즈라는 스타 배우의 대역을 하고 있다. 더욱 자세하게 말하자면 로긴스는 또한 이 곡을 성(性)적인 관점에서 보도록 조장한다. 영화에서는 〈데인저 존〉이 도입부의 비행 장면에서 나오는 반면, 뮤직비디오에서는 비행 장면을 비롯한 여러 장면에서 로긴스가 권태롭게 침대에 누워 있는 장면이 함께 나온다. 이런 효과로 인해 음악은 성적인 관점에서 다시 해석되고, 관객도 전체 영화를 성적인 관점에서 다시 보게 된다. 톰 크루즈와 켈리 맥길리스 사이에 로맨스가 생기면서 주인공 매버릭에게 정말 위험한 지역(danger zone)이 생기는 것이다. 이것이 뮤직비디오에서 찾아볼 수 있는 대표적인 상호참조 방식의 예다.

종종 상호참조 방식은 영화 장면과 가수의 단순 통합 이상으로 발전한다. 영화 〈나일의 대모험<sup>Jewel of The Nile</sup>〉(1985)의 뮤직비디오 〈상황이 어려워질 때<sup>When the Goin' Gets Tough</sup>〉에서 마이클 더글러스<sup>Michael Douglas</sup>, 캐스린 터너<sup>Kathleen Turner</sup>, 대니 드비토<sup>Danny DeVito</sup>가 빌리 오션<sup>Billy Ocean</sup>을 대신해 백업 가수로 나오는 장면을 생각해 보자. 또, 영화 〈화려한 유혹<sup>Who's that girl</sup>〉(1987)의 홍보용 뮤직비디오에서 가수 마돈나가 배우 마돈나를 갈망하듯이 주시하는 장면을 떠올려 보자. 영화 속 인물이 뮤직비디오에도 나오는 더 좋은 예는 영화 〈위기의 암호명<sup>Jumpin' Jack Flash</sup>〉(1986)의 뮤직비디오를 찍은 아레사 프랭클린<sup>Aretha Franklin</sup>과 영화 〈터미네이터 2〉(1991)의 건스 앤 로지스<sup>Guns N' Roses</sup>의 뮤직비디오에서 볼 수 있다. 영화 〈탑건〉의 뮤직비디오와는 달리, 이 두 영화 속 인물들은 직접 뮤직비디오 속의 세계로 들어간다. 〈위기의 암호명〉의 처음 추격 장면에서 우피 골드버그<sup>Whoopi Goldberg</sup>는 피할 곳을 찾던 중 좋지 않은 예감을 주는 건물 속으로 들어간다. 골드버그가 들어갔을 때 이곳은 아레사 프랭클린과 케이스 리처즈<sup>Keith Richards</sup>가 〈위기의 암호명〉이라는 곡을 녹음하고 있는 중이었다. 골드버그는 프랭클린의 백업 가수인 척한다. 건스 앤 로지스의 〈터미네이터 2〉 뮤직비디오의 경우, 영화의 액션 장면, 건스 앤 로지스가 곡을 연주하는 모습, 그리고 순전히 뮤직비디오 제작을 위해 촬영한 새로운 장면들을 조합해 놓았다. 이 두 뮤직비디오의 제작 과정을 통해 하이 컨셉트 영화 스타일의 또 다른 측면을 볼 수 있다. 그것은 홍보용 뮤직비디오 같은 매체를 통해 디제시스적 통일성diegetic unity이 파괴된다는 것이다. 영화 내의 과잉이 영화 시스템의 통일성을 파괴하는 경향이 있다면, 이러한 파괴 과정은 내러티브를 재구성하고 심지어 내러티브를 재인식하게 하는 뮤직비디오 같은 별도의 디제시스적extra-diegetic 홍보 수단을 통해 강화된다.

홍보용 뮤직비디오에서 내러티브가 재구성되는 것은 하이 컨셉트 스타일의 영화가 시장 지향적이라는 점에 기인한다. 관객들이 영화를 최대한 많이 접하도록 하기 위해 홍보물은 내러티브에서 발견할 수 있는 의미를 최대한 다중화하여 제시한다. 이런 다중화 과정은 영화가 시장에서 오랫동안 생명을 유지하는 데 아주 중요하다. 사실, 뮤직비디오는 단순히 영화를 상징하는 데 그치지 않고 내러티브를 복잡하게 한다. 이러한 과정은 하이 컨셉트 영화를 반복해서 보게 하는 즐거움과 밀접하게 연관된 것처럼 보인다. 즉, 이런 즐거움은 친숙함(본 영화의 이야기, 등장인물, 음악)과 발견(홍보용 뮤직비디오에서 재구성되는 스토리, 등장인물, 음악) 사이의 놀이에서 비롯된다. 뮤직비디오와 본 영화의 차이로 인해 발생하는 다양한 해석에서 이런 놀이는 핵심적인 것이고, 이로써 관객들은 영화를 다시 읽게 된다. 이렇게 '다시 읽기'를 통해 얻는 즐거움에 대한 롤랑 바르트의 이야기는 홍보용 뮤직비디오가 원래의 텍스트에 보상을 가져다주는 방식에 대한 설명이 될 수 있다. "다시 읽기는 소모가 아니라 놀이이다(놀이는 차이의 보상이다). 만일 의도적으로 내용이 다르게 구성했음을 알게 된다면, 우리는 그 즉시 텍스트를 다시 읽는다. 이는 참된 텍스트가 아니라 다양한 텍스트를 얻기 위해서다." 하이 컨셉트 영화의 경우, 본 영화와 홍보용 뮤직비디오 같은 영화를 지원하는 미디어와의 관계가 본질적으로 상충된다는 점을 감안해 볼 때, 다양한 해석은 더욱 증가한다.

내러티브를 구축하는 과정에서 뮤직비디오와 영화가 상충된다는 점은 다이앤 슈즈Diane Shoos, 다이애나 조지Diana George, 존 루이스Jon Lewis를 비롯하여 많은 사람들이 지적했다. 특히 슈즈와 조지의 설명처럼 영화 〈탑건〉의 주제가인 〈내 마음을 가져가 주세요Take My Breath Away〉의 뮤직비디오는 영화의 내러티브를 잘못 표현했다. 찰리(켈리 맥길리스 분)가 강의실로 들어가는 장면과 매버릭(톰 크루즈 분)이 마치 찰리의 미모에 압도된 것처럼 고개를 돌리는 장면이 같이 배치되어 있기 때문이다. 사실 영화에서 매버릭이 이렇게 놀라는 얼굴을 하는 것은, 전날 밤 찰리를 유혹하려 했는데 바로 다음날 찰리가 교관으로 등장했기 때문이다. 비슷한 예로, 루이스는 영화 〈퍼플 레인〉의 〈비둘기가 울 때When the Doves Cry〉의 TV용 뮤직비디오 두 편을 분석한 결과, "두 편 모두에서 영화 속의 장면이 등장하고 두 편 모두 영화 속에서 그 곡이 묘사되는 '영상'과 다르다"고 말했다.

이렇게 홍보용 뮤직비디오가 내러티브를 재구성하는 과정은 영화 〈재회의 거리Bright Lights, Big City〉(1988)에 나오는 곡으로 브라이언 페리Bryan Ferry의 〈키스하고 말해 줘요Kiss and Tell〉을 뮤직비디오로 만든 것에서도 볼 수 있다. 페리의 솔로 앨범 〈비트 누아르Bete Noire〉에 수록되어 있는 이 곡은 감독 제임스 브리지스James Bridges가 영화와 원작 소설 모두에서 중요한 위치를 차지하는 세련된 뉴욕 클럽 장면을 표현하기 위해 사용했다. 사실, 이 뮤직비디오의 목적은 곡과 영화의 관련성을 강조하는 데 있다. 뮤직비디오 곳곳에서 노래 가사가 영화의 일부 장면에 대해 직접 말해 준다. 더욱이 네온 클럽에서 노래를 부르고 스튜디오에서 녹음하는 페리를 이런 장면과 연관시킴으로써 그를 내레이션 권한을 가진 인물로 부각시키고, 그가 음악을 작곡할 뿐 아니라 사실상 영화를 만든다고 인식하게 한다. 영화와 이 곡의 연관성은 가사 곳곳에서 직접 드러난다. 가령, 곡 도입부의 "한 번 춤출 때마다 10센트만 내면 돼요"라는 가사는 제이미(마이클 J. 폭스 분)가 뉴욕의 오데온<sup>Odeon</sup> 클럽에서 춤을 추는 장면과 매치되며, "번쩍이는 사진, 당신이 볼 수 있는 유일한 빛이죠"라는 부분은 의상 모델인 제이미의 아내 아만다(피비 케이츠 분)가 고급스런 옷을 입고 사진가가 이를 찍는 장면에 흘러나오며, "꿈꾸는 자─한숨을 훔쳐 가는 자"라는 가사는 제이미가 눈을 비비며 걸어가는 장면에 들려온다.

뮤직비디오는 세 개의 독립된 장소를 번갈아 가면서 진행된다. 즉, 페리와 그의 밴드가 노래를 하는 모조 네온 스튜디오, 이 곡에 맞춰 세 명의 여성 모델이 춤을 추고 있는 유사하지만 다른 장소, 그리고 뮤직비디오에 참조하기 위해 영화 〈재회의 거리〉에서 선별하여 가져온 디제시스적 세상이 그것이다. 사실 이 뮤직비디오에서 볼 수 있는 특정한 이미지와 음악의 조합이 내러티브를 형성한다. 특히, 사랑을 돈처럼 교환할 수 있는 것으로 생각하는 진부한 로맨스를 묘사하는 가사가 있다(돈은 말하네, 거짓말은 안 하죠, 키스하고 말해 줘요, 주고받아요, 눈에는 눈이죠). 이런 가사들을 통해 영화의 각 장면들은 주인공 제이미가 밤을 어떻게 살아가고 있는지 보여 준다. 관객들은 제이미가 여러 여성들과 로맨틱한 관계를 맺는 과정들을 볼 수 있으며, 제이미가 술을 마시고, 춤을 추고, 영화 제목에 나오는 것처럼 거대한 도시<sup>big city</sup>를 방황하는 모습을 볼 수 있다.

뮤직비디오의 후반부에서 화면은 제이미와 아만다를 중심으로 구성되어 있다. 영화 속 아만다가 제이미와 사이가 소원해진 아내로 등장하는데, 뮤직비디오에서는 이 점이 분명치 않다. 아만다의 직업이 모

영화의 내러티브 대 뮤직비디오의 내러티브(《재회의 거리》, 유
나이티드 아티스트, 1988).

델이라는 점은 익명의 모델들이 네온 레코드 스튜디오에서 포즈를 취
하고 있는 장면에서 알 수 있다. 제이미와 아만다가 나오는 장면은 영
화에서 가져왔지만 영화에서 이 둘의 만남은 그리 많지 않다. 특히, 뮤
직비디오에서는 제이미가 무대 위로 올라가 아만다 곁으로 가는 장면

과 욕실에서 제이미가 화를 내는 장면이 연결되어 있다. 이런 구성은 두 장면 사이에 인과 관계가 있음을 암시한다. 더 나아가 제이미가 몇 주 동안 노력한 끝에 아만다를 만나지만 아만다가 냉담한 반응을 보이는 영화 속의 장면도 뮤직비디오에서 찾아볼 수 있다. 영화에서는 제이미가 아만다를 호되게 꾸짖으면서 불신과 격분을 보이지만, 뮤직비디오 끝 부분에서는 제이미와 아만다가 즐거운 시간을 보내고 제이미는 자신이 있던 도시로 돌아가기 위해 택시를 잡는다.

제이미와 아만다가 뉴욕의 한 클럽을 배경으로 로맨틱한 관계를 발전시켜 나가는 뮤직비디오의 내러티브는 행복과 로맨틱한 결합으로 향하는 과정을 보여 준다. 그러나 이는, 제이미와 아만다가 결국 헤어진다고 결론지을 뿐 아니라 제이미가 뉴욕의 클럽 세계를 떠나리라 암시하는 본 영화의 내러티브를 극단적으로 바꾼 것이다. 이렇게 영화의 내러티브와 뮤직비디오의 내러티브가 차이를 보이는 현상은, 비단 영화의 장면을 재구성하는 것뿐만 아니라 신$^{scene}$ 안에서 숏$^{shot}$을 달리 이어 놓아 신 전체의 의미를 변화시킴으로써 더욱 강화된다.[6] 예를 들어, 뮤직비디오에 나오는 파티장에서는 아만다가 제이미에게 인사하는 숏과 제이미가 눈꼬리를 치켜올리다가 장난스럽게 미소를 짓는 숏이 함께 나온다. 두 번째 숏은 사실 이전의 점심 식사 신에서 나온 것이다. 영화와 달리 뮤직비디오는 제이미가 아만다에게 과장된 반응을 보이는 클라이맥스 장면을 생략하고 있다. 이렇게 장면들을 합성함으로써 뮤직비디오가 영화의 내러티브를 사실상 재구성한 것이다. 이러한 재

---

6) '숏'은 한 번 카메라가 작동해서 멈출 때까지 촬영된 장면을 의미한다. '신'은 동일한 장소, 동일한 시간에 일어나는 일련의 숏의 집합을 뜻한다. '시퀀스'는 이보다 상위의 개념으로 서로 연관이 있는 하나 또는 그 이상의 신으로 구성된 하나의 에피소드를 말한다. 이 책에서는 개념의 구분이 필요 없는 한 숏과 신은 '장면'으로, 시퀀스는 '시퀀스'로 옮겼다.

구성은 영화를 본 사람이 본 영화의 내러티브를 이해하는 데 영향을 미치고—즉, 유추할 수 있는 의미와 이해의 수준을 다양화하고— 따라서 영화의 통일성을 저해하는 기능을 한다. 한편, 영화를 보지 않은 사람에게 이러한 재구성은 실제 영화의 내러티브와 일치하지 않는 영화 읽기가 된다.

물론, 사운드트랙이나 영화를 소설화한 작품 등, 영화를 홍보하는 다른 수단들이 영화를 다양하게 이해하도록 권하는 방식은 홍보용 뮤직비디오와 유사하다. 홍보용 뮤직비디오는 영화의 장면들을 전용(轉用, appropriation)함으로써 영화의 통일성을 저해할 가능성이 있다. 최근 일부 하이 컨셉트 영화에서 사운드트랙 앨범에 영화에 나오는 곡이 아니라 영화를 보고 난 후 머릿속에 떠오르는 음악을 싣는 경향이 있는데, 이는 영화 내러티브의 재구성을 강력하게 유도한다. 이런 점에서 하이 컨셉트 영화의 범주에 드는 두 편의 영화, 〈배트맨〉과 〈딕 트레이시〉가 가지는 함의에 대해 생각해 보자. 두 영화 모두 별도의 사운드트랙들이 발매되었다. 하나는 주로 배경 음악으로 구성되어 있고, 다른 사운드트랙은 영화와 관련된 가수를 중심으로 구성되어 있다 (〈배트맨〉은 프린스, 〈딕 트레이시〉는 마돈나).

영화 〈배트맨〉의 사운드트랙을 맡은 프린스 앨범의 경우, 수록된 아홉 곡 중 영화에 나오는 곡은 〈배트댄스<sup>Batdance</sup>〉, 〈파티맨<sup>Partyman</sup>〉 두 곡뿐이다. 앨범에 실린 나머지 곡은 영화 속의 등장인물과 상황을 반영하는 정도에 그친다. 영화와 음악의 관계는 앨범에 들어 있는 속지에서 각각의 작품을 영화 속의 등장인물에게 바친다는 프린스의 해설로 더욱 강화된다. 가령, 프린스가 불렀음이 분명하지만 〈파티맨〉은 조커가 리드 보컬, 〈레몬 크러시<sup>Lemon Crush</sup>〉는 비키 베일이 리드 보컬을 맡았다고 해설하는 식이다. 이렇게 하여 프린스는 신선한 내러티브를 만들

〈배트맨〉의 사운드트랙 중 〈파티맨〉에서 리드 보컬로 나오는 잭 니콜슨(〈배트맨〉, 워너 브라더스, 1989).

어 내고, 이것은 영화의 기본 내러티브―즉 배트맨이 악당 조커로부터 고담 시와 비키 베일을 구해 낸다는―와 유사한 방식으로 기능한다. 영화의 첫 장면에 음산한 고담 시가 등장하는데, 프린스의 사운드트랙 첫 곡 〈미래$^{The Future}$〉에서는 이와 유사한 내용―나는 미래를 보았다네/ 그리고 소년이여 미래는 아주 험하다네―을 볼 수 있다. 이어서 조커가 치매에 걸린 상황(〈전기 의자$^{Electric Chair}$〉), 배트맨과 비키가 로맨틱한 사이로 발전해 나가는 과정 (〈비키가 기다리네$^{Vicki Waiting}$〉, 〈레몬 크러시〉, 〈스캔들러스$^{Scandalous}$〉), 조커가 배트맨을 물리치고 비키를 차지하기 위해 쏟는 노력(파티맨을 믿어요$^{Trust Partyman}$〉) 등을 묘사하는 곡들이 담겨 있다. 이런 곡들은 팝스타 프린스의 관점에서 영화의 원래의 내러티브를 재배치하는 효과가 있다. 즉, 어드벤처와 액션이 담겨 있는 영화의 내러티브를 강조하기보다 등장인물의 스타일과 섹슈얼리티를 강조하는 것이다. 이런 재배치는 홍보용 뮤직비디오와 마찬가지로 영화와의 관련성을 여러 가지로 다양화할 수 있다는 점에서 강력한 경제적 동기를 가지고 있는 셈이다.

비슷한 예로, 영화 〈딕 트레이시〉의 사운드트랙을 부른 마돈나의 앨범에도 영화에 나오는 곡은 단 세 곡—〈조만간Sooner or Later〉, 〈좀 더More〉, 〈당신이 잃을 수 있는 것What Can You Lose〉—에 불과하다. 나머지는 영화의 시대 배경인 1930년대 후반에 어울리는 곡들로 채워져 있다. 일부 곡은 영화 속 인물들과 관련이 있는 반면, 일부 곡은 전혀 관련이 없어 보인다. 예를 들어, 〈그는 남자다워요He's a Man〉는 사랑과 범죄와의 싸움에 빠진 거친 남자를 그리고 있어 트레이시를 위한 곡이라는 것을 쉽게 알 수 있다. 반면, 〈그는 우는 아기 같아요Cry Baby〉에서 마돈나는 베티 붑Betty Boop의 목소리를 흉내 내면서 겁쟁이 남자친구에 대해 이야기하는데 이 곡은 영화의 내용과는 거리가 있어 보인다. 〈그는 우는 아기 같아요〉, 〈행키 팽키Hanky Panky〉, 〈미쳐 버릴 것 같아요I'm Going Bananas〉 같은 곡에서 마돈나는 만화 같은 인물을 만들어 영화 〈딕 트레이시〉의 등장인물들을 보완하고 있다. 마돈나가 마호니(극중 마돈나가 맡은 인물)와 트레이시 사이의 로맨스를 여러 곡의 음악을 통해 간단히 그려나가는 반면, 베티 붑과 카르멘 미란다는 영화의 내러티브에서 비켜서 있어, 여성의 욕망이라는 개념을 바탕으로 또 다른 일련의 여성 캐릭터들이 만들어지는 것이다. 영화 〈딕 트레이시〉의 사운드트랙은 이런 방식으로 원래의 영화에 대한 이해를 파괴한다는 점에서 프린스가 제작한 사운드트랙보다 더욱 극단적인 변화를 가져왔다.[7]

내러티브 구성의 측면 말고도 두 영화의 사운드트랙은 샘플링, 즉 영화의 사운드를 발췌하고 재결합함으로써 영화의 디제시스적 내러티브를 저해한다. 사실 프린스의 〈배트댄스〉의 상당 부분은 영화에서 가

마돈나는 〈딕 트레이시〉의 사운드트랙 제작을 위해 마호니를 비롯하여 다양한 인물로 분한다(〈딕 트레이시〉, 디즈니, 1990).

져온 샘플로 구성되어 있다. 사운드트랙에서 조커가 자주 내뱉는 "희미한 달빛 아래서 악마와 춤을 춰 본 적 있나?", "인쇄를 중지시켜", "여기 따끈따끈한 게 하나 있지" 같은 말들은 사실 영화에 나오는 대사를 프린스가 전용한 것으로, 곡에서 계속 반복되며 배트맨과 비키 베일의 대사들과 섞인다. 프린스는 샘플을 다루고 영화 속 인물들에게 반응하며 곡을 전개해 간다. 예를 들어, 브루스 웨인이 집사 알프레드에게 비키 베일을 두고 "그 여자 대단하지 않아?"라고 말하는 부분에서 프린스는 〈배트댄스〉에서, "오 예, 오 예/그녀의 몸을 망가뜨리고

---

7) 영화 〈딕 트레이스〉는 마돈나의 앨범, 대니 엘프만Danny Elfman의 사운드트랙, 그리고 마돈나가 부르지 않았지만 영화에 나오는 곡들의 수록 앨범 등 세 장의 앨범 지원을 받았다.

싶어"라고 대답하는 식이다. 비슷한 예로, 마돈나의 앨범 중에 〈이제 당신을 따를게요<sup>Now I'm Following You</sup>〉라는 곡이 있다. 이 곡에서 마돈나는 트레이시에게 보내는 여러 가지 '조난 신호'—예를 들어, "이리 와요, 트레이시/내 마음을 읽어 봐요, 트레이시"—를 샘플링하여 여기에 직접 응답한다. 예상했던 바 마돈나의 페르소나를 생각해 보았을 때, 마돈나는 딕<sup>dick8)</sup>이라는 단어에 대해서도 끝없는 샘플링을 시도한다. 사운드트랙에서 볼 수 있는 이런 샘플링은 분명 영화의 내러티브를 이해하는 데 영향을 주며, 샘플에서 반복되는 단어와 문구는 영화를 통해 유추할 수 있는 것보다 많은 내러티브를 만들어 낸다. 이런 여러 단어에 대한 강조와 샘플링을 통한 다양한 조작은 영화 내러티브의 과잉 현상을 자극한다.

　이렇듯 홍보용 미디어가 내러티브의 구조에 미치는 영향력은 바브라 클링어가 말했던 재(再)내러티브화<sup>re-narrativizing</sup>, 즉 텍스트의 특정 요소를 다른 내러티브 속에 위치시키는 것 이상으로 나타난다. 사실, 내러티브에 관한 한 영화와 홍보용 뮤직비디오는 완전히 상호 의존적이다. 이런 현상은 영화 내에 존재하는 모듈성<sup>modularity</sup>으로 인하여 발생하고, 이 모듈성은 과잉으로 작용하는 뮤직비디오를 추출하고 마케팅할 수 있도록 해 준다. 하이 컨셉트 영화에서 모듈성은 뮤직비디오 및 기타 관련 있는 홍보 미디어에서 내러티브가 재구성됨으로써 더욱 강화된다. 하이 컨셉트 영화의 텍스트를 읽는 것을 고려할 때 이런 요소를 포함시키면 TV의 수용을 지배하는 이론들에 훨씬 가깝게 다가갈 수 있다. 타니아 모들레스키<sup>Tania Modleski</sup>, 존 피스케<sup>John Fiske</sup>, 레이먼드 윌리엄

---

8) 남자를 비하해서 부르는 명칭(녀석, 놈)에서부터 형사, 심지어 남자의 음경까지 다양한 의미를 가진다. — 옮긴이

스<sup>Raymond Williams</sup> 같은 이들이 텔레비전을 보는 행동을 기술하기 위해 사용한 분산<sup>distraction</sup>, 방해<sup>interruption</sup>, 분열<sup>fragmentation</sup> 같은 용어에 대해 생각해 보자. 만일 이들 영화의 수용이 분산적 수용 상태를 유도한다면, 이는 관객들의 사회적 상황보다 미디어의 구조에서 원인을 찾아야 한다. 미디어의 구조 때문에 이윤의 극대화라는 동일한 목적을 추구하면서도 하나의 텍스트를 두고 상반된 의미가 만들어지기 때문이다.

## 하이 컨셉트 이미지: 등장인물의 유형과 장르

하이 컨셉트 영화 내에서 이미지와 사운드트랙의 완성은 주로 '유형'으로 제시되는 등장인물과 조응된다. 영화의 등장인물은 몇몇 특징을 통해 정의할 수 있는데 그중 외모가 등장인물을 결정짓는 가장 중요한 요소이다. 할리우드의 경우 분명한 특징을 가진 한결같은 등장인물을 늘 선호해 왔지만, 하이 컨셉트 영화는 과거에 할리우드에서 제작된 영화보다 한결 더 등장인물의 유형화를 중시한다. 이런 경향은 광고적인 성격을 많이 지니고 있는 하이 컨셉트 영화의 특징에서 비롯된다. 즉 영화의 캐릭터는 종종 모델로 등장하여 영화를 판매하고, 더욱 중요한 것은 영화를 통해서 생활양식을 제시한다.

영화 〈베이비붐〉의 주연 J. C. 와이어트(다이앤 키튼 분)와 의사 쿠퍼(샘 셰퍼드 분)를 예로 들어 보자. 이 영화의 첫 장면에서 한 정열적인 직장 여성—즉 가정과 직장 모두에서 열정을 보여 주며, 새로운 역할 모델과 새로운 평등성을 보여 주는 여성—이 사회에서 처하고 있는 상황에 대한 설명이 제시된 후, 곧 투자 은행가인 와이어트의 빽빽한 스케줄에 대한 묘사가 이어진다. 이런 식으로 여주인공은 투자 은행가보다 한층 큰 사회적 범주에 속하는 '직장 여성', 즉 직업을 위해 사생활을 포기해야 하는 여성과 관련을 맺고 있다. 물론, 이 영화는 직장 여성에 가해지는 사회적 속박의 모습으로 와이어트를 그려 내고 있다. 영화 초반부에서 와이어트는 직장 여성은 승진하면서 모든 것—성공적인 결혼, 가족, 직장을 다 가질 수는 없다는 경고를 받는다. 이에 와이어트는 자신이 모든 것을 가지고자 하지는 않는다고 답한다. 이런 어긋남은 영화 전체를 통해 계속되고, 이런 사회적 유형이 등장인물을 정의하는 가장 중요한 방법으로 작용한다. 한편, 와이어트는 성공적인 사업가에게 뒤따르는 신속하게 변화하는 대도시 뉴욕의 삶과 관련을 맺고 있다. 영화 플롯은 주연 배우의 유형을 통해 진행된다. 즉 한 도시 여성이 아기 때문에 문제가 생기고 시골로 쫓겨 가면서 플롯이 진행된다. 비슷한 예로 의사 쿠퍼라는 등장인물은 거의 전적으로 시골 소도시풍의 특징에 의해 드러날 뿐이다. 사실 영화 후반부는 시골 의사와 세련된 직장 여성의 비교 장면이 주를 이룬다. 따라서 영화는 주연 배우들을 유형화하며, 관객이 분명하게 느낄 수 있는 특정 생활양식을 구체적으로 보여 준다.

스타 배우의 페르소나는 등장인물이 정의되는 한계를 설정함으로써 등장인물 유형화 작업을 더욱 강화시킨다. 스타 배우들은 어느 정도 스타일—고유의 외모·태도·자세 등—이 고정되어 있다. 스타일을 강조하다 보면 영화상의 등장인물이 압도당하기도 하며, 그 결과 등장인물은 영화의 원래 스토리가 아니라 스타 배우 자신과 더욱 강하게 연관되기도 한다. 스타 배우라는 지위는 강한 경제적 동기가 수반되기 때문에 등장인물 유형화 경향을 더욱 부추긴다. 영화 〈트윈스<sup>Twins</sup>〉(1988)에 나오는 형제를 예로 들어 보자. 이 영화는 유전자를 조작한 두 명의 형제가 가진 차이점을 중심으로 전개된다. 그러나 영화 대부분의 장면에서 두 형제의 신체적 차이만이 부각되며, 이는 대니 드비토와 아놀드 슈워제네거의 캐스팅을 통해 더욱 강화된다. 두 배우의

등장인물의 유형화, 〈베이비붐〉에서의 다이앤 키튼(〈베이비붐〉, 유나이티드 아티스트, 1987).

페르소나, 각각 맡은 인물(드비토는 영리한 바보, 슈워제네거는 터프가이), 여기에 더해 극심한 신체상의 차이는 웃음을 자아낸다. 형제이면서 이처럼 큰 차이를 보인다는 점은 슈워제네거가 드비토로, 그리고 드비토가 슈워제네거로 등장하면서 둘이 워낙 닮아 "심지어 엄마도 구별하지 못한다"는 문구가 나오는 영화 마케팅에 꼭 들어맞았다. 다시 한 번 강조하면, 마케팅과 스타 배우의 페르소나 그리고 등장인물을 구분하는 선이 흐려진다. 경제적 동기가 이 경계선을 지워 버리고 관습적인 캐릭터 개발을 촉진하는 것이다.

등장인물 유형화 경향은 장르적 변화<sup>generic transformation</sup>를 통해서도 강화되어 왔다. 장르가 전매 자산으로 인식되며 또한 영화에 대한 관객의 이해에 기초를 제공한다는 점을 감안해 볼 때, 하이 컨셉트 영화가 장르에 깊이 의존함을 알 수 있다. 고전주의적 영화에서부터 수정주의 형태의 영화에 이르기까지, 장르 영화의 발전과 함께 장르적 아이콘화(化)는 정보를 전달하는 경제적인 수단으로 활용되어 왔다. 이런 장르적 변화의 부분적인 결과로 일반적인 아이콘이 변화된 문맥에 위치하게 되면서 익살과 해학을 가져온다. 반면 존 카웰티<sup>John Cawelti</sup>의 말에 따르면, 캐릭터와 다른 아이콘들은 더욱 더 과장되게 그려진다. 월터 힐<sup>Walter Hill</sup> 감독의 〈스트리트 오브 파이어<sup>Streets of Fire</sup>〉(1984)는 이러한 전략을 잘 사용한 영화이다. 이 영화는 고의적으로 모호하고 새로운 분위기의 세상에 미국 서부 시대와 필름 느와르<sup>film noir</sup>의 특징과 등장인물을 삽입했다(영화는 "다른 시간, 다른 세상"이라는 글자로 시작한다). 영화는 금욕주의적인 서구 영웅, 사납고 자유분방한 소녀, 집으로 돌아가고 있는 선량한 소녀, 지치고 누추한 친구에 이르기까지 장르적이라고 볼 수 있는 등장인물을 그려 낸다. 이런 등장인물에 관해서는 신체적 외모와 일반적인 유형을 제외하면 어떤 동기도 제공되지 않는다.

　이러한 경향은 실베스터 스탤론<sup>Sylvester Stallone</sup>이 출연하는 몇 편의 영화에서도 반복된다. 스탤론은 장르적인 아이콘을 찾아내 다소 변형한 문맥에 삽입하는 것에 능한 감독이자 배우이다. 영화 〈록키〉와 〈람보<sup>Rambo</sup>〉 시리즈는 별개로 하고, 스탤론이 감독한 〈스테잉 얼라이브〉는 하이 컨셉트 영화로서 텍스트의 상호 동기화 과정<sup>intertextual motivation</sup>에 점차 의존했다. 〈토요일 밤의 열기〉의 속편인 이 영화에서 토니 마네로(존 트래볼타 분)는 동시에 두 사람과 로맨스를 만들어 가면서 브로드웨이에서 성공하기를 희망한다. 스탤론은 뮤지컬 영화 〈42번가<sup>42nd Street</sup>〉(1933)에서 "대역이 큰 기회를 잡는다"는 플롯을 차용하여 재작업한 후, 육체적 완벽함을 통한 보상이라는 〈록키〉적 시각으로 다시 그려냈다. 이 두 장르의 플롯을 혼합함으로써 스탤론은 배고프고 순진한 댄서, 일편단심의 여자친구, 이국적인 요부(妖婦) 같은 캐릭터들을 많은 수정 없이 활용할 수 있었다. 이런 유형들이 스탠더드 뮤지컬 드라마의 등장인물에서 파생된 것으로 인식되는 반면, 스탤론은 〈록키〉를 활용해 영화의 등장인물을 강화했다. 토니는 록키 발보아, 재키(신디아 로데스 분)는 애드리안으로 볼 수 있으며, 아폴로 크리드와 미스터 T라는 악당 캐릭터는 영국 출신 요부 로라(피놀라 휴즈 분)에서 발견할 수 있다. 이런 과정을 닉 로딕<sup>Nick Roddick</sup>은 "미국 영화를 자신의 이미지로 리메이크하려는 실베스터 스탤론의 노력의 최근 단계"로 묘사하고 있다. 〈스테잉 얼라이브〉의 또 다른 텍스트적 수준으로 이 영화가 〈토요일 밤의 열기〉의 속편이라는 위치에 있는 것을 감안하면 최소한 토니와 그의 가족들도 이미 캐릭터로 만들어져 있는 것이나 다름없었다.

　비슷한 예로, 영화 〈레크리스<sup>Reckless</sup>〉(1984)는 10대의 반항을 다룬 영화로, 이 영화에서 과보호를 받는 중산층 집안의 트레이시(제니퍼 그레이 분)는 사람들에게 오해를 받는 터프가이 러크(에이단 퀸 분)에게 매력을 느낀다. 이런 등장인물의 유형은 〈이유 없는 반항<sup>Rebel Without a Cause</sup>〉(1955), 〈와일드 원<sup>The Wild One</sup>〉(1954) 같은 영화에서부터 〈토요일 밤의 열기〉, 〈그리스〉에 이르기까지 아주 친숙한 것으로, 영화는 주인공 행동의 동기나 욕망에 대해 부가적인 설명을 하지 않고도 주인공 캐릭터에 대해 많은 것을 보여 줄 수 있다. 캐릭터를 보여 주기 위해 촬영한 장면을 하나 들여다보자. "인생에서 무엇을 가지고 싶은가"라는 질문에 러크는 "더 많이"라고 대답한다. 반항적 캐릭터의 장르적 성격을 감안할 때 관객들에게 이런 답변이면 충분하다. 〈스트리트 오브 파이어〉와 〈레크리스〉 두 영화 모두 평단과 박스오피스 모두로부터 관심을 받지 못했지만, 〈탑건〉, 〈언터처블<sup>The Untouchables</sup>〉(1987), 〈아직은 사랑을 몰라요<sup>Sixteen Candles</sup>〉(1984)처럼 흥행에 성공한 하이 컨셉트 영화들도 유사한 등장인물 유형화 과정을 활용했다.

하이 컨셉트 영화에서 캐릭터 개발이 되지 않으면 외모나 태도처럼 등장인물의 신체적 측면에 많은 투자가 이루어질 수밖에 없다. 사실 많은 하이 컨셉트 영화에서 주요 캐릭터들과 캐릭터들의 명확함에 있어 스타일을 전면에 부각시킨다. 〈플래시댄스〉가 이러한 경향의 좋은 예이다. 현장 주임 닉이 알렉스를 만나는 장면에서 이런 형태의 캐릭터 (비)개발이 어떤 것인지 살펴볼 수 있다. 알렉스는 자신의 워크맨으로 음악을 들으면서 프랑스 잡지 〈보그<sup>Vogue</sup>〉를 보고 있다. 닉이 잡지를 읽을 수 있냐고 묻자 알렉스는 "전 사진만 보고 있어요"라고 대답한다. 비슷한 경우로, 영화에서 알렉스는 일차적으로 하나의 모델로 그려지며, 그녀의 겉모습과 스타일에 초점이 맞춰진다. 사실 알렉스가 영화에서 입고 나온 의상들은 1980년대 중반 주요 패션 소재로 사용되었다. 또한 알렉스는 자신의 댄스 스타일, 즉 플래시댄스를 통해서도 정의된다. 알렉스의 댄스 스타일은 스트리핑<sup>stripping</sup>과 브레이크 댄스

breakdancing 중간쯤에 있으며 처음에는 새로운 스타일의 댄스로 인식되었다. 하지만 대본 작가 조 에스터하스Joe Eszterhas가 말한 것처럼, 플래시댄스는 영화용으로 만든 것이었다. "우리는 플래시댄스를 찾아 캐나다 토론토에 갔었다. 그러나 플래시댄스는 없었다. 한 나이트 클럽에서 스트리핑 춤을 추는 여자가 한 명 있었지만 그게 다였다. 그러나 (영화를 제작한) 파라마운트는 플래시댄스가 캐나다 전역을 휩쓸고 있는 것으로 생각하고 있었다."

이렇게 일차원적으로 캐릭터를 만드는 방식은 〈아메리칸 지골로〉에서도 찾아볼 수 있다. 물론 스타일과 매너로 사는 지골로는 이런 방식의 캐릭터 구축 방식에 딱 들어맞는 대상이었을 것이다. 그러나 이보다 더욱 놀라운 사실은 주요 등장인물들이 어떻게 동기나 배경 하나 없이 텅 빈 공간에 존재할 수 있느냐 하는 점이다. 폴 슈레이더 감독은 줄리앙의 배경에 대한 설명을 극도로 자제하고 있다. 관객들은 줄리앙이 한때 유럽에 살았던 적이 있고 앤 부인에 고용된 적이 있다는 점만 알 수 있다. 슈레이더 감독은 캐릭터가 가지고 있는 동기나 배경에 대해 보여 주기보다 몇몇 장면을 통해서 줄리앙에게 스타일이 얼마나 중요한 것인지를 보여 줄 뿐이다. 줄리앙이 옷장에서 셔츠나 넥타이를 꺼내서 입어 보는 장면, 경매장에서 골동품의 가격을 매기는 장면, 프랑스어를 구사하여 여성을 유혹하는 장면, 사람들이 줄리앙을 치장하고 가꾸는 장면 등이 그것이다. 이렇게 외형상 미스터리한 플롯에서 줄리앙을 조사하는 형사도 스타일로 정의된다. 줄리앙과 선데이Sunday 형사가 나오는 긴 장면은 선데이 형사가 패션 감각이 떨어진다는 데 초점이 맞춰져 있으며, 결국 줄리앙은 선데이 형사에게 스타일과 패션에 대해 조언을 해 준다.

하이 컨셉트 영화의 주요 등장인물에 있어 스타일이 가지는 중요성

스타일과 캐릭터. 〈아메리칸 지골로〉에 등장하는 리처드 기어(〈아메리칸 지골로〉, 파라마운트, 1980).

은 다음의 영화에서도 잘 드러난다. 〈칵테일〉에서 톰 크루즈는 병을 공중에서 회전시키는 과감한 연기를 펼쳐 바텐더의 스타일을 재정립했으며, 〈자동차 대소동〉은 부유층 사장 스티브 마틴<sup>Steve Martin</sup>과 세일즈맨 존 캔디가 상이한 매너와 행동을 보인다는 점에 기초하여 전개된다. 〈회색도시<sup>Less Than Zero</sup>〉(1987)는 〈비버리 힐스의 아이들〉이 나오기 전 비버리 힐스의 10대 청소년들의 모습을 보여 주며, 〈귀여운 여인〉에는 창녀 줄리아 로버츠<sup>Julia Roberts</sup>가 비버리 힐스의 주민으로 태어나는 과정이 담겨 있다. 대다수의 하이 컨셉트 영화처럼, 앞서 언급한 영화에서 캐릭터들은 (패션) 모델로서 기능한다. 모델과의 차이점은 패션 사진작가 앞이 아니라 영화 카메라 앞에서 자세를 취한다는 점이다.

　캐릭터 개발을 방해하는 하이 컨셉트 작업의 또 다른 요소는 수많은 하이 컨셉트 영화를 구축하고 있는 참조 시스템<sup>system of referencing</sup>이다. 많

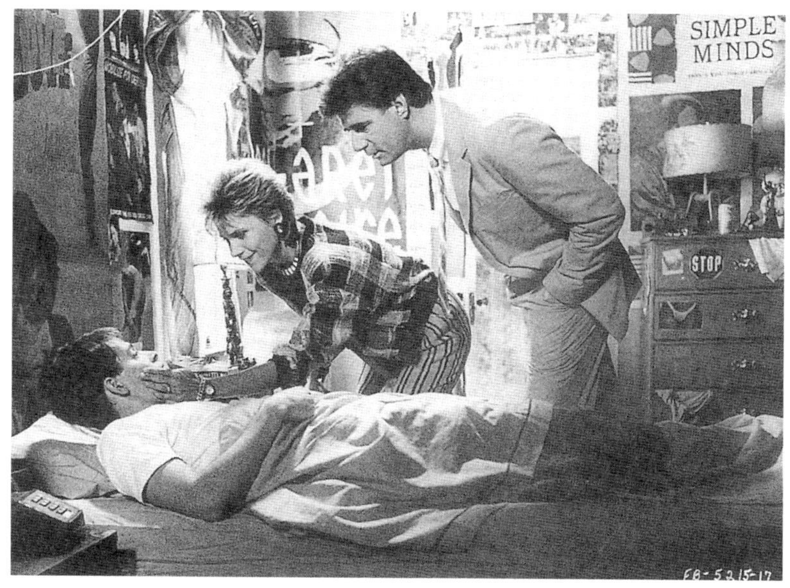


침대에 누워 있는 페리스(〈페리스의 해방〉, 파라마운트, 1986).

은 하이 컨셉트 영화들에서 다른 영화, TV 프로그램 및 매스미디어에 광범위한 참조 네트워크를 볼 수 있다. 이렇게 자의식적인 참조 현상은 많은 현대 영화에서 일어난다. 상호 텍스트성으로 인식되는 이런 경향은 포스트모던 경향의 텍스트와 종종 연관되어 왔다. 영화 〈블루 벨벳<sup>Blue Velvet</sup>〉(1986)이나 TV 시리즈물 〈트윈 픽스<sup>Twin Peaks</sup>〉(1990), 〈광란의 사랑<sup>Wild at Heart</sup>〉(1990) 같은 작품의 경우 하이 컨셉트 영화의 범주에서 제외될 수도 있지만, 하이 컨셉트 영화는 관객의 관점을 반영한 경제적인 시각으로 제작되기 때문에 상호 텍스트성에 더욱 의존하는 경향을 보인다. 이런 참조 과정은 정보를 빠르고 간결하게 전달할 수 있는 도구로 기능한다. 주요 관객들은 미디어에 관한 지식을 공유하기 때문에 영화감독들은 내러티브와 캐릭터 구축 과정에 이런 지식을 활용할 수 있었다.

참조를 가장 많이 사용한 영화는 아마도 〈아직은 사랑을 몰라요〉, 〈페리스의 해방〉, 〈결혼의 조건〉, 〈나 홀로 집에Home Alone〉(1990) 같은 존 휴즈 감독의 작품들일 것이다. 가장 중요한 점은 휴즈 감독이 영화의 캐릭터를 매스미디어에 의해 만들어진 산물로 구축한다는 점이다. 등장인물의 삶과 경험은 매스미디어에 의해 형성되고 여과된다. 페리스 같은 캐릭터는 휴즈 감독의 음악 취향—브라이언 페리, MTV, 존 레논, 비틀즈, 뉴 오더, 10,000 매니악스10,000 Maniacs—에 의해 거의 전적으로 정의되며, TV와 영화—〈에일리언〉, 〈더티 해리〉, 〈아내는 요술쟁이Dream Of Jeannie〉—에 대한 참조를 통해 극단적인 경향을 보여 준다. 휴즈 감독은 유명한 영화 주제곡들을 다양하게 영화에 삽입하여 미디어 지향적인 영화의 특징을 더욱 강화한다. 예를 들어, 페라리 자동차가 시카고를 가로질러 달리는 장면에는 영화 〈스타워즈〉의 주제곡, 악당 루니가 페리스를 찾아가는 장면에는 〈형사 클루조Inspector Clouseau〉(1968)의 주제곡이 나오는 식이다. 매스미디어를 참조 대상으로 활용하여 캐릭터를 구축함으로써 휴즈 감독은 캐릭터를 아주 광범위하게 그려 낼 수 있었다. 캐릭터의 동기는 상호 텍스트성을 참조함으로써 최소한 부분적으로나마 설명할 수 있다. 그 결과, 캐릭터들의 심리 상태는 동일하게 되고 캐릭터의 행동 뒤에 있는 삶의 동기들도 감소되고 만다.

에티엔 샤티에Etienne Chatiliez 감독은 "자동차 세일즈를 위해 당신은 실존의 형태까지 팔아야 한다"라고 말했다. 이 말은 자동차 세일즈뿐만 아니라 하이 컨셉트 영화에도 적용될 수 있다. 하이 컨셉트 영화의 룩, 스타 배우, 음악, 가치가 감소된 캐릭터 등이 축적되면서 관객들은 마치 광고처럼 일종의 생활양식을 접할 수 있는 출발점에 이르게 된다. 사실 광고에 기반을 두고 있는 하이 컨셉트 영화는 관객들에게 생활의 양식을 제공하는 경향을 강화한다. 더욱이 캐릭터 구축 과정에서 스타일을 강조하다 보면 그 영화에서 선호하는 특정의 생활양식이 나타나기도 한다. 〈세인트 엘모의 열정〉, 〈나인 하프 위크〉, 〈위험한 정사〉 같은 하이 컨셉트 영화들은 고유의 제작 스타일과 내러티브 속의 캐릭터를 통해 관객들에게 다양한 생활양식을 보여 준다(이 세 편의 영화는 각기 동부 해안 지역 대학 졸업생들의 부유한 삶, 첨단 도시 뉴욕의 은행가, 그리고 현대 상류층 집안의 삶을 보여 준다).

이렇게 한편에는 과잉적인 요소를, 다른 한편에는 가치가 떨어진 캐릭터와 장르를 배치하는 구성은 하이 컨셉트 영화가 다른 할리우드 주류 영화들과 어떻게 다른지 보여 준다. 하이 컨셉트 스타일로 영화를 제작할 때 나타나는 가장 놀라운 결과는 캐릭터와 내러티브의 일체화 identification 정도가 낮아진다는 점일 것이다. 이런 방식으로 영화를 제작하고 캐릭터를 일차원적으로 구성하면 관객들은 내러티브 파악이라는 본연의 작업을 하는 데 어려움을 느끼게 된다. 이제 관객들은 내러티브와 밀접한 관계를 맺기보다 영화의 외양에 파묻혀 내러티브의 스타일과 제작 양식에 대해 고심하게 된다. 프로덕션 디자인, 스타, 음악, 홍보 수단 등 하이 컨셉트 영화에서 중요한 수단을 통해 만들어지는 과잉은 영화의 외적인 품질을 높인다.

## 스타일, 고전 할리우드 영화 그리고 아트 시네마

경제적인 관점에서 보면 하이 컨셉트 영화는 제품 차별화의 한 형태로서 영화 관련 복합 기업의 성장과 관련되어 있다. 사실 하이 컨셉트 영화에서 스타일과 마케팅 사이에 존재하는 많은 연관성은 미디어 상품의 시장성을 최대화하려는 거대 복합 미디어 기업들에게 커다란 유혹이 되었다. 미학적인 관점에서 구축된 마케팅용 TV 광고를 갖추고 있는 영화는 상업용 영화로 제작할 때 경제적 리스크를 낮출 수 있는 장점을 내재하고 있다. 미학적인 관점에서 보면, 하이 컨셉트 스타일은 고전 할리우드 영화 및 아트 시네마 모두와 밀접한 관계를 맺고 있다. 데이비드 보드웰과 자넷 스타이거는 후기 고전 할리우드 시기에서 고전 할리우드 스타일의 변화를 요구하는 유일한 주장은 아트 시네마에서 비롯되었다고 말한다. "신 할리우드 방식을 지지하는 가장 강력한 주장은 감독의 작품은 내러티브 그리고 테크닉에 대한 비고전적 접근 방식으로 이루어진다는 생각에 기인한다. …… '구' 할리우드 방식이 독일 표현주의와 구 소련의 몽타주 방식을 흡수하여 활용한 것처럼 신 할리우드 방식은 전세계의 아트 시네마에서 연출 방식을 선택적으로 빌려 왔다." 필자는 보드웰과 스타이거의 주장처럼 아트 시네마가 작가주의의 '신 할리우드' 방식에 변화를 주고 있을 뿐만 아니라, 아트 시네마의 특징 일부가 하이 컨셉트라는 형태로 주류 할리우드 영화에 흡수되었다고 가정하고 있다.

고전 할리우드의 기준과는 상이하게도 아트 시네마는 리얼리즘과 작가의 표현성expressivity을 영화의 전반에 내세운다. 하이 컨셉트라는 자의식은 어떤 힘—'작가'?—이 스타일, 즉 영화 전반에 걸쳐 완벽한 이미지, 스타급 배우, 음악, 내러티브 및 장르를 배치한다고 암시하고 있다. 그러나 작가의 표현성만으로 설명하기에는 적당치 않다. 필자가 앞서 지적했듯이, 하이 컨셉트 스타일은 내러티브와 별개로, 또 내러티브에 대해 과잉으로 존재하기 때문이다. 단일 작가의 시각으로부터 동기를 부여받기보다, 상업적인 의도를 가지고 있는 이러한 제작 스타일을 통해 하이 컨셉트 영화의 특징이 산업적 표현성industrial expressivity임을 짐작할 수 있다.

아트 시네마와 하이 컨셉트 간의 이러한 관계는 장 뤽 고다르Jean-Luc Godard 감독의 고전 실험 영화 〈네 멋대로 해라A bout de souffle〉(1959)를 리메이크한 짐 맥브라이드<sup>Jim McBride</sup> 감독의 〈브레드레스〉를 통해 확인할 수 있다. 경찰을 따돌려야 하고 운명적인 로맨스도 즐겨야 하는 과정을 보여 주면서 맥브라이드 감독은 스타일의 중요성을 강조하며, 이는 영화에서 "스타일이 중요하다고 내가 몇 번이나 말해야 되겠냐?"라고 말하는 캐릭터의 대사에서도 알 수 있다. 하이 컨셉트에 충실함을 보여주듯 영화 〈브레드레스〉는 음악과 대중문화, 리처드 기어라는 스타를 혼합하여 과잉의 장면들을 만들어 낸다. 가령, 극중 리처드 기어가 사막에서 빨간 석양을 배경으로 자동차를 모는 듯한 자세를 취하면서 〈그레이트 볼즈 오브 파이어<sup>Great Balls of Fire</sup>〉를 흥얼거리는 장면, 리처드 기어와 발레리 카프리스키<sup>Valerie Kaprisky</sup>가 도주 중 필름 누아르의 고전 〈건 크레이지<sup>Gun Crazy</sup>〉(1949)가 상영되는 극장 발코니에서 사랑을 나누는 장면, 리처드 기어와 경찰이 대치하는 긴장된 상황이 제리 리 루이스<sup>Jerry Lee Lewis</sup>의 사운드트랙 연주에 맞춰 춤을 추는 리처드 기어에 의해 와해되는 마지막 장면 등이다. 이런 장면은 내러티브적 중요성을 뛰어넘지만, 고다르 감독의 영화에서 볼 수 있는 내레이션을 반향하고 있다. 그러나 참조와 관련해 보면, 하이 컨셉트와 아트 시네마 사이의 상업적인 연관성은 극히 적다. 관객들은 프랑스 영화를 리메이크해서가 아니라 〈사관과 신사<sup>An Officer And A Gentleman</sup>〉(1982)에서 연기한 리처드 기어에 끌려 〈브레드레스〉를 관람하기 때문이다.

이렇게 고다르 감독과 맥브라이드 감독의 영화를 비교해 보면, 아트 시네마이든 혹은 하이 컨셉트 영화이든 내레이션 스타일을 독립시키고 돋보이게 하는 과정이 복잡함을 잘 알 수 있다. 영화 〈브레드레스〉(하이 컨셉트)는 〈네 멋대로 해라〉에 기초하고 있으며(고다르→프랑스 누벨바그→아트 시네마), 〈네 멋대로 해라〉는 필름 누아르와 미국의 B급 영화에서 많은 영감을 얻었다. 고다르 감독은 자신의 영화를 B급 스튜

아트 시네마의 고전을 리메이크한 하이 컨셉트 영화(〈브레드 레스〉, 오라이언, 1983).

디오인 모노그램 픽처스Monogram Pictures에 헌정하기도 했다. 미국판으로 리메이크하기 위한 준비 과정에서 맥브라이드 감독과 대본 작가 카슨 L. M. Kit Carson은 고다르 감독뿐 아니라 고다르 감독의 소스source까지 모방하려 했다. 카슨은 영화의 사전 제작 과정에서 다음과 같이 말한 적이 있다. “우리는 〈건 크레이지〉, 큐브릭 감독의 첫 번째 영화 〈킬러의 키스<sup>Killers Kiss</sup>〉 같은 영화의 시나리오를 쓰고, 제작하고 있었다. 마이크 메다보이<sup>Mike Medavoy</sup>(당시 오라이언<sup>Orion</sup> 영화사 대표)는 〈하이 시에라<sup>High Sierra</sup>〉를 상영하고 있는데, 고다르 감독은 이 영화의 결말 부분을 변형시켜서 〈네 멋대로 해라〉에 차용했다.” 이렇듯 하이 컨셉트 영화는 아트 시네마뿐만 아니라 고전 할리우드 영화와도 아주 직접적으로 관련되어 있다.

아트 시네마가 하이 컨셉트 영화에 영향을 미쳤다면, 자의식적인 하이 컨셉트 스타일은 고전 할리우드 영화에서 볼 수 있는 과잉의 순간에서 더 확대된다. 사실, 영화 제작의 한 스타일로서 하이 컨셉트는 영화에서 분명하게 드러나는 내레이션적 성격에 의해 정의될 수 있다. 하이 컨셉트 영화의 기법과 아트 시네마의 연관성은 하이 컨셉트 영화의 미학적인 성격을 잘 설명해 준다. 애드리안 라인, 폴 슈레이더 같은 하이 컨셉트 영화감독은 이 점을 잘 알고 있다. 슈레이더 감독은 영화 〈아메리칸 지골로〉, 〈캣 피플<sup>Cat People</sup>〉(1982)을 연출할 때 베르나르도 베르톨루치<sup>Bernardo Bertolucci</sup> 감독이 연출한 작품들에서 수차례 디자인을 담당했던 페르디난도 스카르피오티<sup>Ferdinando Scarfiotti</sup>를 비주얼 컨설턴트로 활용했다. 슈레이더 감독이 스카르피오티를 기용한 것은 베르톨루치 감독의 〈신봉자<sup>The Conformist</sup>〉(1970)에서 드러난 자의식적인 스타일에서 자극을 받았기 때문이다. “영화 〈신봉자〉는 우리 세대의 입장에서 보면 아주 중요한 영화이다. ‘하이 스타일’이라는 개념을 재도입했기 때문이다. 1930~40년대 영화에서는 하이 스타일을 찾아볼 수 있지만 시간이 지나 1950~60년대가 되면서 영화는 보다 사실주의적으로 변화되었고 프로덕션 디자인은 보다 비중이 낮아졌다. 이런 와중에 〈신봉자〉는 일종의 진정한 슬로건이 되었다.” 유사한 예로, 영화 〈플래시댄스〉의 촬영을 담당했던 돈 피터만Don Peterman은 애드리안 라인 감독과 베르톨루치 감독의 하이 스타일이 관련되어 있다고 본다. "감독과 촬영감독이 베르톨루치 감독의 〈신봉자〉를 두 번 보았고, 〈파리에서의 마지막 탱고Last Tango in Paris〉(1973)도 보았다. 라인 감독은 베르톨루치 감독을 '그 사람'이라고 불렀다. 촬영하기 어려운 상황에 빠지면 라인 감독은, '그 사람이라면 이걸 어떻게 처리했을까?' 하고 말했다. '(무조건) 안전하게 가지는 않았을 거야. 그는 밀고 나갔을 거야.' 그가 이렇게 말하면 우리도 그대로 밀고 나갔다." 미학적으로 볼 때 영화 〈신봉자〉와 〈플래시댄스〉의 커다란 미학적 차이는 라인 감독의 영화와 일반적인 하이 컨셉트 영화의 상업적인 기반의 차이를 보여 준다. 고유의 목표는 (아트 시네마의) 스타일을 활용하여 마케팅이 가능하고 수익성이 높은 영화를 만들어 내는 것이다. 이렇게 하이 컨셉트 영화에서 마케팅과 스타일은 다시 한 번 융합된다.

고전 할리우드 영화나 아트 시네마와의 관련성에 상관없이, 하이 컨셉트 스타일의 가장 중요한 면은 바로 상업적 이익을 지향한다는 점이다. 이러한 성향은 영화의 마케팅과 머천다이징을 위해 추출한 요소를 끌어 모아 이미지로 구성하는 방식에서 비롯된다. 궁극적으로 이러한 과정—영화의 마케팅에 활용할 수 있는 가능성을 높이기 위해 특정 영화의 구조를 반복하고 일관되게 사용하는 것— 때문에 하이 컨셉트 영화는 비단 미국 내 영화계뿐만 아니라 국제 영화계에서도 다른 방식으로 제작되는 영화와 구분이 된다.

# 3

# 하이 컨셉트와<br>엔터테인먼트 시장의 변화

**마케팅에 공고하게 연결되어 있는** 하이 컨셉트 영화는 상업적인 목적의 영화를 선호하는 시장의 수요에 대한 가장 직접적인 응답이었다. 하이 컨셉트 영화는 미국 영화산업의 경제사에서 그 기원을 찾아볼 수 있다. 이 같은 영화 제작 스타일은 제2차 세계대전 이후 영화 시장에서 대규모로 일어난 구조적·경제적 변화에 많은 영향을 받았다. 영화산업 구조의 내부, 그리고 하나의 엔터테인먼트 상품인 영화 시장 내부에서 일어난 이런 변화로 인해 점차적으로 하이 컨셉트 영화는 주류 할리우드 영화산업의 관심사가 되어 갔다. 영화 시장은 수십 년 동안 일어났던 영화산업의 발전과 밀접히 관련되어 있기 때문에, 필자는 이 기간 동안에 영화산업에서 발생했던 중요한 역사적 변화에 대해 간략히 제시하고자 한다. 이 기간 중 영화계에서는 스튜디오 시스템, 새로운 미디어로서 TV의 부상, 그리고 하이 컨셉트의 이해와 관련하여 특별히 중요하기도 한 영화산업의 거대 복합 기업화 현상이 진행되고 있었다. 이러한 배경하에 필자는 하이 컨셉트 영화가 효과를 발휘하는 영화 시장과, 좀 더 중요한 것으로 이 영화 시장에서 일어난 산업적 변화가 영화적 내용에 영향을 미친 방식에 대해 설명하고자 한다.

## 시장과 시장에 대한 전통적인 정의

영화 시장을 분석하기 위해 경제 이론에서 제시하는 몇 가지 가정이 필요한데, 이 중 많은 가정이 산업조직론의 범주에 속한다. 산업조직론은 각각의 시장 구조를 분석하고 다양한 시장이 경제 행위자, 즉 수요자와 공급자에 어떤 영향을 미치는지에 대해서도 분석한다. 산업조직론은 기업의 행동이 시장 구조에 의해 영향을 받는다는 점을 주요한 가정으로 삼는다. 즉 시장 구조가 시장의 수요자·공급자의 행동에 영향을 준다는 것이다. 따라서 시장의 특정 제품에 대한 수요와 가격은 시장 구조에 의해 결정되는 경우가 많다. 여기에서 시장 구조라는 용어는 시장이 가지고 있는 경쟁이라는 본질에 영향을 끼치는 시장의 모든 속성을 지칭할 때 광범위하게 사용된다. 즉 기업의 유통 규모, 시장 진입에 대한 장벽 및 조건, 상품 차별화, 기업의 비용 구조 및 정부의 규제 정도 같은 요소들이다. 많은 분석가들은 시장 구조가 기업의 행동에 미치는 영향을 고려한다. 이는 시장 내에서 일어나는 많은 결정들이 시장의 주요 특징에 의해 어떻게 영향을 받는지 규명하려는 것이다. 필자는 시장 구조에 관한 연구에 기초하여 현대 영화산업을 분석할 것이며 특히 영화 시장과 '상품'으로서의 영화가 개념화되는 방식에 초점을 맞출 것이다.

시장 구조와 관련하여 스튜디오 시스템의 '황금 시대'에 존재했던 영화산업은 소수 스튜디오에 의한 과점으로 정의될 수 있다. 즉, 당시는 비교적 높은 시장 점유율을 보이는 몇몇 스튜디오가 대부분을 지배하는 시장이었다. 1930년대까지 '빅 파이브Big five'로 불렸던 스튜디오들—워너 브라더스, 로우스<sup>Loews/MGM</sup>, 파라마운트, PKO, 20세기 폭스—
은 각각 제작, 배급 및 상영에 이르기까지 영화의 모든 과정을 수직적
으로 통합하여 운영했다. 스튜디오 입장에서 극장을 소유한다는 것은
보험 증서를 가지고 있는 것이나 다름없었기 때문에 이런 수직 계열화
방식은 경제적인 관점으로 볼 때 분명 합리적이었다. 대규모의 극장을
소유하고 있는 메이저 스튜디오는 제작하는 영화마다 최소한의 시장
점유율을 보장받을 수 있었다. 극장과 스튜디오 사이의 이러한 관계는
특히 독립 극장 소유주들을 낙담하게 만들었다. 이들은 메이저 스튜디
오가 자신들의 극장을 우선적으로 고려하며, 블라인드 비딩<sup>blind bidding</sup>,
블록 부킹<sup>block booking</sup> 같은 부당한 행위를 일삼는다고 비난했다.[1] 이에
미국 정부는 1938년 7월 20일 반독점법을 적용해 8대 영화 제작사—
빅 파이브 및 극장을 소유하지 않은 '리틀 쓰리<sup>Little Three</sup>'(콜럼비아, 유니
버설, 유나이티드 아티스트)—와 25개의 자회사, 133명의 임원 및 감독을
가격 조작과 극장 소유를 통한 영화 거래의 독점 시도 행위로 기소하
였다. 그로부터 10년 후 미국 법무부는 메이저 스튜디오와 극장 사이
에 '거리를 둘 것'을 명령했다. 이로써 스튜디오들은 지금껏 소유하고
있던 극장망을 5년 안에 계열 분리할 것을 지시받았다.

  이른바 '파라마운트 소송<sup>Paramount Case</sup>'은 영화계의 과점 구조에 많은
관심을 불러일으켰으며 반독점법을 적용함으로써 빅 파이브 간의 모
든 협약을 파기하고 이들로부터 소속 극장을 분리시키는 데 성공했다.
이런 결정은 비록 영화계에 새로운 경쟁 의식을 불러일으키기 위해 내
려졌지만, 많은 전문가들은 파라마운트가 결과에 승복한 이래 영화계

---

1) 블라인드 비딩은 영화를 보지 않고 거래하는 것으로, 흥행성이 높은 작품일수록 이 방식이
   선호된다. 블록 부킹은 묶음 판매나 끼워 팔기를 말한다. —옮긴이

가 '양방 독점<sup>bilateral monopoly</sup>' 체제로 고착되었다고 본다. 즉 양쪽 측면을 가진 시장으로 여기서 공급자(배급사)와 수요자(대규모 극장망)는 밀접하게 연관된 독점 체제의 쌍방이 되는 것이다.

파라마운트 소송의 결과 촉발된 구조적인 변화는 다른 주요 요소, 특히 TV의 부상 및 제2차 세계대전 후 소비자보호운동의 등장으로 인해 기존 스튜디오 시스템이 변화되는 것과 동시에 진행되었다. 당시의 이런 요소들이 얼마나 영향을 미쳤는지 분명히 따져 보기는 어렵다 할지라도 할리우드 스튜디오들의 미국 내 박스오피스 수입이 저조해진 원인으로 지목되어 왔다. 대공황 초기에 잠시 줄어들기는 했지만 곧이어 미국 내 박스오피스 수입은 점차 상승하여 1946년에는 16억 9,200만 달러로 최고조에 달했다. 그러나 1950년대와 1960년대에는 추락하기 시작해서 1961년에는 43%가 감소한 9억 5,500만 달러로 수입이 곤두박질 치기에 이르렀다.

TV는 1948년에 상용화되어 1950년대 말에는 미국 내 가정 보급률이 90%까지 올라갔다. 보급 초기에는 TV를 신기하지만 귀찮은 물건 정도로만 여겼던 스튜디오들은 이제 TV가 급속히 시장을 확대해 나가는 것을 보면서 그동안 그들이 잃어 왔던 수익을 되찾아 줄 수 있는 수단으로 이에 대응하기 시작했다. 스튜디오들은 다음의 세 가지 방법으로 활동을 전개했다. 첫째, 스튜디오들은 TV와 자사의 제품(영화)을 차별화하려고 했다. 3D 같은 기술을 도입하기도 하고, TV가 흑백이었기 때문에 컬러 영화 제작을 늘렸다. 시네라마<sup>Cinerama</sup>, 시네마스코프<sup>Cinemascope</sup>, 비스타비전<sup>Vistavision</sup> 같은 와이드 스크린 테크닉은 TV와는 다른 경험을 관객들에게 제공하면서 1950년대 중반에 영화계에 도입된 대표적인 수단들이다. 그러나, 1960년대 중반 거의 모든 영화의 필수 조건으로 자리잡은 와이드 스크린과 컬러 화면을 제외하고는 스튜디오의 이러한 실험은 영화 관객들에게 항구적인 매력을 주지는 못했다. 둘째, 스튜디오들은 집에서 볼 수 있는 프로그램을 제작하기 시작함으로써 사실상 TV 시장에 진출했다. 1955년 메이저 스튜디오들은 'MGM 퍼레이드', '20세기 폭스 극장', '워너 브러더스 제공'처럼 제목에 자사의 이름이 들어가는 시리즈물을 만들기 시작했다. 이런 제작 방식에는 많은 장점이 있었다. 무엇보다 스튜디오들은 자신이 소유하고 있는 많은 시설을 이용하여 프로그램을 제작할 수 있었으며, TV를 통해 개봉 예정 영화를 광고할 수 있었다. 셋째, 스튜디오들은 소장하고 있는 영화를 TV 방송 프로그램으로 활용할 수 있는 가치를 발견했다. 1948년 이전에 제작된 영화들은 영구히 판권을 매각하는 조건으로 살 수 있었기 때문에 스튜디오들은 1948년 이전 영화들의 판권을 확보하는 데 관심을 가지기 시작했다. 1949년 이후 영화배우 및 감독과 체결한 계약서에는 재방송료<sup>residual payments</sup>에 관한 조항이 포함되어 있어 스튜디오들로서는 잠재적인 수익원이 감소하기 시작했기 때문이다. 1960년대까지 영화는 TV의 주요 방송 시간대에 편성되는 프로그램이 되었으며, 3대 공중파 방송국들은 일주일 중 최소한 하룻밤은 '영화'에 할애했다. 이렇게 TV 시장에 진출한 스튜디오들이 펼친 전략을 보면 영화와 TV라는 두 미디어가 점차 상호 의존적이 될 것이라는 점을 알 수 있었다.

이와는 달리 전후 소비자보호운동의 등장이 영화 관객 수 및 수익의 감소를 가져왔다고 설명할 수 있다. 1947년에서 1961년까지 가구 수는 28%, 가용 소득은 60% 증가하였으며 이와 함께 소비자의 구매력도 증가했다. 소득의 변화는 부(富)의 이동 혹은 재분배를 뜻했다. 같은 기간 최고 소득층 수입이 비교적 안정적이었던 반면, 중간 및 상위 소득층의 수입은 뚜렷하게 증가했다. 전후 많은 재화를 활용할 수 있게 되면서 영화를 대신하여 다른 재화에 대한 소비 활동이 증가했으며, 이는 이전에 비해 더 많은 재화가 재분배되고 있었음을 의미한다. 이렇게 극장에 가지 않는 현상은 대중의 욕구 다변화를 통해 한층 촉진되었을 것이다. 전후의 영화들이 초기 영화만큼 대중에게 어필하지 못했음을 보여 주는 증거가 있다. 1949년 3월 〈포춘Fortune〉지가 조사한 바에 따르면, 영화 관람객 중 38%가 지난 2년 동안 영화의 질이 떨어졌다고 느낀 것으로 나타났다.

영화에 대한 수요 감소는 파라마운트 소송과 함께, 과점 상태를 지속하고 있던 기존 스튜디오 시스템의 해체를 촉진시키고 제작 방식에서 이른바 '패키지 유닛 시스템package-unit system'으로의 변화를 야기하게 되었다. 자넷 스타이거는 이러한 제작 방식에 대해, "한 기업이 (영화 제작에 필요한) 노동력과 자원을 모두 공급하기보다는 전체 영화계가 영화 제작을 위한 풀pool을 제공하는 시스템이 되었다. 이로써 제작자에게는 영화 프로젝트를 '조직'하는 것이 가장 중요한 업무가 된 것이다. 즉 자금 지원을 확실하게 책임지고, (표준화된 제작 구조와 작업 분할에 의해 각각의 역할이 정해져 있는) 필수 인력을 결합시키며, 핵심적인 제작 수단들(즉 시나리오 판권의 확보, 장비, 실제 영화 제작 공간)을 확보함으로써 이것들을 프로젝트에 결합시키는 것이 제작자의 핵심 업무가 된 것이다"라고 지적한다. 각각의 영화 한 편에 의해 손익이 결정되면서 스튜디오라는 경제적 '쿠션'은 위험한 상업용 영화 프로젝트를 추진하다가 실패할 때의 경제적 손실을 보상할 수 없게 되었다. 이에 따른 자연스러운 변화로서 투자 수익이 극대화될 확률이 높은 영화 프로젝트들이 더욱 중요하게 취급되었다. 작품에 내재된 마케팅 가능성에 기초하여 프로젝트 추진 여부를 결정하는 이와 같은 시도는 마케팅 자산에 전적으로 의지하는 하이 컨셉트 영화의 시대가 본격적으로 도래하였음을 알리는 신호탄이라고 할 수 있다.

## 거대 복합 기업화 및 영화 컨텐츠: 로드쇼, 젊은 층을 위한 영화, 블록버스터

패키지-유닛 제작 시스템으로 전환되고 나서부터 스튜디오들은 더 이상 수직적으로 통합될 수 없었다. 이 시기를 거치면서 스튜디오들은 중요한 영화 배급사로 그 역할이 전환되었다. 스튜디오가 독립적인 기업 주체로서 힘을 상실했음은 거대 복합 기업과의 수차례에 걸친 합병을 통해 나타난다. 1960년대는 종종 '고고 시대Go-Go Years'로 불리는데, 이는 당시 유행했던 댄서들뿐 아니라 영화계 내부에서 발생한 영화사 소유권의 극심한 변동을 지칭하기도 했다. 수입이 감소하고 영화 시장을 다시 장악하려는 시도가 실패로 끝나면서 4대 메이저 영화 배급사(유니버설, 파라마운트, 워너 브러더스, UA)는 영화계와 직접적인 관련이 없던 복합 기업에 합병되거나 영향력이 감소했다. 티노 발리오Tino Balio의 지적처럼 거대 복합 기업이 스튜디오의 인수 합병에 관심을 가진 주된 이유는 TV 방송에 활용할 수 있는 영화 라이브러리, 부동산, 자본 자산 때문이었고, 1960년대 박스오피스 수입의 감소로 인해 스튜디오의 주가(株價)가 저평가되어 있다고 믿었기 때문이다. 합병은 적대적인 인수가 아니라 자본 자산의 증식을 통해 리스크를 분산시킨 것으로 인식되었다. 합병 결과 스튜디오는 자율성을 상실한 반면, 스튜디오의 거대 복합 기업화는 일부 스튜디오, 특히 파라마운트와 워너 브러더스에 큰 도움이 되었다. 이 두 스튜디오는 합병을 통하여 영화 시장에서의 지위를 한층 강화할 수 있었기 때문이다.

하이 컨셉트 제작 방식이 자리를 잡은 1980년대 미디어의 합병 현상이 일어난 것은 그보다 20년 전 첫 번째 합병 '물결'의 기간 동안 거대 복합 기업화된 스튜디오들이 가지고 있는 다양한 자산에 자극을 받았기 때문에, 필자는 주요 영화사의 초기 소유권 이동 양상에 대해 간략히 정리해 보고자 한다. 유니버설은 거대 복합 기업이 된 첫 번째 스튜디오로서, 1952년 합병하여 MCA/리뷰 프로덕션Revue Production을 세웠다. 루 워서만Lew Wasserman이 설립한 MCA는 처음에는 음악 분야의 탤런트 에이전시였다. TV가 등장하면서 워서만은 리뷰 프로덕션과 힘을 합쳤다. 단, 전제는 MCA의 클라이언트(탤런트)들을 리뷰 프로덕션에서 제작하는 TV 프로그램으로 끌어들인다는 것이었다. 법무부에서 두 회사의 합병을 반대하자 MCA는 1962년 에이전시에서 분사했다. MCA는 그 대신 영화 제작으로 사업을 확장하기로 결정하고 유니버설을 매입했다. MCA는 이미 수년 전 유니버설의 제작 스튜디오 시설인 유니버설 시티Universal City를 매입하여 유니버설과 인연을 맺고 있었다.[2] 하나의 대기업으로서 MCA는 TV 프로그램 제작에 적극적으로 참여하고 있었지만, 영화산업에서까지 큰 성공을 거두기는 쉽지 않았다. 파라마운트나 UA처럼 거대 복합 기업화된 스튜디오와는 달리, 유니버설이 벌이는 영화와 TV 사업은 MCA의 수입에서 큰 몫(1980년에는 59%)을 차지하고 있었다. 어쨌거나 MCA는 1980년대 당시 미디어에 눈독을 들이고 있던 대기업의 눈에는 하나의 패러다임으로 인식되었다. 사실 워서만은 영화계에서 '시너지 효과'를 제일 먼저 주장한 사람으로 여겨질 수 있을 것이다. 시너지 효과는 기업이 상호 연관을 맺어 이윤을 올릴 수 있는 가능성을 설명하기 위해 언론에서 도입한 말이다. MCA는 또한 음반 제작 및 출시, 서적 출판, 소매 및 우편 주문 판매, 레크리에이

---

2) 마이클 파이Michael Pye도 유니버설을 매입함으로써 MCA가 텔레비전에서 방영할 수 있는 많은 영화를 유니버설의 영화 라이브러리에서 확보할 수 있게 되었다고 지적했다. 매입 당시 MCA는 1948년 이전에 파라마운트가 제작한 영화 라이브러리를 이미 소유하고 있었다.

선 서비스, 금융 서비스 및 데이터 처리 산업에도 관여하고 있다.

파라마운트는 찰스 블러드혼Charles Bludhorn이 소유하고 있던 걸프 앤드 웨스턴 인더스트리Gulf & Western Industries와 합병했다. 이 회사는 블러드혼이 거의 혼자 세운 회사로 제조업, 소비재 및 농산품, 천연자원, 의류, 제지 및 건축재, 자동차 부품, 금융 서비스 회사 등 3백 개가 넘는 기업들로 포트폴리오를 구성하고 있었다. 파라마운트가 제작한 영화가 박스오피스에서 참담한 성적을 거두고 있었지만, 걸프 앤드 웨스턴 인더스트리즈는 파라마운트가 소장하고 있는 방대한 영화 라이브러리에 관심을 가지고 있었다. 당시 최근의 개봉 작품만을 계산하더라도 그 가치는 2억 달러에 달했다. 그 후 수년간 파라마운트 내부에서는 두 가지 중요한 구조적인 변화가 일어났다. 우선 파라마운트는 MCA를 통해 TV에 영화를 배급하고, 직접 TV 프로그램을 제작하여 TV 프로그램 제작 산업에 깊숙이 참여하게 되었고, 결국 메이저 프로그램 제작사가 되었다. TV 시장 내에서 파라마운트의 위상은 1967년 데실루Desilu 프로덕션을 1,700만 달러에 인수하면서 한층 강화되었다. 두 번째 구조적인 변화는 1967년 로버트 에반스Robert Evans를 제작국 책임자로 임명한 것이다. 이후 수년간 에반스는 〈러브 스토리Love Story〉(1970), 〈대부The Godfather〉(1972), 〈데스 위시Death Wish〉(1974) 같은 블록버스터뿐만 아니라 〈형사 사피코Serpico〉(1973), 〈컨버세이션The Conversation〉(1974), 〈대부 2〉(1974), 〈차이나타운〉처럼 많은 환호를 받는 영화의 제작을 책임지게 된다. 더욱 중요한 것은 파라마운트가 장기간 안정적으로 사업을 할 수 있는 수단을 제공하면서 걸프 앤드 웨스턴의 레저 타임 그룹Leisure Time Group의 일원이 되었다는 점이다. 레저 타임 그룹은 당시 패이머스 뮤직 코퍼레이션Famous Music Corporation, 사이먼 앤드 슈스터 출판사Simon and Schuster Publishing House 및 패이머스 플레이어스 리미티드Famous Players Limited를 가지고 있었다. 레저 타임 그룹 전체 수입은 걸프 앤드 웨스턴 전체에서 11~15% 정도밖에 되지 않았다. 따라서 파라마운트의 경영 성과가 좋지 않더라도 걸프 앤드 웨스턴 산하의 다른 기업에서 내는 이윤으로 보완할 수 있었다.

걸프 앤드 웨스턴에서 미미한 비중을 차지하게 된 파라마운트와는 달리 워너 브러더스는 복합 기업의 주요 일원이 되었다. 1967년 3월 워너 브러더스는 TV에 영화를 배급하는 캐나다계 세븐 아트Seven Art 프로덕션과 합병하여 워너 브러더스/세븐아트 프로덕션을 설립했다. 워너 브러더스가 TV 프로그램 제작 부문으로 완전히 흡수될 것이라는 영화계 내부의 우려에도 불구하고 합병된 회사는 계속해서 영화를 제작했다. 2년 후 이 회사는 스티븐 로스Steven J. Ross의 주도로 대기업인 키니 내셔널 서비스Kinney National Service와 합병했다. 로스는 결국 워너 커뮤니케이션Warner Communications Inc.이라는 대규모 엔터테인먼트 기업을 세웠고, 음악 산업, TV 및 영화 엔터테인먼트, 가전 제품, 완구 및 출판 산업에 집중하게 되었다.

워너 브러더스의 두 번째 합병이 이루어진 해, UA는 메이저 보험회사로 잘 알려져 있던 트랜스아메리카Transamerica Inc.에 매각되었다. 스티븐 바츠Steven Bach가 자신의 책 《파이널 컷Final Cut: Dreams and Disaster in the Making of Heaven's Gate》에서 설명한 것처럼 UA는 트랜스아메리카에게 좋은 투자 대상으로 인식되었다. 이론적으로 당시 트랜스아메리카의 변변치 못한 주가는 영화산업을 하는 자회사를 확보한다면 다시 상승할 수 있으리라 예상되었기 때문이다. UA의 아서 크림Arthur Krim과 로버트 벤자민Robert Benjamin은 트랜스아메리카라는 모회사의 재정 지원을 받으면 안정성과 프로그램 제작 확대의 기회 모두를 확보할 있다는 점에 이끌렸다.

나머지 3대 메이저 스튜디오(MGM, 20세기 폭스, 콜럼비아)는 1970년대 중반까지 대기업과 합병하지 않았다. 1960년대 후반까지 스튜디오 소유권에 변화가 일어난 뒤 10년 동안 영화계는 구조적으로 비교적 안정적인 상태를 유지하고 있었다. 예상한 것처럼 대기업과 합병한 스튜디오는 다른 배급사보다 높은 시장 점유율을 보였다. 이는 1970년대에서 1980년대까지 메이저 스튜디오의 평균 시장 점유율(워너 브러더스 14.5%, 파라마운트 14%, 20세기 폭스 14%, 유니버설 13.9%, UA 11.5%, 콜럼비아 10.6%, MGM 5.8%)을 통해 확인할 수 있다. 합병하지 않은 스튜디오 중에서는 20세기 폭스만이 좋은 성적을 거두었다(20세기 폭스가 이러한 성적을 낸 것은 〈스타워즈〉가 개봉 첫해 경이로운 흥행 수입을 올리며 19.7%의 시장 점유율로 1위를 기록한 결과이기도 하다). 이렇게 첫 번째 합병 물결의 결과로 인해 영화계의 구조가 자리 잡히면서, 장기간 안정적인 제작을 할 수 있는 수단으로 거대 복합 기업의 중요성이 부각되었고, 거대 복합 기업 소속의 미디어 자회사가 영화를 활용하여 시장을 공략해야 한다는 점이 강조되게 되었다. 이 두 가지 전략은 향후 수십 년간 영화 제작의 한 방식으로서 하이 컨셉트를 발전시키는 데 일조하게 되었다.

영화계의 대형화에 이어 영화계에서 생산하는 '상품' 자체에도 변화가 일어났다. 1950년대에 대규모로 제작되는 영화 중에서 성공하는 편수가 늘어나자 1960년대에는 스튜디오들이 그들이 계획하고 있는 연간 영화 배급 작품 중 대표작으로서 대규모 제작비가 투입되는 로드쇼roadshow용 영화에 초점을 두기 시작했다. 많은 측면에서 볼 때 로드쇼 영화는 영화가 TV와 다르다는 것을 보여 주기 위해서, 더 정확히 표현하자면 TV보다 더욱 크고 광대하며 스펙터클하다는 것을 보여 주려는 시도로 해석할 수 있다. 지방 순회 상영, 예약제 좌석, 의도적 제한 상영 등의 제도를 도입하고 '서사'적인 주제를 채택하면서 로드쇼 영화는 영화 관람을 하나의 특별한 일, 하나의 행사로 만들고자 했다. 당시 제작된 영화를 보면, 〈카멜롯Camelot〉(1967), 〈화니 걸Funny Girl〉(1968), 〈스타!Star!〉(1968), 〈헬로 돌리!Hello, Dolly!〉(1969), 〈달링 릴리Darling Lili〉(1970) 등의 뮤지컬 영화, 〈스파르타쿠스Spartacus〉(1960), 〈아라비아의 로렌스Lawrence of Arabia〉(1962), 〈닥터 지바고Doctor Zhivago〉(1965), 〈공군 대전략Battle of Britain〉(1969), 〈라이언의 딸Ryan's Daughter〉(1970) 등의 서사물이었다. 스펙터클한 면에 중점을 두면서 〈사운드 오브 뮤직The Sound Of Music〉(1965)과 〈닥터 지바고〉가 1960년대 후반 제작되어 커다란 성공을 거두었지만 이런 영화 제작 방식은 점차 문제점을 드러내기 시작했다. 1968년 20세기 폭스의 사장이었던 대릴 자눅Darryl Zanuck은 다음과 같이 말한 적이 있다. "우리는 〈닥터 두리틀Dr. Dolittle〉, 〈스타!〉, 〈헬로 돌리〉 세 편의 뮤지컬 제작에 5,000만 달러를 지출했으며, 솔직히 밝히자면 〈사운드 오브 뮤직〉이 크게 성공하지 않았더라면 뮤지컬의 실패로 많이 낙담했을 것이다." 자눅이 이렇게 영화 제작에 두려움을 가지고 있었던 것은, 다른 메이저 스튜디오와 마찬가지로 폭스 또한 많은 비용을 들였음에도 박스오피스에서 실패한 프로젝트가 몇 건 있었기 때문이다.[3]

할리우드가 로드쇼 영화의 종말에 애도를 표하고 있을 때, 젊은 층을 대상으로 한 영화youth film가 인기를 얻기 시작했다. 당시의 경향은 〈졸업〉(1967), 〈우리에게 내일은 없다Bonnie and Clyde〉(1967), 〈이지 라이더〉(1969), 〈미드나잇 카우보이Midnight Cowboy〉(1969) 같은 영화까지 거슬러 올라가 찾아볼 수 있다. 이러한 흐름은 당시 10~20대였던 '베이비붐' 세대에 의해 주도되었다. 이들은 당시 자신들의 상황을 그려 내는 미

---

3) 메이저 스튜디오가 제작하고도 실패한 악명 높은 영화는 파라마운트의 〈달링 릴리〉, 폭스의 〈헬로 돌리!〉, 콜럼비아의 〈잃어버린 지평선Lost Horizon〉, 〈1776〉이 있다.

디어에 관심을 가지고 있었다. 이에 스튜디오들은 영화 제작 계획과 공급 관행을 재고하기 시작했고, 1960년대 말경이 되자 대규모의 로드 쇼 스타일 영화는 더 이상 대세가 아니라 예외적인 방식이 되었다. 경제학적인 관점에서 볼 때 박스오피스 수입을 최대화하려는 기존 방식이 실패로 돌아갔기 때문에 메이저 스튜디오들은 다른 대안을 찾기 시작했던 것이다. 그 결과 미국 영화 사상 믿기 힘들 정도로 다양한 시대가 열렸다. 1969년에서 1975년까지의 기간은 영화계의 관행과 영화의 형식 및 콘텐츠에 있어 아주 광범위한 실험이 행해진 시기로 볼 수 있다. 1970년대 전반기 동안 콜럼비아에서 일했던 피터 거버는 제작자의 입장으로 인터뷰에서 이렇게 말한 적이 있다. "1970년대 초반 젊은 영화 제작자들이 영화계에 진출했다. 피터 보그다노비치<sup>Peter Bogdanovich</sup>의 〈라스트 픽처 쇼<sup>The Last Picture Show</sup>〉(1971), 마틴 스콜세지의 〈택시 드라이버<sup>Taxi Driver</sup>〉(1976), 할 애쉬비<sup>Hal Ashby</sup>의 〈마지막 지령<sup>The Last Detail</sup>〉(1973), 보브 라펠슨<sup>Bob Rafelson</sup>의 〈파이브 이지 피시스〉 같은 영화들을 볼 수 있었다. 젊은 영화 제작자들은 전에 비해 소규모의 영화를 제작하기 시작했고 더욱 대담한 주제를 선보였다." 흥미로운 것은 거버가 언급한 모든 영화를 콜럼비아가 제작했다는 점인데, 콜럼비아는 당시 젊은 층을 대상으로 한 영화 제작에 자금 지원을 하기 시작한 첫 번째 스튜디오로 인정되고 있다.[4] 앞서 언급한 영화 외에도 젊은 층을 대상으로 한 영화는 〈앨리스의 식당<sup>Alice's Restaurant</sup>〉(1969), 〈미디엄 쿨<sup>Medium Cool</sup>〉(1969), 〈야전병원 매쉬<sup>Mash</sup>〉(1970), 〈애정과 욕망〉, 〈도살장<sup>Slaughterhouse-Five</sup>〉

---

4) 젊은 층에 어필하려는 콜롬비아의 노력은 버트 슈나이더<sup>Bert Schneider</sup>, 보브 라펠슨 그리고 스티브 블라우너<sup>Steve Blauner</sup>가 운영하던 BBS와의 영화 배급 계약으로 지원을 받을 수 있게 되었다. BBS는 〈헤드<sup>Head</sup>〉, 〈파이브 이지 피시스〉, 〈이지 라이더〉, 〈그가 운전하라고 했다<sup>Drive, He Said</sup>〉(1971), 〈라스트 픽처 쇼〉 등 여러 편의 젊은 층을 대상으로 하는 영화의 배급을 맡았다.

(1972), 〈청춘 낙서〉(1973), 〈브룸 인 러브<sup>Blume In Love</sup>〉(1973), 〈천국의 유령<sup>Phantom of the Paradise</sup>〉(1974) 등이 있다.

작가주의 영화감독을 강조하는 것은 당시의 특징이기도 하다. 영화의 형태에 대한 실험에서 로버트 알트만, 폴 마주르스키<sup>Paul Mazursky</sup>, 할 애쉬비 등의 감독들은 메이저 스튜디오로부터 자금 지원을 받으면서도 자신의 영화를 만드는 데 최대의 자유를 보장받았다. 이는 알트만 감독의 경우에 특히 두드러졌다. 알트만은 1970년에 〈야전병원 매쉬〉가 성공을 거둔 이래 수익을 낸 영화가 거의 없다. 그러나 그는 1970년대 줄곧 자신의 방식으로 계속해서 영화를 연출했으며 1977년에는 20세기 폭스와 독점 계약을 맺기도 했다.[5] 1970년대 초반 한때 자유로운 바람이 불어온 후 영화계의 주류 쪽에서는 작가주의 제작 방식을 제한했다. 1970년대가 끝날 무렵, 작가주의와 영화의 형식에 대한 실험도 끝이 났다. 알트만 감독의 시절도 끝났음이 분명해졌다. 놀라운 사실은 1980년 〈뽀빠이<sup>Popeye</sup>〉를 연출한 후 어떤 메이저 스튜디오도 그와 일하려 하지 않았다는 점이다. 알트만 감독이 메이저 스튜디오와 계약하고 연출한 영화는 1983년 MGM의 지원을 받아 연출한 〈오씨 앤드 스팅스<sup>O.C & Stings</sup>〉(1983)가 유일했으며 이 영화는 4년 뒤 소수의 극장에서 개봉된 뒤 바로 가정용 비디오로 출시되었다.[6] 알트만은 실험적인 영화 제작이 끝나고 난 후 메이저 스튜디오와의 관계가 소원해지자 다른 미디어업계에서 일할 수밖에 없었다. 알트만은 〈빨래방<sup>The Laundromat</sup>〉(1985), 〈태너88<sup>Tanner'88</sup>〉(1988) 등의 케이블 프로그램, 〈더 룸<sup>The Room</sup>〉

---

5) 그러나 알트만과 폭스의 관계는 계속 소원해져서 1979년 폭스는 알트만의 영화 〈헬스<sup>Health</sup>〉(1979)에 사실상 배급권을 주지 않았다.
6) 알트만은 이 영화에 대해서조차 자신이 상업적인 영화를 만들고 싶어 한다는 점을 MGM에 증명해야만 했다.

(1987), 〈덤 웨이터The Dumb Waiter〉(1987), 〈케인 호의 반란The Caine Mutiny Court-Martial〉(1987) 등의 네트워크 TV 프로그램을 연출했으며, 시네콤 엔터테인먼트 그룹Cinecom Entertainment Group에서 〈컴백Come Back To The Five And Dime, Jimmy Dean, Jimmy Dean〉(1982), UA에서 〈스트리머Streamers〉(1984), 캐논 그룹Cannon Group에서 〈사랑의 열정Fool For Love〉(1985), 뉴월드New World에서 〈위험한 사랑Beyond Therapy〉(1987), 헴데일Hemdale에서 〈빈센트Vincent & Theo〉(1990), 파인라인Fine Line에서 〈플레이어The Player〉(1992) 및 〈숏컷Short Cuts〉(1993)을 만드는 등 독립 스튜디오에서 일해야 했다.

미국 영화사에서 이런 작품이 나올 수 있었던 이유 중의 하나는 영화계가 점차 젊은 관객을 인식하기 시작했기 때문이다. 그러나 젊은층에게 어필할 수 있는 방법에 관해서는 적절한 방법론이 제시되지 않은 혼란 상태인지라 아주 다양한 영화가 제작되는 양상을 띠었다. 게다가 박스오피스 수입을 극대화해야 한다는 영화업계의 정언 명령이 있었기에 이 기간 중에는 놀라우리만큼 많은 영화가 제작되었던 것이다. 제럴드 마스트Gerald Mast가 지적한 것처럼, "당시 영화의 내용은 인습을 파괴하고 신화를 부정하는 것이었으며, 제작 비용은 1970년대의 평균인 300만 달러와 비슷하거나 그에 미치지 못했다. 그러나 이렇게 제작된 영화들은 적지만 꾸준히 수익을 올렸다." 보통 이런 영화들은 실제보다 경제적으로 성공한 작품으로 평가받고 있다. 산업 분석가 스튜어트 바이런Stuart Byron은 이를 알트만 감독의 〈내슈빌Nashville〉(1975)을 통해 분석하고 있다. 바이런은 영화 〈내슈빌〉이 어느 정도 수익을 낳은 것을 인정하지만 이 영화를 박스오피스에서 성공을 거둔 것으로 보는 인식에 대해서는 경고했다. "뉴욕 맨해튼의 문화계 인사들 사이에 영화 〈내슈빌〉을 올해 흥행 성적 27위의 영화로 보기보다 상업적인 블록버스터 영화로 보는 경향이 광범위하게 퍼져 있다는 점은 아주 놀라운

비평적으로는 관심의 대상이 되었으나 흥행 수익은 관심에
비해 적었던 영화 〈내슈빌〉(〈내슈빌〉, 파라마운트, 1975).

일이다. 뉴욕은 독특한 시장으로, 일부 현학적인 영화만이 뉴욕에서
관심을 끈다는 점을 다시금 지적해야 할 것이다. 이곳 사람들은
〈W.W.와 딕시 댄스 왕<sup>W.W. and the Dixie Dance-Kings</sup>〉이나 〈산의 다른 쪽<sup>The Other
Side of the Mountain</sup>〉 등의 영화는 보지 않는다."

호버만[J. Hoberman]은 1970년대의 실험적 영화 제작 방식이 〈뻐꾸기 둥지 위로 날아간 새〉(1975)를 마지막으로 끝났다고 주장한다. 이 영화는 그해 상업적으로 가장 성공한 영화였으며 또한 비평적으로도 가장 좋은 평가를 받은 작품이기도 했다. 한편으로 보면, 당시 실험적인 영화가 종말을 맞이한 것은 경제적인 유인책이 없었기 때문이다. 〈뻐꾸기 둥지 위로 날아간 새〉를 제외하고 당시의 영화들은 제작 비용을 회수할 수 없었으며, 물가가 점차 올라가면서 이로 인한 비용도 대폭 상승했다. 피터 보그다노비치의 〈데이지 밀러[Daisy Miller]〉(1974), 〈길고 긴 사랑[At Long Last Love]〉(1975), 〈서푼짜리 영화[Nickelodeon]〉(1976), 할 애쉬비 감독의 〈바운드 포 글로리[Bound for Glory]〉(1976), 특히 1977년에 개봉된 윌리엄 프리드킨[William Friedkin] 감독의 〈위맨[Sorcerer]〉(1977), 마틴 스콜세지 감독의 〈뉴욕 뉴욕[New York, New York]〉(1977) 등의 영화는 실험적인 영화 제작의 종말을 알려 주었고, 영화계에서 환상이 깨어지고 있음을 보여 주었다. 그러나 마이클 치미노[Michael Cimino] 감독의 〈천국의 문[Heaven's gate]〉(1980)은 아직까지도 내용에 대해 찬반 양론이 끊이지 않고 있으며, 수년의 제작 기간을 거쳐 1980년이 되어서야 개봉되었다.[7]

제임스 모나코[James Monaco]는 〈위맨〉에 대해 다음과 같이 언급한 적이 있다. "〈위맨〉은 프리드킨 감독이 영화 〈엑소시스트[Exorcist]〉(1973)가 성공한 대가로 두 메이저 스튜디오(파라마운트, 유니버설)를 설득하여 제작한 작품으로 1,800만 달러(〈버라이어티〉지는 2,200만 달러로 추산) 이상의 거액이 들었지만 그의 초기 영화에 비하면 많은 제약을 받은 영화다. 프리드킨 감독은 나이가 들면서 자신의 영웅 클르조[Henri-Georges]

---

7) 이 시기에 제작된 〈타이타닉을 인양하라[Raise the Titanic]〉(1980, 비용 초과액 3,600만 달러, 렌탈 수입 680만 달러), 〈인천[Inchon]〉(1982, 비용 초과액 4,600만 달러, 렌탈 수입 190만 달러) 등의 영화도 많은 제작비를 들였지만 실패했다.

〈뉴욕 뉴욕〉은 스콜세지 감독과 뮤지컬의 만남은 상업적으로 훌륭한 선택이 아니라는 것을 보여 주었다(〈뉴욕 뉴욕〉, UA, 1977).

Clouzot 감독이 연출한 〈공포의 보수The Wages Of Fear〉(1953)를 리메이크하고 싶어 했다. 이에 수년의 시간이 걸렸고 4개 대륙에서 영화 제작이 진행되었다(이런 제작 방식은 프리드킨 감독의 트레이드 마크가 되었다). 그러나 마침내 개봉된 영화는 완전 폐품이었다." 비슷한 예로 라이자 미넬리Liza Minnelli, 로버트 드니로Robert De Niro가 출연한 영화로 고전 뮤지컬을 모방한 〈뉴욕 뉴욕〉은 실험적인 제작 방식의 종말을 부추긴 작품으로 볼 수 있다. 한편 스콜세지 감독은 〈비열한 거리Mean Streets〉(1973), 〈앨리스는 여기서 더 이상 살지 않아요Alice doesn't live here any more〉(1974), 〈택시 드라이버〉 등 저렴한 비용이 들었으면서도 좋은 평가를 받았던 세 편의 영화를 촬영한 대가로 UA로부터 제작비 1,400만 달러의 뮤지컬 영화 연출을 맡게 된다. 이 뮤지컬은 스콜세지 감독이 그전까지 보여 주었

<천국의 문>의 한 장면(<천국의 문>, UA, 1980).

던 테마와 집념을 뮤지컬이라는 형태로 다시금 선보일 수 있는 기회였다. 그러나 이 뮤지컬은 국내(미국과 캐나다)에서 고작 600만 달러의 렌탈 수입을 올리는 데 그쳤고 평론가들로부터 많은 비난을 받았다.

불행하게도 이러한 실패담은 UA에게 아직 충분한 교훈이 되지 않았던 모양이다. 스콜세지 감독의 영화가 실패하고 난 3년 후, UA는 마이클 치미노 감독의 <천국의 문>을 제작하면서 더 큰 손해를 입어야만 했다. 당초 UA 측은 1978년 11월 치미노 감독의 서부 시대 서사물을 제작하겠다고 발표한 적이 있다. 아카데미상을 수상한 치미노 감독의 <디어헌터The Deerhunter>(1978)의 제작 경험을 바탕으로 UA는 영화 제작에 750만 달러를 책정하고 1979년 4월 제작에 들어갔다. 그해 8월, UA는 제작 중인 영화의 제작 비용을 통제하기 시작했다. 이미 비용이 2,100만 달러에 달했고 최종적으로 3,000만 달러의 비용이 예상되었기 때문이다. UA는 영화 <디어헌터>의 사례를 들어 추가 비용 문제를 정당화시켰다. 치미노 감독은 〈디어헌터〉를 연출할 때에도 비용을 초과했으며, EMI는 감독을 교체하려 했지만 결국 영화는 아카데미상 5개 부문을 석권했고, 미국 국내에서만 5,500만 달러를 넘는 총수입을 얻었기 때문이다. 〈천국의 문〉의 제작이 시작되고 1년 후 치미노 감독은 기본화면principal photography[8]을 완성했고 비용은 3,500만 달러에 육박했다. 1980년 11월 18일 영화는 뉴욕에서 시사회를 개최했으나 하나같이 혹평을 받았다. 이에 LA와 캐나다 토론토에서의 시사회는 취소되었으며 치미노 감독은 원작을 축소한 편집본을 만들었다. 1981년 4월 편집본이 개봉되었으나 다시 나쁜 평가를 받았고 박스오피스에서도 참담한 성적을 거두었다. 개봉된 지 6개월 후 미국 내 렌탈 수입은 150만 달러에 그친 반면 비용은 4,300만 달러까지 치솟았다. 치미노 감독의 〈천국의 문〉은 실험적 영화 연출 시대의 끝으로 볼 수 있다. 애쉬비, 보그다노비치, 프리드킨, 아서 펜Arthur Penn 등의 감독들이 그 후에도 계속해서 영화 제작에 참여했지만, 일반적으로 이 당시 제작된 영화들이 가장 흥미롭고 도발적인 작품이라고 볼 수 있을 것이다.

실험적 시대의 종말은 1960년대 중후반 할리우드가 예전의 대규모 영화 제작 방식으로 돌아가면서 예고되었다. 그러나 할리우드는 이전의 로드쇼 영화 시대와는 달리 뮤지컬과 서사물에 집착하지 않았다. 1970년대 중반 로드쇼 영화는 블록버스터로 변형되었다. 블록버스터는 다음과 같은 피터 거버의 말로 표현할 수 있다. "대략 (은행이) 원하는 영화를 보면, 로버트 레드포드Robert Redford와 폴 뉴먼Paul Newman이 함께 나오고, 바브라 스트라이샌드Barbra Streisand가 노래를 부르며, 스티브 맥퀸

---

8) 제2제작진에 의한 촬영에 대비되는 용어로 연기자를 비롯한 주요장면의 촬영을 가리킨다. 이에 반해 제2제작진은 배경 따위의 특수화면을 주로 담당한다. ─ 옮긴이

Steve McQueen이 펀치를 날리며, 클린트 이스트우드가 뛰어다니며, 마빈 햄리쉬Marvin Hamlisch가 음악을 맡아서 해야 한다. 와이드 스크린에서 상영 되며, 티켓을 구하기 어려워 사전 예약해야 하며, 6주 동안 베스트셀러 인 소설이나 최소한 한 시즌 동안 가장 많이 보는 TV 프로그램을 원작 으로 해야 한다." 거버의 지적이 다소 과장된 것은 사실이지만 블록버 스터 영화가 갖추어야 할 전매 자산, 즉 전통적인 영화 장르의 범위 내 에서 흥행을 보장받을 수 있는 스타급 배우와 감독을 캐스팅함으로써 베스트셀러 소설이나 연극을 재연하려 한다는 것을 언급했다는 점에 서는 매우 의미심장하다고 볼 수 있다.

파라마운트는 큰 성공을 거둔 두 편의 영화, 〈러브 스토리〉(총 렌탈 수입 5,000만 달러), 〈대부〉(총 렌탈 수입 8,570만 달러)를 통해 이러한 경 향을 강화시켰다. 두 영화는 시장성이 높았으며, 베스트셀러가 원작이 었고, 미국 대중문화의 일부가 된 캐치프레이즈를 담고 있었다. 게다 가 뒤이어 개봉된 영화에 의해서도 블록버스터 시대는 한층 다져지게 되었다. 〈에어포트Airport〉(1970, 아서 헤일리Arthur Hailey의 베스트셀러 소설을 각색한 영화로 스타 배우들로 캐스팅됨. 총 렌탈 수입 4,500만 30달러), 〈엑 소시스트〉(윌리엄 피터 블래티William Peter Blatty의 공포 소설을 〈프렌치 커넥션〉 (1971)으로 아카데미상을 수상한 윌리엄 프리드킨 감독이 촬영. 총 렌탈 수입 8,900만 달러), 〈빠삐용Papillon〉(1973, 스티브 맥퀸과 더스틴 호프만Dustin Hoffman 이 출연한 어드벤처 서사물. 총 렌탈 수입 2,250만 달러), 〈타워링The Towering Inferno〉(1974, 스티브 맥퀸과 폴 뉴먼을 포함하여 스타급 배우가 총동원된 어 드벤처/재앙 영화로 20세기 폭스와 워너 브러더스가 자금을 지원. 총 렌탈 수 입 5,200만 달러) 그리고 〈죠스〉(피터 벤칠리Peter Benchley의 베스트 펄프 픽션 이 원작. 스티븐 스필버그 연출. 총 렌탈 수입 1억 2,950만 달러) 등이다. 물 론 흥행 요소로 앞서 언급한 블록버스터의 구성 요소들이 항상 박스오피스에서 선전하는 것만은 아니다. 파라마운트의 〈위대한 개츠비<sup>The Great Gatsby</sup>〉(1974, 총 렌탈 수입 1,420만 달러)와 〈킹콩<sup>King Kong</sup>〉(1976, 총 렌탈 수입 3,580만 달러)은 개봉 전 어마어마한 관심을 받았고 관객들의 인지도 또한 높았지만 박스오피스에서의 성적은 기대에 미치지 못했다.

　그렇다면 할리우드는 왜 경제적인 구원의 도구로서 블록버스터를 택했을까? 한편으로 보자면, 블록버스터로의 전환은 경제적으로 극도로 보수적인 관점에서 내려진 결정이었다. 경제적으로 '증명된' 요소들로 구성된 영화는 많은 관객들을 모을 수 있는 가능성이 클 것이다. 이러한 생각은 영화 제작 비용이 계속해서 증가하고 있다는 점을 고려해 볼 때 더욱 타당하다. 1975년만 하더라도 영화 한 편을 제작하고 마케팅하는 데 310만 달러가 들었다. 그러나 비용은 점차 올라가 1984년 무렵에는 비용이 1,400만 달러까지 이르게 되었다. 점차적인 제작 비용의 인상은 저예산의 실험적인 영화를 제작하기 힘들어짐을 의미하게 되었다. 손익 분기점이 상승하게 되면서 메이저 스튜디오들은 블록버스터 영화를 통해 큰 수익을 얻는 것에만 관심을 가지게 되었다. 이에 따라 '명성' 있는 영화, 즉 박스오피스에서 성공할 가능성은 낮지만 예술적인 영화로서 명성을 얻을 수 있으며, 평론가와 극장주 모두와 좋은 관계를 유지하게 해 줄 영화들 때문에 전체 영화 스케줄이 조정되는 일도 종종 있었다. 예를 들어, 1976년 파라마운트의 영화 개봉 스케줄은 〈킹콩〉, 〈마라톤 맨<sup>Marathon Man</sup>〉(1976), 〈라스트 타이쿤<sup>The Last Tycoon</sup>〉(1976) 등 블록버스터가 될 수 있는 영화들을 중심으로 조정되었다. 파라마운트는 잉그마르 베르히만<sup>Ingmar Bergman</sup>의 심리학적 영화 〈고독한 여심<sup>Face to Face</sup>〉(1975), 일레인 메이<sup>Elaine May</sup>의 기발한 범죄 영화 〈미키와 니키<sup>Mikey and Nicky</sup>〉(1976), 로만 폴란스키<sup>Roman Polanski</sup>의 기이한 편집증 환자의 이야기 〈하숙생<sup>The Tenant</sup>〉(1976) 등 박스오피스에서의 결과는 낙관적이지 않지만 제작사에 좋은 평판을 가져다줄 수 있는 영화들을 제작·배급함으로써 남은 기간의 배급 일정을 채워 넣었다. 그럼에도 불구하고 스튜디오의 관심은 시장성이 높고, 쉽게 상품화할 수 있는 영화에 쏠리게 됨으로써, 영화 배급 스케줄을 계획함에 있어 투자 자금을 대작 영화의 제작비에 집중하도록 조정했다. 영화 제작 편수를 줄이는 결과를 낳은 이런 경향은 〈표 2〉에 잘 드러나 있다. 〈표 2〉는 1970년에서 1978년까지 메이저 스튜디오가 출시한 영화 편수를 보여주고 있는데, 1971년 153편으로 최고점에 달했다가 1977년에는 84편으로 감소했음을 알 수 있다. 개봉 영화 편수는 10년간 번창했던 저예산 영화 부문에서 먼저 감소하기 시작했다. 이에 대해 1979년 제임스 모나코는, "우리는 점차 열 편의 똑같은 영화를 보게 될 것이다"라고 언급한 적이 있다.

**〈표 2〉 메이저 스튜디오의 영화 개봉 편수(1970~1978년)**

|  | 1970 | 1971 | 1972 | 1973 | 1974 | 1975 | 1976 | 1977 | 1978 |
|---|---|---|---|---|---|---|---|---|---|
| 콜럼비아 | 28 | 37 | 27 | 16 | 21 | 15 | 15 | 10 | 14 |
| MGM | 21 | 20 | 22 | 16 | * | * | * | * | * |
| 파라마운트 | 16 | 21 | 22 | 26 | 23 | 11 | 18 | 15 | 14 |
| 20세기 폭스 | 14 | 16 | 25 | 14 | 18 | 19 | 18 | 14 | 7 |
| UA | 40 | 26 | 20 | 18 | 21 | 21 | 22 | 14 | 19 |
| 유니버설 | 17 | 16 | 16 | 19 | 11 | 10 | 13 | 17 | 21 |
| 워너 브러더스 | 15 | 17 | 18 | 22 | 15 | 19 | 11 | 14 | 18 |
| 총계 | 151 | 153 | 150 | 131 | 109 | 95 | 97 | 84 | 93 |

※ MGM은 1974년 이후, UA를 통해 영화 개봉했다. 출처: 미국영화협회

개봉 영화 편수의 감소를 더욱 부추긴 것은 두 가지 요인이었다. 그것은 스튜디오 측의 리스크 분산 효과와 외국 시장의 중요성 증대이

다. 스튜디오가 하나씩 하나씩 거대 기업에 매각되면서 소속 거대 기업 내에서 스튜디오의 정체성은 점차 희미해졌다. 가령 UA는 1970년에 3년 동안 탕감되지 않는 대규모의 세전(稅前) 손실을 겪었다. 이는 예전에도 그랬듯 장부에서 지워졌는데, 손실액이 트랜스아메리카의 자회사인 옥시덴탈 생명보험<sup>Occidental Life Insurance</sup>의 흑자로 상쇄되었기 때문이다. 이런 방식으로, 거대 복합 기업 전체의 성장이 특정 자회사의 성장보다 선호되고 있었다. 결과적으로 트랜스아메리카 같은 거대 기업은 영화를 제작하는 자회사가 이윤을 보기 원했지만, 또한 대부분의 거대 기업이 미학적인 영화를 제작하기 꺼렸으며 영화 제작의 확대도 꺼렸다. 사실 비용 최소화의 원칙은 각 스튜디오가 영화 개봉 편수를 줄여 이윤을 최대화하도록 강제했다.

전통적으로 외국 시장은 총 박스오피스 수입에서 차지하는 비중이 적었다. 그러나 제2차 세계대전 후 미국 내 박스오피스의 규모가 줄어들면서 점차 외국 시장이 스튜디오의 중요한 시장이 되었다. 1960년대 말 무렵에는 해외 수출을 통한 렌탈 수입이 국내외를 포함한 총 렌탈 수입의 절반을 차지했다. 아마 문화적인 차이 때문일 텐데, 1970년대 초중반 '개인의 일상에 관한' 미국의 영화는 외국 시장에서 잘 팔리지 않았다. 영화계 전문가인 조셉 필립스<sup>Joseph Phillips</sup>가 지적한 것처럼, 외국의 관객들은 개인적인 영화보다 어드벤처나 블록버스터 영화를 선호하는 것 같았다. "성공에 관한 공식 중 하나는 어드벤처 스토리를 가지는 것으로, 이 가운데는 거대한 재앙 요소가 포함되어 있을 때도 종종 있다. 이 공식은 국제 영화 시장에서 큰 잠재력을 가지고 있는 것으로 보인다. 공식에 따르면 성공을 거두기 위해서는 '블록버스터'적인 요소, 즉 많은 자본 투입이 필요하며, 물론 이는 미국의 메이저 스튜디오가 가장 잘 할 수 있는 것이다." 이렇게 외국 시장이라는 요소가 더해지면서 많은 자금이 필요하고 패키지화된 영화의 중요성이 한 층 부각되었다.

　이러한 일련의 기업 환경적 변화—파라마운트 소송, TV의 부상 및 영화계의 거대 복합 기업화—는 영화산업의 축소를 가져왔다. 여기서 말하는 축소 현상에는 비단 메이저 스튜디오에서 내놓는 신작 영화의 편수뿐 아니라 영화 제작과 관련하여 경제적인 리스크의 통제라는 점도 포함된다. 거대 복합 기업들은 엔터테인먼트 산업이나 영화산업에 아무런 경험 없이 영화계에 진출하는 수가 종종 있었는데, 로드쇼 영화나 블록버스터처럼 관객들의 흥미를 유발할 수 있는 요소가 내재되어 있는 영화를 제작하고, 작가주의 영화 제작이 한창일 무렵 젊은 층을 끌어들이려는 노력을 기울임으로써 리크스를 최소화하려고 했다. 따라서 1970년대 중반은 영화계가 정리된 시기로 볼 수 있다. 1960년대 영화계가 거대 복합 기업화하는 과정에서 처음에는 미국 영화 제작의 다양성이 인정되었으나 나중에는 사라졌다. 영화 시장에 대한 거대 기업의 우려를 해소할 수 있는 것은 블록버스터 영화로서, 전매 요소를 활용하여 영화의 제품 차별화를 시도하려는 노력을 엿볼 수 있다. 블록버스터 시대가 되면서 영화는 점차 화려한 면에 초점을 두게 되었다. 〈포세이돈 어드벤처<sup>The Poseidon Adventure</sup>〉(1972)나 〈대지진<sup>Earthquake</sup>〉 (1974) 같은 재앙 영화를 예로 들 수 있다. 한편, 블록버스터의 미학은 이에 수반되는 경제적인 요인과 함께 하이 컨셉트 영화의 출발을 알리게 된다. 사실 하이 컨셉트는 블록버스터에서 발달한 것으로 볼 수 있다. 둘 다 전매 요소를 중시하지만 하이 컨셉트는 블록버스터의 스타일과 내러티브를 세련되게 만들었다. 이렇게 하이 컨셉트가 블록버스터에서 변화되어 나올 수 있었던 동력은 부분적으로 1970년대 후반 영화계에서 일어난 크고 구조적인 변화이다.

## 시장에서의 불확실성: 현대 영화산업 구조의 발달

앞서 언급한 것처럼 1960년대 스튜디오가 거대 복합 기업화되는 과정에서 할리우드 내부는 물론이고 영화 자체도 변했으며, 이러한 변화 과정은 영화계가 잠재력이 훨씬 더 큰 요소를 인식하는 그 순간까지도 지속되었다. 1970년대 중반, '새로운' TV 기술—케이블 TV, 유료 TV 및 홈 비디오—이 부상하고 있었다. 영화계는 이에 대응하기 위해 새로운 시장에 진입하여 주도권을 쥐려고 시도했다. 영화계가 이런 조치를 취한 것이 처음 있는 일은 아니었다. 거의 40년 전 할리우드가 TV 기술, 극장 TV, 가입형 TV 및 TV 방송국 소유권에 투자함으로써 막 싹트기 시작한 TV 시장에 진출하려 했던 것처럼, 새로운 기술의 등장에 대처하려는 영화계의 노력은 TV 시장에 진출하려는 움직임으로 나타났다. 이에 대해 더글러스 고메리는 다음과 같이 말한 적이 있다. "당사자(혹은 당사자들)는 '새로운' TV 기술을 제대로 공급해 줄 수 있는 메이저 스튜디오의 미래에 많은 수익이 달려 있다고 결론 내렸다." 이러한 전략을 택한 첫 번째 이유는 TV의 산하 (그리고 이와 관련 있는) 시장을 장악하면 리스크를 줄일 수 있기 때문이었다. TV 시장을 장악하면서 영화산업은 극장 윈도우(영화산업계의 용어로 영화가 상영되는 다양한 매체)에서 수요가 감소하는 것을 방지하고자 했다. 하이 컨셉트 영화는 영화산업계의 주류에서 초미의 관심을 두고 있는 대상으로, TV의 시장 진입으로 더욱 강화되었다. 영화의 이미지를 분명하게 전달하기 위해 고안된 하이 컨셉트 영화의 스타일과 마케팅 대상으로서의 장점은 영화가 모든 다양한 윈도우에서 '활약'할 수 있도록 해 주었다.

1970년대 중반 소니$^{Sony}$가 베타맥스$^{Betamax}$를 출시한 후, 메이저 스튜디오는 각기 홈 비디오 시장에서 위치를 선점하기 위해 애썼다. 메이저 스튜디오는 홈 비디오 시장에서 장기간 성공을 거두기 위해 다음

두 가지 요소에 주로 의존했다. 첫 번째는 비디오 배급사를 소유하는 것이었고, 두 번째는 홈 비디오에 대한 수요의 탄력성을 정확히 예측하는 것이었다. 유력한 메이저 스튜디오는 자체 홈 비디오 사업부를 가지고 있어 홈 비디오의 마케팅, 판매 및 배급의 전 과정을 조율할 수 있었다. 반면, 그보다 규모가 작거나 약한 메이저 스튜디오는 자사가 제작한 영화를 훨씬 낮은 이윤으로 외부의 홈 비디오 배급사에게 맡길 수밖에 없었다. 예를 들어, 트라이스타<sup>Tri-star</sup>는 1984년 RCA와 CBS 두 곳과 홈 비디오 배급 계약을 체결했으며, 오라이언은 많은 비디오를 HBO/캐논 비디오를 통해 출시했다. 특히, 오라이언은 1986년 오라이언 홈 비디오<sup>Orion Home Video</sup>를 설립하기 이전까지 이러한 방식으로 영화를 배급했으며 〈플래툰<sup>Platoon</sup>〉(1986) 같은 블록버스터도 외부 업체를 통해 출시해야만 했다.

홈 비디오 시장에 진출한 메이저 스튜디오가 장기간 경제적인 성공을 거두는 데 있어 더욱 중요한 것은 비디오의 가격 책정 문제였다. 비디오테이프로 출시되는 영화는 처음에는 50달러 이상에 팔렸으며, 판매 대 대여 비율은 아주 저조했다. "판매되는 비디오테이프마다 10건 정도의 대여가 이루어졌으며, 1983년에는 총 판매량이 1억 개였다." 홈 비디오 시장의 저조한 판매 문제는 파라마운트 홈 비디오가 실험적으로 비디오테이프 가격을 책정하면서 해결되었다. 그 결과, 홈 비디오 시장은 완전히 다른 모습으로 자리를 잡게 되었다. 비디오테이프 가격은 보통 50~70달러 선이었는데, 파라마운트는 1982년 말 〈스타 트랙 2<sup>Star Trek 2: The Wrath Of Khan</sup>〉(1982)의 비디오테이프를 39.95달러(소매가)에 출시했다. 이렇게 낮은 가격에 힘입어 판매고는 배로 급증했다. 파라마운트는 그 다음해 〈사관과 신사〉, 〈플래시댄스〉, 〈레이더스<sup>Raiders of the Lost Ark</sup>〉(1981)를 비디오테이프로 출시하면서 전례 없는 성공을 거두었다.[9] 이 비디오테이프들은 모두 39.95달러에 판매되었으며 기록적인 판매고를 올렸다. 비디오테이프의 저가 실험을 모든 영화로 확대한 첫해, 파라마운트는 "25달러 이하의 돈으로 25개의 훌륭한 선물을"이라는 선전으로 크리스마스 행사를 벌였다. 비디오테이프의 가격은 더욱 하락했고 행사 기간 동안 모두 판매할 수 있었다. 파라마운트의 크리스마스 판촉전은, 비디오테이프를 '셀 스루sell-through', 즉 비디오 가게보다 소비자에게 직접 판매할 때 최대의 이윤을 실현할 수 있다는 점을 분명하게 보여 주었다.

다른 스튜디오도 곧 파라마운트의 전략을 채택하기 시작했다. MCA는 일부 비디오테이프를 반값에 판매했으며, 디즈니는 '7편의 엄선 한정판'을 29.95달러에 출시했으며, 미디어 홈 엔터테인먼트Media Home Entertainment는 19.95달러에 비디오를 판매하기 시작했다. 박스오피스에서 뛰어난 성적을 거둔 흥행작에 대한 대중의 관심이 높다는 점을 감안하면, 셀 스루 전략은 고가 정책보다 훨씬 많은 이윤을 창출해 낼 수 있다. 어플로즈Applause 소매 비디오 체인점의 앨런 캐플런Allan Caplan 회장은 셀 스루 방식의 가격 전략을 다음과 같이 설명했다. "A라는 영화의 비디오테이프를 보통 시중에서 거래되는 89.95달러(소매 가격)에 출시하면 40만 개를 판매하여 총 2,200만 달러의 매상을 올릴 수 있다. 그러나 24.95달러에 출시하면 300만~400만 개를 판매하여 총매상은 4,200만 달러에서 5,800만 달러로 치솟을 것이다." 게다가 박스오피스에서 실패한 영화라도, 저가의 비디오테이프 판매를 통해 이윤을 올릴 수 있다. 디즈니는 〈텍스Tex〉(1982), 〈빌리는 뛴다Running Brave〉(1983), 〈이

---

9) 〈레이더스〉는 비디오테이프로 출시되자마자 42만 개가 팔려 비디오테이프 시장에서 챔피언을 차지했다. 〈플래시댄스〉는 초기 판매량이 20만 개를 넘었다.

상한 실종Something Wicked This Way Comes〉(1983) 등 박스오피스에서 실패했던 영화를 홈 비디오로 출시하여 각각 100만 달러가 넘는 판매고를 올릴 수 있었다. 따라서, 1980년대 중반 무렵이면 홈 비디오 사업의 이윤이 영화산업에 있어 점차 윈도우로서의 중요성을 띠기 시작했다. 한편, 1980년에는 홈 비디오 시장이나 소매 시장에서 사전 녹음된 테이프 판매량이 300만 개에 불과했으나, 1985년에는 5,770만 개, 그리고 1988년에는 세 배가 넘는 1억 6,000만 개가 판매되었다.

　　메이저 스튜디오들의 유료 케이블 시장 진입 과정은, 1972년 척 돌런Chuck Dolan에 의해 지역 유료 TV 사업자로 시작하여 현재 미국 최대 유료 TV 서비스 업체로 성장한 HBOHome Box Office와 메이저 스튜디오들의 협력 과정으로 요약된다. HBO는 최초의 케이블 서비스 업체로서 스튜디오들로부터 우선적인 라이선스를 획득할 수 있었다. 콜럼비아는 케이블 기술을 개발하기보다 1981년 HBO와 계약을 체결하여 향후 5년 동안 독점 배급망을 확보하게 되었다. HBO는 이 같은 계약에 대한 보상 조치로서, 또한 스튜디오들과의 거래가 대부분 5년보다는 1년 기한에 불과하다는 점을 고려하여 콜럼비아가 제작하는 프로그램에 프리미엄 급으로 가격을 쳐주었다. 2년 후 파라마운트는 쇼타임Showtime과 향후 11개 영화에 대한 독점 계약을 체결했다. 이는 배리 딜러가 HBO의 세력 확장을 견제하기 위해 라이벌 업체를 지원하여 내린 결정이었다. 결과적으로 유니버설과 워너 브러더스도 HBO와 다년간 독점 계약을 맺었다.[10] 한편 HBO는 미국에서 가장 크고 경제적으로 가치 있는 영화 저장소 MGM/UA의 영화 라이브러리에 있는 4,700편의 영화

---

10) 유니버설 유료 텔레비전Universal Pay TV은 1984년 2월 15일 HBO와 6년 만기 라이선싱 계약을 체결했음을 발표했다. 워너 브러더스는 1985년 6월 5년 만기 독점 계약을 체결했다.

를 10년 동안 확보함에 따라 경쟁 업체들에 비해 유리한 고지에 서게 되었다.

각 스튜디오가 HBO의 세력 확장을 저지하고 케이블 시장에서 생기는 이윤을 챙기기 위해 택한 전략들은 독점 계약에 그치지 않는다. 1979년 콜럼비아, 파라마운트, MCA/유니버설, 20세기 폭스 및 게티 오일Getty Oil은 '프리미어Premiere'라는 이름의 케이블 네트워크를 설립하고 소속 스튜디오의 영화들에 대한 독점적 권리를 이 회사에 양도했다. 그러나 이 회사는 HBO와 쇼타임의 적대적인 반응을 불러일으켰으며, 미국 법무부는 프리미어가 케이블 시장을 사실상 독점할 수 있는 '불법적인 음모'에 다름 아니라고 주장하며 1980년 8월 반독점 소송을 제기했다. 이에 따라 프리미어는 방송을 불과 이틀 앞두고 HBO에 의해 영업이 중단되고 말았다. HBO는 프리미어 소속 스튜디오들이 영화산업에서 차지하고 있는 규모에 근거하여 소송에 이겼고, 그 결과 프리미어는 방송을 내보낼 수 없었던 것이다.[11]

프리미어의 실패 이전에, 케이블 네트워크에 관심을 가졌던 메이저 스튜디오는 워너 커뮤니케이션이었다. 워너는 이미 케이블 사업에 투자하고 있었으며 쇼타임/무비 채널The Movie Channel(또 다른 주요한 파트너는 아메리칸 익스프레스American Express였다)에 많은 지분을 가지고 있었다. 이러한 구조에 변화가 생긴 것은 워너가 1983년 1월 파라마운트, MCA와 함께 무비 채널에 동등한 파트너로 참여하면서부터였다. 무비 채널에 참여한 메이저 스튜디오들은 거래 내용에 독점 계약이 포함되지 않았으며 소속 스튜디오의 영화를 HBO를 비롯한 다른 경쟁 케이블업체가

---

11) 프리미어는 소속 스튜디오가 제작하는 영화들에 대해 9개월 동안 독점적 윈도우로서의 권리를 주장했으며, 이것이 반독점 소송을 촉발했다.

방영할 수 있다는 점을 강조했다. 그러나 이는 HBO의 세력을 약화시키려는 또 다른 전략이었다. 1982년 당시 쇼타임에 가입한 가구 수는 350만에 불과했던 반면 HBO는 1,100만에 달해 사실상 케이블 시장을 독점하고 있었기 때문이다. 이 무렵 HBO의 케이블 시장 장악은 영화를 시장 가치보다 낮은 가격에 확보하려는 시도로 인식되었다. 따라서 무비 채널 계약은 메이저 스튜디오들이 담합 행위를 통해 유료 케이블 시장에서 유리한 위치를 차지하고 자사 영화 라이브러리의 가치를 보호하기 위한 조처였다.[12]

TV라는 새로운 미디어가 부상하면서 메이저 스튜디오에 일어난 제도적인 변화상을 분석해 보면 몇 가지 결론을 내릴 수 있다. 일반적으로, 1980년대에 계속해서 영향력을 발휘한 스튜디오들은 다음과 같은 특징을 보인다. (1) 미디어에 관심을 둔 거대 기업에 의해 1960년대 이후 관리되었다. (2) 안정적으로 운영되었다. (3) 다양한 배급 시스템을 통해 다양화하고 혁신을 이룰 수 있었다. 이러한 세 가지 특징은 영화와 새로운 배급 시스템, 그리고 관련 미디어 기업 사이의 시너지 효과를 노린 거대 기업(걸프 앤드 웨스턴, 타임워너)의 전략과 통합되면서 좋은 결과를 낳았다.

성공의 척도 중 하나는 시장 점유율이다. 이에 대해 데니스 밀러[Dennis Mueller]는 "최근 연구 자료를 보면 시장 점유율이 수익률에 긍정적으로 관련되어 있으며, 기업 경영의 목표로 시장 점유율이 종종 언급된다"고 지적했다. 1970년대와 1980년대의 시장 점유율을 보면 파라마운트

---

12) 메이저 스튜디오들은 국제 유료 케이블 시장에도 진출하기 시작했다. 1983년 7월 MGM/US, 파라마운트, 유니버설은 UIP를 통해 영국의 유료 케이블 시장에 진출했으며, 1984년 8월 UIP는 독일의 베텔스만 그룹과 독일에 유료 케이블 TV을 설치하는 것에 관해 협상을 시작했다.

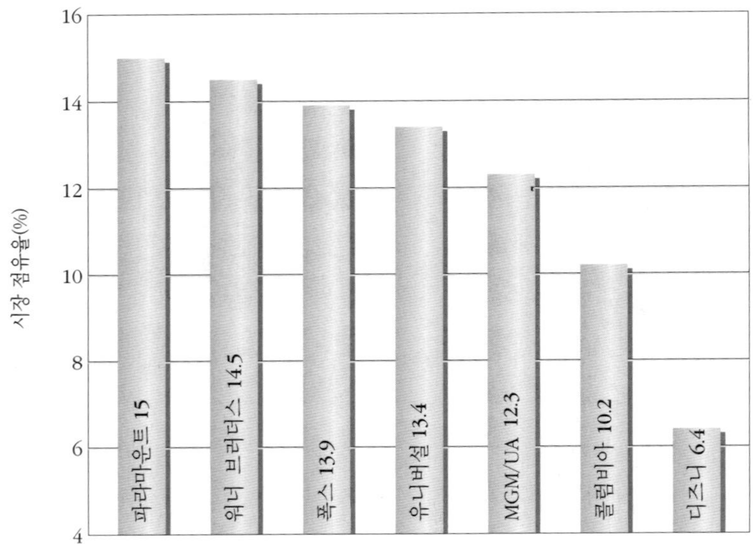


가 영화 시장을 줄곧 장악해 왔음을 알 수 있다. 〈그림 1〉부터 〈그림 3〉은 메이저 스튜디오들이 출시한 히트작이 미국과 캐나다에서 차지한 시장 점유율을 각기 다른 시기를 기준으로 보여 주고 있다. 〈그림 1〉은 1970년대 평균 시장 점유율을 보여 주고 있다. 파라마운트(15%)가 선두를 차지하고 있지만 워너 브러더스와 폭스 그리고 유니버설이 각기 2% 범위 내로 추격하고 있다. '시장 점유'라는 말이 이 시기에는 딱 맞아떨어지는 듯하다. 〈그림 2〉와 〈그림 3〉은 1980년대 시장 점유율의 변화를 보여 준다. 〈그림 2〉에는 1980년대 전체(1980~1989년)의 상황이 나와 있는 반면, 〈그림 3〉에는 마지막 4년(1986~1989년)의 시장 점유율이 나와 있다.[13] 〈그림 2〉는 시장을 점유하는 스튜디오가 보다 다양화되기 시작하고 있음을 보여 준다. 트라이스타와 오라이언이 시장에 진입한 것을 제외하면, 시장 점유율에 큰 변화가 발생한 곳은

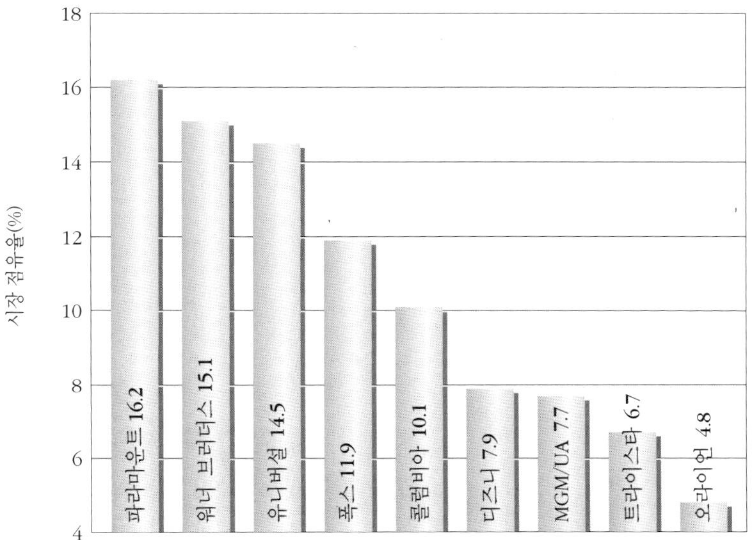


MGM(그리고 UA)으로서, 시장 점유율이 12.3%에서 7.7%로 떨어졌다.[14] 그러나 〈그림 3〉에는 이러한 차별화 경향이 더욱 두드러진다. 파라마운트가 18%의 시장 점유율을 차지하면서 경쟁 스튜디오를 따돌리기 시작했고, 디즈니(14.5%)와 워너 브러더스(13.7%)가 뒤를 이었다. 1980년대 후반기에 보여 준 디즈니의 뛰어난 성적은 1970년대와는 사뭇 비교가 된다. 디즈니와 워너 브러더스의 뒤를 쫓은 다른 경쟁사는 유니버설(11.5%)이며 나머지 스튜디오들은 각기 10%에도 미치지 못하는 시장 점유율을 보였다. 그렇다면 지난 20년 동안 이렇게 시장 점유율이 변하게 된 현상, 특히 파라마운트, 워너 브러더스 그리고 디즈니

---

13) 이하의 설명은 1989년까지의 시기에 대한 것이다.

14) 시장 점유율을 조사하기 위해서 MGM/UA의 경우는 두 스튜디오가 공식적으로 합병되지 않았던 기간 동안 제작한 영화 편수를 포함했다.

가 부상하게 된 현상을 어떻게 설명할 수 있을까? 이 세 곳의 스튜디오는 하이 컨셉트 영화와 가장 밀접한 관련을 맺고 있다. 그동안 이 스튜디오들은 다양한 미디어뿐만 아니라 하이 컨셉트의 도입을 통해 영화시장에서 다양한 영화를 제작할 수 있었다.

현대 영화산업에서 파라마운트의 영향력은 1974년 배리 딜러를 파라마운트의 회장으로 임명한 걸프 앤드 웨스턴의 찰스 블러드혼의 지시하에 확대되었다. ABC에서 TV 부문을 경험한 딜러는 파라마운트를 재정비하고 자사에서 제작하는 영화들을 스토리에 주력할 수 있게 하기 위해 많은 노력을 기울였다. 마이클 아이즈너와 함께 딜러는 〈보통 사람들Ordinary People〉(1980), 〈레이더스〉 및 〈플래시댄스〉 등 일련의 히트작을 출시했다. 파라마운트의 두드러진 특징은 각 프로젝트마다 감독·통제를 실시하고자 한다는 점일 것이다. 즉 파라마운트는 전체 영화 스케줄에 맞춰 단순히 영화를 제작하기보다 각각의 프로젝트에 맞는 제작 방식을 택함으로써 다른 스튜디오와 차별된 모습을 보인다. 딜러의 경영 방식을 연구한 토니 슈워츠Tony Schwartz의 자료에는 익명의 프로듀서가 한 말이 소개되어 있다. "(파라마운트의 경영진이) 다른 스튜디오보다 더 영리한가? 그 대답은 '예스'이다. 파라마운트의 영화는 뛰어난가? 아마도 그럴 것이다. 그러나 항상 벙커 같은 분위기에서 마치 단두대 밑에 있는 것 같은 위협을 받으면서 누가 일하고 싶겠는가?" 그러나 마케팅과 배급 부문의 경영진은 이와는 사뭇 다르게 대답했다. 마케팅 수석 부사장이었던 마디 매런스Mardi Marans는 파라마운트에서의 경험을 살려 워너 브러더스에서 13년 동안 일했던 사람으로, 파라마운트가 모든 프로젝트에 대해 아주 세심하게 통제한다는 주장에 대해 반대 입장을 내놓았다. "가족 같은 분위기다. 영화감독은 현장에 나가서 자신의 영화를 스스로 연출한다. 무엇보다 파라마운트는 직접

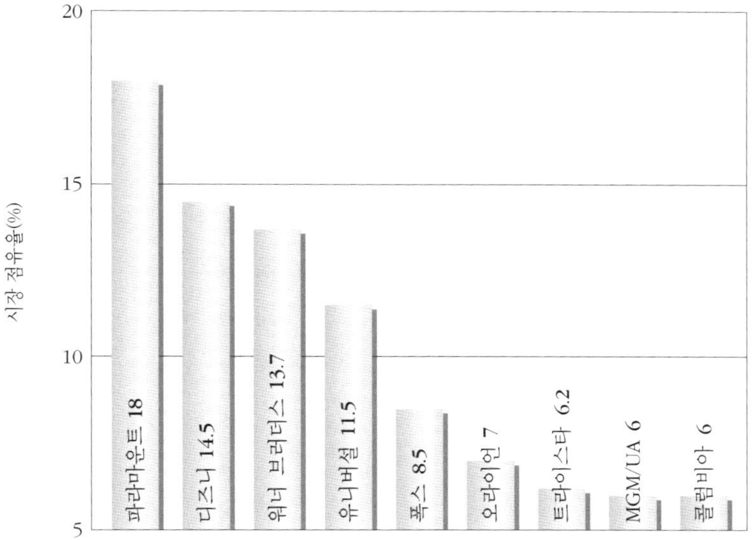



관여하는 것이 아니라 영화 제작을 지원하는 데 관심이 있다. 영화감독은 자신의 스타일대로 연출할 권리를 가지는 것이고, 스튜디오는 그에 맞는 환경을 제공하는 것이다. 그래야만 가능한 한 최고의 영화를 만들 수 있다. 감독들이 영화를 가지고 오면 우리는 영화를 더 좋게 만들어서 시장에 내놓기 위해 우리가 해 줄 수 있는 것이 무엇인지 물어본다."

걸프 앤드 웨스턴의 창업주이자 회장인 찰스 블러드혼은 1983년 갑자기 심장마비로 사망했다. 그를 대신하여 취임한 마틴 데이비스[Martin S. Davis]는 스튜디오 경영에 밀접히 관여하고 싶어 했고 딜러와 크게 충돌을 빚었다. 이에 딜러는 20세기 폭스 소유주인 마빈 데이비스[Marvin Davis]로부터 상당한 액수의 제안을 받고 1984년 파라마운트를 떠난다. 이와 거의 동시에, 아이즈너가 월트 디즈니를 떠나고 다른 스튜디오의 주요 경영진들도 이직한다. 그러나 파라마운트는 초기의 힘든 시기에도 불구하고 파라마운트에서 24년 동안 일한 프랭크 맨쿠소<sup>Frank Mancuso</sup>라는 새로운 회장의 지휘하에 계속해서 승전보를 올린다.[15] 파라마운트는 또한 지난 수년간 다른 미디어에 관심을 가져왔으며, 특히 USA 네트워크<sup>USA Network</sup>의 지분 50%를 확보하고 쇼타임/무비 채널과 독점 계약을 체결했다.[16] 걸프 앤드 웨스턴은 또한 미국에서 페스티벌<sup>Festival</sup>, 트랜스룩스<sup>Trans-Lux</sup>, 맨<sup>Mann</sup> 등 470곳의 극장을 운영하고 있으며 캐나다의 페이머스 플레이어스 극장<sup>Famous Players Theaters</sup>을 소유하고 있다.

파라마운트는 또한 TV와 영화를 접목시켜 많은 재미를 보고 있다. 영화 〈스타트랙〉과 〈13일의 금요일<sup>Friday the 13th</sup>〉 시리즈가 TV 시리즈로 제작되었으며, 이들 프로그램에 대한 라이선스 캠페인도 벌이고 있다.[17] 금융 전문가 크리스토퍼 딕슨<sup>Christopher Dixon</sup>은 파라마운트의 전략을 다양한 상품들에서 기업의 정체성을 확보할 수 있는 브랜드 확보 문제에 비유한다. "파라마운트의 전략은 보존 기간이 긴 상품들에 브랜드를 만들어 주는 것과 같다." 사실 파라마운트 내 부서 간의 시너지 효과는 다른 스튜디오와의 차이점으로 인식되고 있다. 파라마운트의 대외 홍보 수석 부사장으로 일했던 다이애나 위덤은 "마케팅부와 제작부 그리고 배급부 사이에 빈번한 상호 교류가 있다. 이들 주요 부서들

---

15) 마틴 데이비스는 1985년에 파라마운트가 제작한 영화 중 실패한 영화들(가령, 〈리버랫<sup>The River Rat</sup>〉, 〈섹스의 즐거움<sup>Joy of Sex</sup>〉, 〈일급 비밀<sup>Top Secret</sup>〉)은 맨쿠소가 아니라 딜러의 책임이라고 비난했다.

16) 1987년 7월 유선 TV 독점권에 대한 거래가 다시 추진되었다. 파라마운트는 결국 HBO와 85개 영화에 대해 5억 달러짜리 계약을 체결했다.

17) 영화 〈스타트랙〉은 파라마운트가 1960년대 방영했던 텔레비전 시리즈에 기초하여 제작되었다. 1986년 파라마운트는 〈스타트랙: 넥스트 제너레이션<sup>Star Trek: The Next Generation</sup>〉을 제작하여 처음으로 신디케이트 사업을 시작한다.

은 같이 일한다. 정보와 아이디어를 공유하고 교환한다. 이것이 바로 파라마운트의 특징이다"라고 말했다. 아마 이러한 개방적인 제작 방식을 가지고 있었기 때문에 파라마운트가 지난 20년 동안 성공을 거둘 수 있었을 것이다.

파라마운트처럼 워너 브러더스도 지난 20년 동안 시장 점유율을 거의 유지할 수 있었다. 사실 1970년대(14.5%)에 비해 1980년대(15.1%)에는 소폭 상승했다. 스티븐 로스는 지난 10년 동안 여러 차례 어려운 상황을 잘 극복하면서 스튜디오를 이끌어 왔다. 비디오게임과 컴퓨터 사업인 아타리<sup>Atari</sup>에서 큰 손실(5억 3,600만 달러)을 입은 뒤, 1983년에는 루퍼트 머독<sup>Rupert Murdoch</sup>이 인수하려 했으나 실패하기도 했다. 로버트 구스타프슨<sup>Robert Gustafson</sup>이 워너 브러더스를 연구하면서 지적한 것처럼, "이윤을 낼 수 있는 곳이 여러 곳 있으면서 서로를 보강하는 원리"는 워너 브러더스에 아주 잘 적용된다. 워너 브더러스의 영화는 극장 개봉, 워너 홈 비디오, 케이블(워너 케이블 아멕스<sup>Warner Cable Amex</sup>, 무비 채널), TV(워너 TV 디스트리뷰션<sup>Warner Television Distribution</sup>) 및 자회사의 타이-인 마케팅(워너 레코드, 워너 북스, 아타리) 등을 통해 수익을 올렸다. 일찍이 워너 브러더스는 유료 케이블과의 통합 그리고 로스 회장의 안정된 경영 덕택에 변하는 시장의 요구에 적극적으로 대처할 수 있는 스튜디오가 될 수 있었다. 한편 파라마운트에는 미치지 못하지만 워너 브러더스에서도 다양한 미디어 간의 접목 현상이 광범위하게 진행되었다. 예를 들어, 워너 브러더스의 〈슈퍼맨〉 시리즈는 파라마운트의 〈스타트랙〉 수준의 영화 세 편을 만들어 냈다. 물론 이 영화들에서 타이-인 마케팅과 이와 관련된 상품은 경이로운 수준에 이르렀다. 한편, 이런 대규모의 프로젝트에는 보다 개인적이고 예술적인 프로젝트들이 첨가되었다. 가령 워너 브러더스는 1971년부터 스탠리 큐브릭 감독의 모든 영화를 제작해 왔다.

워너 브러더스의 안정된 경영과 워너 커뮤니케이션 산하의 수많은 미디어 회사들로 인해 워너 커뮤니케이션과 타임$^{Time\ Inc.}$ 간의 합병이라는 가장 큰 거대 기업 간의 합병이 이루어질 수 있었다. 타임/워너 합병은 미디어와 엔터테인먼트 사업에 특화하는 세계적인 기업을 만들고자 하는 두 기업의 소망을 반영한다. 즉 두 기업은 극장 영화 사업, 음반 사업, 서적 출판, 케이블 서비스, TV 신디케이션 및 국제적인 미디어 기업의 소유 문제를 다 해결할 수 있는 기업을 원했던 것이다. 구체적으로 보면, 합병으로 인해 워너 브러더스는 타임이 소유하고 있던 HBO에 영화를 배급할 수 있었고 HBO와 시네맥스$^{Cinemax}$를 운영할 수 있게 되었다. 두 회사의 합병은 서독의 베텔스만$^{Bertelsmann}$, 영국의 로버트 맥스웰$^{Robert\ Maxwell}$, 호주의 루퍼트 머독, 이탈리아의 잔카를로 파레티$^{Giancarlo\ Parretti}$의 기업 및 일본의 대기업 등 외국 기업들의 미디어 합병에 대항하여 이루어진 것이다. 금융 전문가들은 외국의 대기업과 경쟁하기 위해서 미국의 미디어 기업들이 뭉쳐야 한다고 조언했다. 캐피털 그룹$^{Capital\ Group}$의 고든 크로포드$^{Gordon\ Crawford}$는 다음과 같이 말했다. "(타임/워너) 합병은 현명했다. 세상에서 제일 크고 강력한 엔터테인먼트 기업이 탄생했기 때문이다. 현재 엔터테인먼트 산업은 거대하고 전세계적이며 수직으로 통합된 기업을 선호하고 있다."

그러나 유사한 대형 미디어 기업을 세우려 했던 파라마운트 커뮤니케이션이 주당 200달러, 총액 122억 달러의 자금을 동원해 타임을 적대 인수하려고 하면서 타임/워너 합병은 지체되었다. 파라마운트의 이러한 행동은 언론과 엔터테인먼트 산업 전체로부터 큰 반발을 샀다. 미디어 산업의 거물이면서 입을 다물고 있던 조지 루카스$^{George\ Lucas}$까지 〈월스트리트 저널〉에 기고하여, "파라마운트가 타임과 워너 브러더스의 합병을 방해한 것은 미국 엔터테인먼트 산업 전체를 놓고 볼 때 잠재적으로 거대하고 중요한 전략적 결합을 방해한 것이었다. …… 전세계 엔터테인먼트 시장에서 미국이 패배하는 데 분명 일조했다"라고 비판했다.

1970년대에는 메이저 스튜디오에 큰 위험이 되지 않았던 월트 디즈니는 1980년대 후반기에 큰 성장을 이룩했다. 1980년대 초반에는 시장 점유율이 3%에 불과했지만 1989년 14%, 1986년에서 1989년의 기간 동안에는 14.5%로, 파라마운트에 이어 두 번째를 기록했다.[18] 디즈니의 성공은 세 가지의 기본 요소를 갖추었기 때문으로 보인다. 1984년 터치스톤 픽처스<sup>Touchstone Pictures</sup>를 설립하고, 그해 파라마운트의 경영진 아이즈너와 제프리 카첸버그를 영입했으며, 또 다른 엔터테인먼트 사업에 진출했던 것이다. 터치스톤은 일차적으로 디즈니의 특성을 잃지 않으면서 성인을 대상으로 한 영화를 공급하기 위해 설립되었다.[19] 설립 첫해, 터치스톤은 〈스플래시<sup>Splash</sup>〉(1984, 수입 6,210만 달러)와 이에는 미치지 못하는 〈컨트리<sup>Country</sup>〉(1984, 수입 830만 달러)를 제작했다. 터치스톤의 영향력은 2년 후 〈비버리 힐즈의 낮과 밤<sup>Down And Out In Beverley Hills</sup>〉(1986), 〈골치 아픈 여자<sup>Ruthless People</sup>〉(1986), 〈컬러 오브 머니<sup>The Color Of Money</sup>〉(1986), 〈의리의 친구<sup>Tough Guys</sup>〉(1986)를 출시하면서 나타나기 시작했다.

디즈니가 영화 시장에서 두각을 나타내기 시작할 무렵, 디즈니가 제

---

18) 1988년 1월 한 달 동안 파라마운트는 디즈니가 내놓은 영화 〈뉴욕 세 남자와 아기〉(1987)와 〈굿모닝 베트남<sup>Good Morning, Vietnam</sup>〉(1987)이 경이로운 성공을 거두는 바람에 시장 점유율 선두 자리를 디즈니에 빼앗겼다.

19) 이 전략은 4년 후 디즈니나 터치스톤과 별개로 운영하기 위해 세운 할리우드 픽처스<sup>Hollywood Pictures</sup>의 설립 과정에서도 반복된다.

작하는 영화뿐 아니라 사실상 디즈니 자체의 운영에 있어 몇 가지 특
징이 나타나기 시작했다. 이 과정에서 아이즈너와 카첸버그의 중요성
은 아무리 강조해도 지나치지 않을 것이다. 특히 이들이 스토리를 중
시했으며, 중저 예산의 프로젝트를 추진했고, 영화 제작자를 긴밀히
관리하고 상호 교류하고자 하는 욕망이 있었다는 점은 특히 중요하다.
이러한 특징은 파라마운트에서도 나타나지만 딜러와 아이즈너, 카첸
버그는 자신의 경영 철학을 다른 기업에도 전파했다. 딜러가 폭스로
회사를 옮기자 아이즈너와 카첸버그도 파라마운트를 떠나 디즈니에서
일하게 되었다. 디즈니는 폭스와 달리 파라마운트와 구조적인 차이가
크지 않았기 때문에 파라마운트의 전략을 상황에 알맞게 채택할 수 있
었다. 디즈니가 가장 성공한 분야가 고급 코미디였던 반면, 디즈니의
배급 계획은 더욱 다양해져서 〈25시의 추적Shoot To Kill〉(1988), 〈누명An
Innocent Man〉(1989) 같은 액션/어드벤처, 〈모정The Good Mother〉(1989), 〈블레이
즈Blaze〉(1989) 같은 가정 드라마 분야에도 진출하게 되었다. 〈두 여인
Beaches〉(1988), 〈죽은 시인의 사회Dead Poets Society〉(1989) 등 중요한 몇 편의
영화를 제외하면 디즈니는 정통 코미디 이외의 분야에서는 성공하지
못했다. 디즈니가 디즈니 채널, 디즈니 홈 비디오, 이에 더해 디즈니랜
드와 디즈니월드 테마파크 등의 자산을 가지고 있지만 파라마운트 같
은 메이저 스튜디오와 장기간 경쟁할 수 있느냐 하는 것은 논란의 여
지가 있다.[20] 사실 디즈니의 테마파크와 리조트는 디즈니의 연간 수입

---

20) 디즈니가 유료 케이블 시장에 진출한 것을 보면, 디즈니가 극장용 영화 이외의 미디어에도
　　전문 지식을 축적하고 있음을 알 수 있다. 아이즈너의 강력한 지원에 힘입어 디즈니 채널
　　은 시장 진출 첫해 160만 가구의 가입자를 유치하여 다른 유료 케이블 서비스 업체들을 따
　　돌렸다. 디즈니 홈 비디오는 짐 지미로Jim Jimmiro의 주도하에 자사가 보유하고 있던 영화 라
　　이브러리를 수익성이 뛰어난 사업으로 변모시키는 데 성공했다.

에서 상당한 부분을 차지하고 있어, 1989년 한 해에만 7억 8,540만 달러의 수입을 올림으로써 전체 영업 이익의 64%를 기록했다.

1960년대에 거대 기업에 합병된 파라마운트와 워너 브러더스 외에 MCA와 UA는, 비록 MCA가 UA보다 훨씬 성공했지만 성적이 그리 좋은 편이 아니었다. MCA는 파라마운트나 워너 브러더스에는 미치지 못하지만 1970년대와 1980년대 꾸준히 성장했다. 영화 사업은 유니버설에서 〈죠스〉와 〈E. T.<sup>the Extra-Terrestrial</sup>〉(1982)를 연출했던 스티븐 스필버그 감독과 제휴하면서 도움을 받았다. 루 워서만은 타임워너의 미래를 걱정한 나머지 MCA를 66억 달러에 일본 제일의 가전 제품 회사인 마츠시타<sup>Matsushita</sup>에 매각했다. 비록 당시의 거래는 하드웨어 제작사(마스시타)와 소프트웨어 제작사(MCA)의 연합을 기대하면서 체결되었지만 그로 인한 장점은 상당히 한정되어 있었다. 투자 은행가인 허브 슐로서<sup>Herb Schlosser</sup>는 이 문제에 대해, "시너지 효과는 과장되었다. 5억 달러의 자금이면 새로운 기업을 세우는 데 필요한 모든 소프트웨어의 라이선스를 획득할 수 있지 않은가"라고 말했다.

지난 20년 동안 UA의 역사는 합병과 경영진의 교체가 계속되면 나타날 수 있는 문제점들을 잘 보여 주었다. 트랜스아메리카가 1968년 UA를 인수한 후, UA는 1970년대 중반까지 가장 성공적인 영화 배급사로서 시장 점유율이 1976년 16%, 1977년 18%에 달했다. 그러나 인수 거래가 끝난 직후 트랜스아메리카의 경영진 그리고 UA를 오랫동안 경영해 왔던 아서 크림과 로버트 벤자민 사이에 다툼이 있었다. 트랜스아메리카는 UA의 화이트 칼라 인력을 대규모로 감원하고, 이윤을 예측하고 예산을 관리하는 전산화된 정보 시스템을 도입했다. 이런 경영 방식의 변화는 기존 UA 경영진의 감정을 상하게 했다. 아서 크림, 에릭 플레스코<sup>Eric Pleskow</sup>, 로버트 벤자민, 윌리엄 번스타인<sup>William Bernstein</sup> 그리고 마이크 메다보이 등 경영진은 트랜스아메리카로부터 UA를 매입하려 했다. 그러나 트랜스아메리카가 이를 거부하자 경영진은 회사를 떠나 1978년 오라이언 픽처스<sup>Orion Pictures</sup>를 설립했다.

그 후 UA는 여러 차례 소유주가 바뀌었으며 커크 커코리언<sup>Kirk Kerkorian</sup>과 테드 터너<sup>Ted Turner</sup>가 UA의 변화 과정에서 중요한 역할을 했다. 1982년 이후 고위 경영진에는 많은 교체가 있었다. 그 후 MGM이나 UA를 경영했던 저명한 경영진 중에는 프랭크 야블런스<sup>Frank Yablans</sup>, 프레디 필즈<sup>Freddie Fields</sup>, 제리 와인트러브<sup>Jerry Weintraub</sup>, 리 리치<sup>Lee Rich</sup>, 앨런 래드 2세<sup>Alan Ladd, Jr.</sup>, 그리고 토니 토모폴러스 등이 있다. 1980년대 후반부 MGM/UA에서 출시한 영화 중 〈일리걸리 유어즈<sup>Illegally Yours</sup>〉(1987), 〈섬 걸즈<sup>Some Girls</sup>〉(1988), 〈레이첼 페이퍼스<sup>The Rachel Papers</sup>〉(1989), 〈신부는 왼손잡이<sup>True Love</sup>〉(1989), 〈백색의 계절<sup>A Dry White Season</sup>〉(1989) 등 상당수의 영화가 지방이나 극히 제한된 수의 극장에서 개봉되었다. 그러나 이보다 더욱 중요한 것은 스튜디오 내부의 문제점으로 인해 영화 시장에서의 입지가 크게 약해졌다는 점이다. MGM/UA의 시장 점유율은 1982년 11%에서 1989년 6%로 급락했다. 게다가 케이블 TV나 홈 비디오 또는 극장 소유권 등에 거의 투자를 하지 않았다. MGM/UA의 경우는 회사의 전체적인 규모와 다각화만을 목적으로 행하는 미디어업체의 합병이 위험하다는 것을 잘 보여 준다. MGM/UA는 끊임없이 인수설에 시달려 왔으며 경영진은 수시로 교체되었고, 따라서 급격히 변하는 영화산업에 적응할 수 없었다.

1960년대 거대 복합 기업화의 과정을 밟지 않았던 스튜디오들은 현대 영화산업의 발전 속도와 다양화의 추세를 따라가지 못하고 있다. 콜럼비아와 20세기 폭스는 한정된 자산 포트폴리오를 구성하고 있어 인수 합병의 완벽한 타깃이었다. 1980년대 초반 두 스튜디오 모두 소유주 교체에 동의했으며, 이는 장기적인 관점에서 볼 때 스튜디오의 성장에 있어 아주 중요한 결정이었다. 1981년 6월 덴버의 석유 재벌 마빈 데이비스는 20세기 폭스를 인수했는데, 이처럼 개인이 영화사를 사들인 것은 아주 드문 예였다. 데이비스는 영화 제작 책임자에 셰리 랜싱Sherry Lansing 대신 조 위잔Joe Wizan을 임명하고 채무를 줄이기 위해 폭스의 자산 일부를 분리하기 시작했다. 1984년 9월 데이비스는 파라마운트에서 배리 딜러를 영입하여 폭스의 회장으로 임명했다. 같은 달 데이비스는 뉴스 코퍼레이션News Corporation의 지분 46%를 가지고 있는 루퍼트 머독에게 폭스를 매각했다. 머독은 폭스를 소유함으로써 새로운 TV 네트워크를 조직하여 자신이 16억 달러에 매입한 네트워크로 연결되어 있지 않은 방송국들과 메트로미디어Metromedia의 방송국 7곳에 프로그램을 배급하려는 계획을 세우고 있었다. 그러나 폭스의 문제점은 이런 목표 설정에 있었다. 홈 비디오, 케이블 시장에 적극적으로 진출하고 극장을 매입하는 대신, 폭스는 많은 에너지와 자금을 제4의 네트워크 개발에 쏟아 붓고 있었던 것이다.

폭스와는 달리 콜럼비아의 합병의 역사는 TV의 등장에 대처하기 위한 노력으로 해석할 수 있다. 코카콜라는 1982년 1월 8억 2,000만 달러에 콜럼비아를 매입했다. 이는 트랜스아메리카의 UA 인수를 연상시킨다. 두 회사 모두 영화 시장에 진출하여 주가 인상을 유도하고, 가치가 높은 영화 라이브러리와 TV 프로그램 제작에 참여하고 싶어 했다. 코카콜라가 소프트 드링크 시장에서 경험한 바에 의하면 제품 다각화는 곧 시장 점유율 제고로 이어질 수 있었다. 코카콜라가 그동안 경험한 제품 다각화 전략을 생각해 보자. 다이어트 콜라, 체리 콜라, 다이어트 체리, 무(無)카페인 콜라, 무카페인 다이어트 콜라 등 다양하다. 코카콜라는 완전히 '새로운' 일련의 제품들을 생산하기 위한 도발적인 움직임 속에서 콜럼비아를 통해 제품을 다각화하겠다고 마음먹고 있었다. 고메리의 말처럼 코카콜라는 극장 소유주들이 크리스마스와 여름철 영화 성수기에 콜럼비아에 또다시 기회를 주고 싶어 하지는 않는다는 점을 알았다. 따라서 이에 대한 해결책으로 콜럼비아는 트라이스타라는 새로운 스튜디오의 파트너 가운데 하나가 되기로 결정했다. 당시 콜럼비아의 부사장이었던 빅터 카우프만<sup>Victor Kaufman</sup>의 말처럼 콜럼비아가 이렇게 결정한 것은 "콜럼비아(즉 코카콜라)가 되도록 많은 영화를 소유"하고 싶어 했기 때문이다.

1982년 12월에 설립된 트라이스타는 처음부터 새로운 미디어를 개발하려는 노력의 결과로 탄생했다. 트라이스타는 콜럼비아, CBS, HBO가 참여한 공동 기업이었다. 트라이스타의 설립은 경제적으로 볼 때 충분히 타당성이 있었다. 트라이스타는 영화를 제작하고, 콜럼비아는 유료로 이 영화를 배급하며, HBO는 유료 TV를 운영하고, CBS는 네트워크를 활용하는 것이다. 콜럼비아가 제작하는 영화에 대해 윈도우를 두 개 더 확보한다는 것 외에도, 트라이스타는 HBO가 영화 시장에서 입지를 강화하는 데 도움을 주었다. 트라이스타 설립 당시 중요한 계약 내용 중의 하나는 HBO가 콜럼비아가 소유하고 있는 극장 모두에 투자할 수 있다는 것과 25%가 넘는 지분을 확보할 수 있다는 것이었다. HBO는 영화산업과 케이블 산업 전역에서 자신의 위치를 찾고자 했다. CBS 또한 점차 통합되어 가는 미디어 시장에서 자사만의 입지를 확보하고 싶었다. 영화를 제작한 지 처음 몇 년 동안 트라이스타는 〈내츄럴<sup>The Natural</sup>〉(1984), 〈람보2〉(1985), 〈넘버 5 파괴 작전<sup>Short Circuit</sup>〉(1986), 〈데이트 소동<sup>Blind Date</sup>〉(1987) 등 여러 편의 영화를 히트시키는 데 성공했다.

1980년대 중반 극도의 혼란기를 거치고 4명의 영화 제작국 책임

자―프랭크 프라이스Frank Price(1978~1983), 가이 맥엘웨인Guy McElwaine(1983
~1986), 데이비드 퍼트넘David Puttnam(1986~1987), 던 스틸Dawn Steel(1988~
1990)―가 바뀌고 난 후, 콜럼비아는 1980년대 말 소니의 자회사가 된
다. 소니가 미디어 시장으로 세를 확장한 것은 일차적으로 소프트웨어
를 공급할 수 있는 기회를 마련하여 호조를 보이고 있는 자사의 가전
제품 부문을 지원하기 위해서였다. 이러한 논리에 따라 소니/콜럼비
아 합병은 앞서 언급한 코카콜라/콜럼비아 합병보다 경제적으로 볼 때
더욱 합당한 것이었다. 코카콜라의 소프트 드링크 사업은 콜럼비아와
의 합병을 통해 혜택을 볼 수 있는 여지가 거의 없었기 때문이다. 소니
는 1988년 1월 20억 달러에 CBS 레코드를 매입하면서 북미 시장에 처
음으로 진출했다. 그러나 콜럼비아와의 합병은 소니에 더욱 큰 시너지
효과를 주었다. 특히 TV 프로그램과 영화의 제작 및 배급, 즉 하드웨
어 판매를 촉진하는 소프트웨어에서 그랬다. 소니는 거의 50억 달러의
자금을 동원하여 콜럼비아를 샀고, 피터 거버와 존 피터Jon Peter를 총책
임자로 앉혔다. 그러나 이들 경영진을 임명하기 위해 소니는 다시 거
의 10억 달러의 돈을 지출해야 했다. 거버와 피터의 회사까지 매입해
야 했고, 이들과 개발 계약을 체결한 워너 브러더스의 화도 풀어 줘야
했기 때문이다.

지난 10년 동안 영화산업의 동향을 살펴보면 영화 시장에서 양극화
현상이 심화되고 있음을 알 수 있다. 145쪽의 〈그림 3〉은 다른 그림과
비교해 볼 때 양극화 현상을 뚜렷하게 보여 주고 있다. 가장 성공한 파
라마운트와 워너 브러더스는 다각화(특히 새로운 배급 시스템인 TV 시장
으로의 진입)에 성공했으며, 회사의 실질적인 성장을 통해 시장에서 영
향력을 증대시켰다. 두 스튜디오와 디즈니는 하이 컨셉트 제작 방식을
도입함으로써 엔터테인먼트 제품을 다양화할 수 있었다. 거대 기업화

된 이들 스튜디오는 상이한 미디어 간의 시너지 효과의 극대화를 꾀했
으며, 이를 위해 하이 컨셉트를 활용해 차별화된 영화를 제작하고 영
화 관람객들의 관심을 이끌어 냈다. 다른 메이저 스튜디오(특히 콜럼비
아와 UA)는 전력을 기울이는 분야가 없었으므로 영화산업계에서 예전
의 지위를 점차 잃어 가고 있다.

　시장이 점차 좁아지고 있음은, 영화산업 내에서 경제력이 소수의 기
업에 집중되고 있으며 예전부터 강력한 영향력을 발휘하고 있는 파라
마운트와 워너 브러더스가 입지를 점차 강화하고 있음을 의미한다. 이
들 대형 스튜디오가 구조적인 요인들, 가령 스튜디오의 거대 복합 기
업화가 주는 혜택에만 기초하여 시장에 영향력을 행사할 수 있었던 것
일까? 아니면 이들 스튜디오는 그들의 제품을 통해 시장에서 영향력을
얻을 수 있었던 것일까? 혹자는 이들 스튜디오가 채택해 왔던 전략 중
의 하나는 시장에 출시되는 대부분의 영화와 차별화된 영화를 제작하
는 것이라고 주장했다. 이런 차별화 전략은 종종 미학적인 형태를 띠
곤 해서 영화의 실제 구성 요소는 영화 제작 과정에서 바뀌기도 한다.
하이 컨셉트 영화는 기본적으로 메이저 스튜디오들이 차별화를 극대
화하기 위해 내놓은 영화 형식이다.

### 상품 차별화

스튜디오들은 상품 차별화를 통해 얻는 기회를 여러 가지 방법으로 활
용해 왔다. 특히 블록버스터가 장악하던 시대야말로 이러한 차별화 전
략으로 설명될 수 있다. 한 편의 블록버스터 영화는 프로젝트의 규모
(예산, 영화에 대한 평가, 수익을 낼 수 있는 구성 요소)와 범위에 의해
대다수의 다른 영화들과 구별된다. 영화가 특성 있는 상품이라는 사실
을 고려해 볼 때, 일반적인 영화와 구별되는 영화는 영화산업이라는

‘파이’의 크기를 키울 수 있다. 블록버스터 영화는 더 많은 스타와 더 많은 예산, 보다 흥미로운 내러티브와 같은 특징들로 인해 차별화될 수 있다. 예를 들어 1976년, 영화 〈킹콩〉은 세계무역센터를 밟고 올라선 킹콩의 모습을 배경으로 하여 “역사상 가장 독창적이고 흥미진진한 영화 이벤트”라는 슬로건을 내걸고 마케팅 전략을 구사했다. 고층 건물만 한 거대한 유인원을 담은 장면에다 ‘역사상’ ‘가장 독창적이고’ ‘흥미진진한’ ‘이벤트’라는 단어들을 쓴 광고 카피 덕택에 〈킹콩〉은 당시의 다른 어떤 영화보다 더 커다란 반향을 불러일으켰다. 스튜디오들이 자신만의 마케팅 기법을 통해 자사의 영화들을 차별화하려고 애쓰게 되면서 영화의 운명은 상당히 달라진다. 가령 영화는 제작, 배급 그리고 다양한 방식으로(예를 들어 의도적으로 제한된 상영을 한다거나 다른 작품과 함께 상영한다거나 최대한의 상영관을 확보하여 상영한다거나) 상영되며, 또 각기 다른 관객들에 선보이게 된다. 만일 영화를 여러 다른 경쟁 상품 속에 완벽한 대체재(代替財)가 존재하는 하나의 일반적인 상품 정도로만 생각한다면 그것은 영화 시장의 경제적 측면에 관해 분명히 잘못된 인식을 하고 있는 것이다.

이와 마찬가지로 3-D 영화나 ‘부티크$^{boutique}$’, 독립 스튜디오의 발전과 같은 현상은 분명히 기업 형태 측면에서의 차별화된 형식이라고 볼 수 있다. 아마도 당시에 새롭게 채택되기 시작한 배급 시스템의 도입에 대한 반작용 때문인 것으로 보이는 3-D 상업 영화는 1950년대의 3-D 붐 이후 1983년 봄부터 여름경까지 최고의 전성기를 맞았다. 〈당신에게 가고 있어요$^{Comin'at\ ya!}$〉(1981, 흥행 수익 1,200만 달러)와 〈13일의 금요일 3〉(1982, 흥행 수익 3,600만 달러) 같은 영화들이 3-D 영화의 붐을 주도했다. 영화의 3차원적인 시각 효과는 영화를 차별화시키는 가장 분명한 방법이었다. 30여 년 전에 도입되었던 TV가 그랬던 것처럼

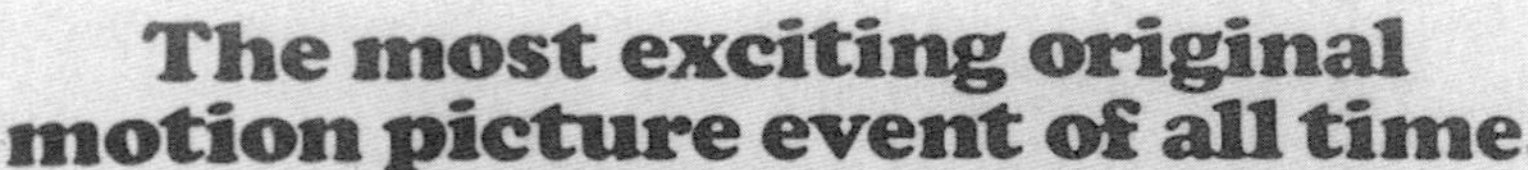


과감한 광고 카피로 돋보이는 영화 〈킹콩〉(〈킹콩〉, 파라마운
트, 1976).

3-D 영화가 제공하는 차별화는 다른 어떤 미디어가 제공했던 것보다도 훨씬 뛰어난 '체험'을 제공해 주었다. 하지만 이러한 차별화 효과는 그리 오래가지 않았다. 3-D 영화를 상영할 극장을 만들기 위한 설비비가 너무나 많이 소요되었기 때문이었다.

오히려 이 상품 차별화 전략은 독립 스튜디오가 제작한 영화들에서 더 적절히 활용되었다고 할 수 있다. 3-D 영화와는 달리 독립 스튜디오는 전통적인 예술 극장용 영화와 주류 스튜디오 영화의 경계선에 있는 영화들을 만들어 낸다.[21] 25세 이상 45세 미만의 상류 지식층 관객, 다시 말해 베이비붐 세대 중 특정 관객층의 시장성이 엄청나다는 사실을 발견한 스튜디오들은 비교적 나이 많은 관객층을 타깃으로 하는 영화들을 제작하기 시작한다. 그중 뉴라인 시네마New Line Cinema, 미라맥스Miramax, 헴데일Hemdale Film Corporation, 시네콤, 얼라이브 필름Alive Film, 아일랜드 픽처스Ireland Pictures, 애틀랜틱 릴리싱Atlantic Releasing 등이 가장 두각을 나타내는 독립 스튜디오 간이라고 할 수 있다. 이들이 제작한 영화는 주제, 등장인물 간의 관계, 사회적 관련성에 대한 관심을 공유하고 있고, 이런 특징은 오랫동안 유럽 예술 영화 운동과 연관되어 있었던 것이다. 하지만 아직도 미국 상업 스튜디오 영화는 플롯과 인과 관계가 그 핵을 이루고 있다. 최근 몇 년 사이 '부티크' 영화들이 주목을 받기도 했다. 〈거미여인의 키스Kiss of the Spiderwoman〉(1985), 〈전망 좋은 방A Room with a view〉(1986), 〈8월의 고래The Whales of August〉(1987), 〈섹스, 거짓말 그리고 비디오테이프sex, lies, and videotape〉(1989), 〈나의 왼발My Left Foot〉(1989), 〈하워즈 엔드Howards End〉(1992), 〈크라잉 게임The Crying Game〉(1992) 같은 영화들이 대

---

21) 흥미롭게도, 이런 종류의 영화(고전에 속하는 영화)를 제작하려는 독립 스튜디오들의 시도는 대부분 실패했다. 1988년을 기준으로 봤을 때, 오라이언 클래식Orion Classics 한 곳만 살아남았다.

표적인 예이다. 그러나 이런 영화들은 〈나를 선택해요<sup>Choose Me</sup>〉(1984)
나 〈8월의 고래〉처럼 주제가 너무 지엽적이거나 개인적이어서, 혹은
〈거미여인의 키스〉나 〈리버스 엣지<sup>River's Edge</sup>〉(1987)처럼 논란의 여지가
많거나 시장성이 없어서 주류가 될 수 없었다. 미라맥스가 제작한 〈섹
스, 거짓말 그리고 비디오테이프〉의 경우 1,000만 달러에 달하는 렌탈
수익을 기록해 폭스가 제작한 〈사랑의 행로<sup>The Fabulous Baker Boys</sup>〉(1980), 디
즈니의 〈블레이즈〉, 콜럼비아의 〈전쟁의 사상자들<sup>Casualties of War</sup>〉(1989)
같은 메이저 스튜디오 영화의 기록을 넘어서기도 했다. 하지만 메이저
스튜디오는 부티크 영화의 '주제' 때문에 이런 영화의 제작을 꺼렸다
(성생활에 대해 솔직하고 상세하게 고백하는 여성들을 비디오테이프에 담는
것을 자신의 유일한 사회적 의사소통이자 성적 자극으로 삼는 한 남자에 관
한 영화를 홍보하기 위해 30초짜리 TV 광고와 광고 카피를 만들어 내려고 애
쓰고 있는 파라마운트의 마케팅부를 상상이나 할 수 있겠는가?).

　시네콤의 제품 매입 이사인 레온 포크<sup>Leon Falk</sup>는 시네콤에 대해 다음
과 같이 상세한 설명을 해 준 적이 있다. "시네콤에는 한 가지 믿음이
있다. 그것은, 영화는 오락의 한 형태 혹은 시장에 내다 파는 상품에
불과한 것이 아니라 의사소통과 예술을 향한 어마어마한 가능성과 무
한한 가치를 가진 것이라는 믿음이다." 영화에 대한 이런 심미적 관점
의 차이는 자금 조달과 지원의 방식에서 드러나는 차이에 의해서 커진
다. 이런 영화는 예산이 부족해(일반적으로 700만~800만 달러 이하) 제
작비의 대부분이 영화 제작을 시작하기도 전에 선(先) 융자와, 홈 비디
오나 다른 저작 혹은 판매권에 대한 선(先) 판매<sup>pre-sale</sup>로 충당되고 있다.
그 결과 메이저 스튜디오에서 제작하는 대부분의 장르 영화와는 매우
다른 영화가 제작된다. 이런 영화들은 또한 메이저 영화에 만족할 수
없었던 관객층에 집중적으로 어필하게 된다는 점에서 다시 한 번 차별

화되는 것이다. 베테랑 배우들이 출연했으며 노인들의 정신 질환과 죽음, 가족 관계를 다루는 〈8월의 고래〉라는 작품을 예로 들어 보자. 이 작품은, 많은 부분에서 같은 문제를 다루었지만, 스타급 배우인 헨리 폰다<sup>Henry Fonda</sup>와 제인 폰다<sup>Jane Fonda</sup>를 기용해 이들 간의 실제 충돌을 보여주며 대중에게 친근하게 다가갔다는 점에서 영화 〈황금 연못<sup>On Golden Pond</sup>〉(1981, 유니버설)과는 판이하게 다르다. 물론 후자처럼 관객층을 넓게 확보할 수도 없었다.

영화를 경제 법칙을 따르는 하나의 상품으로 생각해 보자. 그렇다면 그 수요는 영화의 입장료, 그리고 영화라는 상품의 수많은 특성에 따라 결정된다고 할 수 있다. 보다 구체적으로 말해서, 영화에 대한 수요는 관객의 기호, 경쟁하는 엔터테인먼트 상품(TV나 케이블 혹은 홈 비디오 등), 소득 수준 그리고 기타 여러 다른 요소들에 의해 결정된다. 영화 상품의 수요에 영향을 끼치는 중요한 한 요소로서 '관객의 기호'는 영화 시장 세분화에 매우 중요한 영향을 끼친다. 시장 세분화 혹은 전체 영화 시장을 통계 분포로 구분하는 작업은 영화산업이 특정 연령층 관객의 기호에 맞는 영화를 내놓기 시작하면서 가속화되었다. 한 예로, 파라마운트가 제작한 〈플래시댄스〉는 젊은 여성 관객에게 주로 어필하도록 제작되었으며 영화의 이야기 구성이나 컨셉트, 전개 방식, 마케팅 기법 역시 이들에 초점을 두고 진행되었다. 반대로, 같은 영화사의 〈사랑 교체<sup>A New Life</sup>〉(1988, 이혼한 부부를 다룬 앨런 알다<sup>Allan Alda</sup>의 영화)는 연령대가 비교적 높은 여성 관객만을 위한 영화로 제작되었다. 이들 영화의 두 관객층이 얼마나 겹쳤을까? 앞의 두 영화가 특정 관객층의 특정 수요 덕택에 흥행에 성공을 거둔 이후 영화 관객 시장은 분명한 수요 작용에 따라 세분화되었다. 이리하여 시장 세분화는 보다 구체적이고 직접적인 방식으로 영화 관객에 대해 논할 수 있는 새로운 방법을 제시해 준 것으로 보인다.

그러나 상품의 차별화와 시장 세분화는 하나의 시장 환경으로서 동시에 작용한다. 영화 시장은 관객의 상이한 수요(혹은 선호도)뿐만 아니라 영화 시장에서 동시에 선보이는 여러 영화들의 차이에 의해서 구분되기도 한다. 예를 들어, 1984년 2월 영화 시장은 특정 연령층에 호소하는 영화들로 구분—영화 〈자유의 댄스〉는 젊은 여성 관객을 타깃으로 삼았고, 〈애정의 조건〉은 보다 높은 연령대의 여성 관객을 타깃으로 삼았다—되기도 했지만, 장르나 출연 배우, 비주얼 스타일과 같은 영화의 특징에 따라 구분되었다(〈자유의 댄스〉는 10대의 뮤지컬 드라마였던 반면, 〈애정의 조건〉은 개인 혹은 가족 드라마였다). 이들 두 영화 시장을 구분하는 방법은 분명히 서로 긴밀하게 연관되어 있었다. 〈자유의 댄스〉는 10대 관객을 대상으로 하는 '상품'이었다. 케니 로긴스, 보니 타일러<sup>Bonnie Tyler</sup>, 샬라마<sup>Shalamar</sup>의 음악이 들어 있는 사운드트랙을 생각해 보라. 그리고 댄스 파티를 만들어 학교 체제에 반기를 드는 소외된 젊은이들을 주인공으로 하는 이야기 구성, 자신들의 첫사랑을 가꾸어 나가는 젊고 매력적인 로리 싱어<sup>Lori Singer</sup>와 케빈 베이컨<sup>Kevin Bacon</sup>을 생각해 보라. 영화 〈자유의 댄스〉는 그야말로 어린 10대 관객을 염두에 두고 만든 영화라 할 수 있다. 물론 중년의 남성 관객을 끌 만한 요소는 전혀 없었다. 다시 말하자면, 이들 각 영화가 보여 주는 차이점(상품 차별화)은 영화 시장을 보다 세분화시키는 작업(시장 세분화)과 무관하지 않다. 그러므로 상품 차별화는 시장 세분화를 완성시키는 하나의 수단으로 볼 수 있다.

그렇다면 상품 차별화는 어떤 방법을 통해 가능한 것일까? 상품 차별화는 두 가지 서로 다른 경로인 다양성과 질의 향상을 통해 이루어질 수 있다. 상품의 다양성으로 인한 차별화는 상품의 특성과도 연관

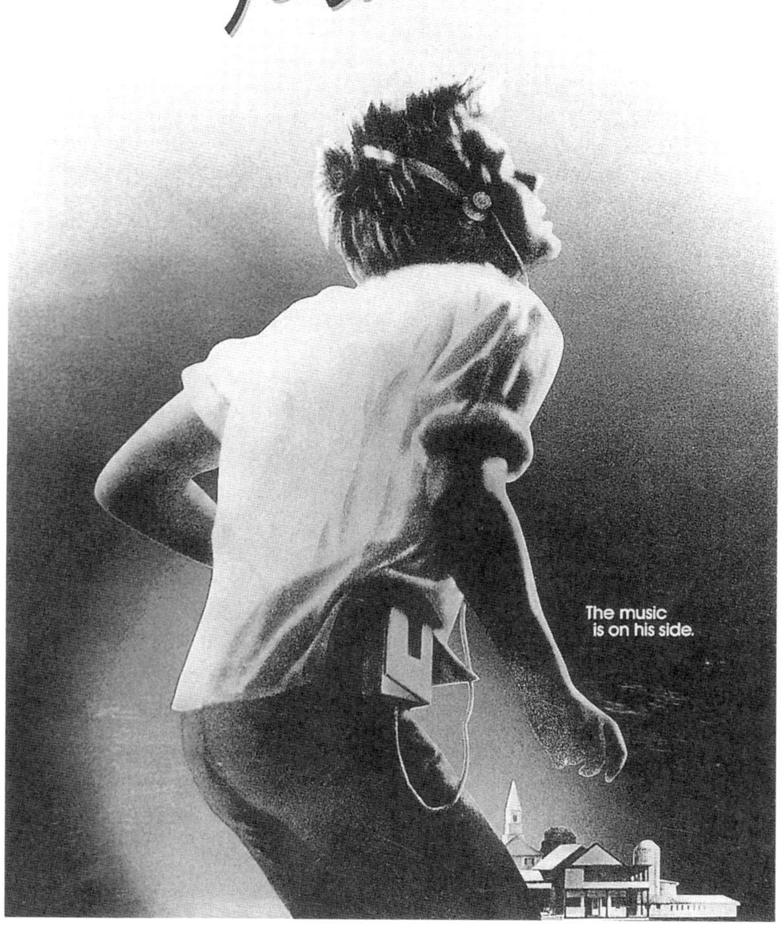


10대 관객층을 공략하기 위한 디자인(《자유의 댄스》, 파라마운트, 1984).

된다. 소비자들의 선호는 상품이 지니는 특성의 범위에 따라 분포된다. 차별화된 버전의 상품이 생겨나면 생겨날수록 소비자, 즉 관객들의 만족도 커진다. 왜냐하면 소비자 개개인의 다양한 기호는 여러 차별화된 상품을 통해 충족될 수 있기 때문이다. 그래서 기업에서는 자신들의 상품에 아주 약간만 변형을 주어 다양한 버전을 만들고 이를 통해 모든 소비자들의 다양한 수요를 이끌어 낸다. 영화도 마찬가지다. 영화 상품의 특성이라면 플롯 라인, 출연 배우, 영화가 추구하는 가치관, 장르, 사회적 관련성, 다른 영화 혹은 원작과의 차이점 혹은 유사점 등의 요소들로 구성된다고 볼 수 있다. 더불어 영화 상영과 연관된 요소 역시 일부 관객에게는 매우 중요한 요소로 작용한다. 예를 들어 극장의 위치, 편의성, 극장 점유율, 극장 직원들의 친절과 서비스 태도, 영화의 영상이나 사운드의 질 등이 수요에 중요한 영향을 끼친다. 영화 시장에서 보다 높은 점유율을 유지하기 위해 상품의 다양성을 늘리는 대표적인 경우가 〈배트맨〉이라 할 수 있다. 이 영화는 TV 시리즈물이나 〈플래시 고든Flash Gordon〉(1980), 〈슈퍼맨〉(1978), 〈딕 트레이시〉 같은 코믹 어드벤처 영화와 차별화하기 위해 스타급 주연 배우—특히 잭 니콜슨과 조커의 역할이 아주 잘 맞아떨어졌다—를 기용하고 (프린스의) 음악과 (안톤 퍼스트Anton Furst)의 프로덕션 디자인에 많은 공을 들였으며, 만화의 범례에 가장 근접하게 제작되었다. 〈배트맨〉은 이러한 독특한 요소들로 인하여 차별화된 상품으로 인정받았고, 이로 인해 만화책을 원전으로 제작한 다른 어떤 영화보다 독특하고 경쟁력 있는 영화로 자리 매김될 수 있었다. 소비자들이 영화마다 이런 요소들 간의 차이가 별로 없다고 평가한다면, 그 상품 차별화의 모델은 결국 상품의 질의 차이로 평가받는다. 그렇지 않으면 차별화는 영화를 보러 가는 행위 속에 내재된 다양한 요소에 의존하게 된다.

상품의 질의 차이는 기본적으로 소비자들이 상품에 내재된 어떤 요소에 가치를 둔다는 가정에서 출발한다. 상품에 포함된 이 요소의 양이 크면 클수록 소비자의 만족도는 커지는 것이다. 영화 시장에 빗대어 설명한다면, 관객들이 영화에 매기는 가치, 즉 영화가 '좋다' 혹은 '볼 만하다'라는 평가는 영화의 내재된 질에 관계된다. 상품의 질에 대한 평가는 사실 관객들이 영화 입장권을 사기 전에 형성되어 실제의 경험과 차이를 보여 주기도 한다. 시사회를 통해 또는 평단의 평가나 영화에 관한 입 소문이 나돌면서 영화의 질적 수준에 대한 기대가 미리 만들어져 있기 때문이다. 다른 조건들이 같은 상태라면, 수준이 높다고 평가된 영화(오락적 가치가 높다고 평가된 영화)는 그 자체로 많은 관객을 모을 수 있을 것이다. 관객들은 각기 다른 요구를 가지고 있기 때문에 영화의 수준에 대한 평가는 저마다 다를 것이다. 만약 그렇지 않다면, 극단적인 경우 한 영화가 전체 영화 관객을 점유할 수도 있게 될 것이다.

스튜디오가 영화 상품의 질적 차이와 상품의 다양성을 시장을 공략하기 위한 전략의 하나로 생각하고 있다는 것은 영화의 마케팅 캠페인을 통해서 알 수 있다. 영화 광고에 실린 영화평론가들의 평을 예로 들어 보자. 그들의 평가는 영화를 후원해 주는 후원자와 같이 관객들에게서 예상되는 반응을 그들을 대신해서 미리 알려 준다. 그러므로 어떤 평론가로부터의 호평은 영화에 대한 실제 감상이 있기 전부터 관객들이 영화를 후하게 평가할 수 있도록 해 준다. 실제 일부 영화, 특히 예술 극장용 영화 같은 경우 대중의 흥미와 후원을 얻는 한 방편으로 영화의 수준에 대한 평가에 의존하고 있다. 1978년 제작된 파라마운트의 영화들의 광고는 당시 스튜디오들이 영화의 다양성과 질을 통해 어떻게 영화를 차별화하고 관객을 끌어들였는지를 보여 주는 대표적인 예라고 할 수 있다. 〈천국의 사도<sup>The Heaven Can Wait</sup>〉(1978)의 경우, 영화가 지나치게 가볍고 피상적이라는 편견을 피하기 위해 극중 천사인 워렌 비티의 이미지를 나중에 평단의 극찬을 통해 강화시켰다. 〈그리스〉는 존 트래볼타와 올리비아 뉴튼 존의 이미지에 전적으로 의존하고 있는데, 이 스타들의 출연을 통해 영화가 비슷한 다른 종류의 10대 영화와 차별화되어 있고, 이 스타들로 인해 영화가 높은 질적 수준을 보여 줄 것임을 강조했다. 〈천국의 나날들<sup>Days of Heaven</sup>〉(1978) 역시 영화의 독특성을 강조하면서, 이 영화를 통해 느낄 수 있는 감각적인 경험이란 그 어떤 다른 영화에서도 맛보지 못한 것이라는 암시를 주는 데 역점을 두었다.

상품 차별화의 개념이 가미되면서 영화 시장은 각각의 구별된 수요 기능을 가진 특정 관객층을 대상으로 하여 더욱 다양하고 작은 규모의 시장으로 나누어지는 것으로 보인다. 영화는 특정 관객층의 욕구를 충족시켜 줄 수 있는 많은 요소를 가진 하나의 상품으로 개념화할 수 있다. 이러한 영화 시장의 세분화된 모델은 실제적으로 접근할 때 여러 가지 문제를 안고 있다. 예를 들어 크로스오버 영화인 〈람보 2〉와 〈플래시댄스〉는 특정 관객층을 뛰어넘는 인기를 구가하면서 영화 시장의 세분화 모델을 상당히 복잡하게 만든다. 하지만 이런 모델은 또한 현재 영화 시장의 상황을 설명해 주고 있다. 게다가 영화 시장 세분화와 상품 차별화 모델은 스튜디오 제작 영화와 그 전략을 다시 한 번 점검하는 데도 유용하다. 특히 하이 컨셉트는 특정 관객층을 대상으로 하는 세분화된 영화의 독특한 한 형태로 개념화될 수 있다. 예를 들어, 〈배트맨〉이나 〈리셀 웨폰<sup>Lethal Weapon</sup>〉(1987), 〈나 홀로 집에〉와 같은 방대한 규모의 하이 컨셉트 히트작들은 일부 관객층에 집착하지 않고 여러 세대를 흡수하여 대중적인 인기를 얻은 것이다.

상품 차별화 1. 워렌 비티가 천사로 등장한 영화 〈천국의 사도〉. 나중에 이 이미지는 비평적 찬사를 통해 보완되었다.

상품 차별화 2. 차별화 요소로서 스타를 적극 활용한 영화 〈그리스〉.

상품 차별화 3. 70mm 스크린과 돌비 사운드로 감각적으로 전혀 다른 경험을 제공할 것이라고 선전하는 〈천국의 나날들〉의 포스터.

## 상품 차별화로서의 하이 컨셉트

조셉 R. 도미닉 <sup>Joseph R. Dominick</sup>이 영화 컨텐츠와 경제적 결정 요소들 사이의 관계에 대해, 소수에 의한 독점과 리스크가 커질수록 서로 다른 스튜디오들이 제작하는 영화의 '룩'은 점차 유사하게 될 것이라고 분석한다. 도미닉은 새로운 기술은 영화의 다양성에 별다른 영향을 끼치지 못했으며, 할리우드는 오히려 늘 그저그런 똑같은 영화만을 제작해 왔다고 주장한다. 하지만 필자는 도미닉과 다른 견해를 가지고 있다. 영화의 장르는 같을지 몰라도 영화의 미적 깊이는 더해졌다고 보기 때문이다.[22] 가장 성공한 스튜디오들은 해당하는 영화를 위해 특정한 시장을 잘 활용했다. 특히 파라마운트는 자사의 배급 스케줄의 상당 부분에 이런 전략을 이용한다. 예를 들어 파라마운트는 10대 관객을 타깃으로 하는 〈컴퓨터 우주 탐험<sup>Explorers</sup>〉(1985)와 〈핑크빛 여인〉, 〈섬머 스쿨<sup>Summer School</sup>〉(1987), 〈페리스의 해방〉을 제작했다. 그리고 장년의 남성 관객을 겨냥하여 액션 영화에도 초점을 두었다. 그 대표적인 영화가 〈언터처블〉, 〈프리시디오<sup>The Presidio</sup>〉(1988), 〈블랙 레인<sup>Black Rain</sup>〉(1989), 〈붉은 10월<sup>The Hunt For Red October</sup>〉(1990)이다. 파라마운트는 하이 컨셉트 영화에 가장 중점을 두는 반면 터치스톤/디즈니는 또 하나의 독특한 종류의 영화를 선보인다. 이처럼 자연스럽게 지난 몇 년간 스튜디오가 제작해 온 영화들은 '룩'이나 스타일에 있어 차별화되어 왔다. 한 예로, 이제 사람들은 파라마운트가 제작하는 영화들의 특징들을 읊을 수 있게 되었다. 다시 말해 파라마운트의 영화들은 비주얼에 강하고, 장르적 성격이 짙으며(주로 드라마보다는 좌충우돌식의 코미디나 10대를 겨냥한 코미디에 중점을 두는 경향이 짙다), 마케팅 어프로치 역시 독특한 그들만의 전략을 가지고 있

---

22) 게다가 이 장 서두에 이미 밝혔듯이 영화계의 과점은 점차 양극화되고 있다.

다고 할 수 있다. 필자는 스튜디오의 제작 스케줄이 지나치게 단일화되었다고 주장하고 싶지는 않지만 특정 스튜디오 제작물의 일부 요소 사이에는 분명한 연속성이 있는 것으로 보인다.

연속성은 메이저 스튜디오들이 상품 차별화의 한 형태를 지켜 나가고 있음을 시사한다. 이런 전략의 이점은 여러 가지이다. 에드워드 체임벌린Edward Chamberlain이 요약한 것처럼, "차별화의 가능성이 존재한다면 매출은 그 작품이 다른 작품들과 얼마나 차별되어 있으며, 또 특정 타깃 그룹에 어필할 수 있도록 만들어졌느냐의 기술적 수준에 의해서 좌우될 것이다." 상품의 특성을 스튜디오가 정하는 것은 하이 컨셉트의 범주와 연관된다. 1980년대 말 재정 기반이 가장 탄탄한 스튜디오들(파라마운트와 디즈니)은 하이 컨셉트를 가장 적절하게 활용했다. 하이 컨셉트는 세분화에 있어 보다 정확한 개념일 것이다. 왜냐하면 평범한 내레이션 구조의 영화와 복합적으로 구성된 할리우드식 영화 사이에는 여러 가지 면에서 큰 차이가 있기 때문이다. 필자는 여기서 차별화된 상품을 낳는 차이점에 대해 중점적으로 논의할 것이다.

상품 차별화의 한 형태로서 하이 컨셉트는 두 채널을 통해 완성된다. 하나는 스타일에 대한 강조이고, 다른 하나는 마케팅과 머천다이징의 통합이다. 케네스 클락슨Kenneth Clarkson과 로저 르로이 밀러Roger LeRoy Miller는 상품 차별화의 한 형태로서 스타일의 변화를 주장한다. 물론 이것은 질이나 영속성과는 무관한 변화이다. 한 상품의 스타일을 크게 변화시키면 기존의 상품은 진부하게 느껴지게 된다. 이런 경향은 자동차나 패션 산업에서도 흔히 볼 수 있다. 이런 전략—시장 점유율을 높이기 위한 스타일의 변화 추구—은 결과적으로 경쟁 상품의 퇴출을 낳는다. 하이 컨셉트 영화에 있어 스타일이란 연출과 내러티브, 장르에 있어서의 스타일을 일컫는다. 특히 제작 과정에서 첨단 기술의 사용이 늘어난 것이 두드러진다. 영화산업이 전자 기기 사용과 자연 통제에 중점을 두는 '2차 산업 혁명'에 의존하게 되면서 영화는 사뭇 다른 모습을 띠게 된다. 전 디즈니 부회장 피터 맥컬레비<sup>Peter McAlevey</sup>는 새로운 스타일을 "하이테크가 가져다준 겉모습만의 화려함"이라고 불렀다. 그의 이런 비판은 영화를 좌지우지하고 있는 하이테크를 이용한 필름 렌더링 같은 새로운 작업 과정을 생각하면 적절하다고 할 수 있다. 이런 영화의 스타일은 하이 컨셉트 영화를 차별화시키는 데 효율적으로 작용하는 요소들(연출, 내러티브, 디자인)의 조합이라고도 할 수 있다.

하이 컨셉트의 또 다른 주요한 차별화 요소는 '패키징'이다. 상품 기획은 오히려 부차적인 것이다. 하이 컨셉트 영화들은 다른 어떤 주류 할리우드 영화들보다 마케팅과 머천다이징에 많은 중점을 두고 있다. 이에 대해 부분적으로는, 하이 컨셉트 영화들이 특정 관객층을 타깃으로 공급되고 머천다이징되고 있기 때문이라는 설명이 가능하다. 대부분의 영화들이 발상부터 특정 관객층을 겨냥하여 제작된 것이기 때문에 이들 영화들의 마케팅 전략이 보다 구체적이고 직접적일 수밖에 없다는 것이다. 보다 일반적인 개념에서 볼 때, 방대한 규모의 하이 컨셉트 히트작들은 상영 기간 내내 당초 타깃으로 잡았던 관객층 외에 다른 관객층까지 넘나들고 있기는 하지만 영화 자체가 젊은 세대 쪽에 편향되어 있다고 할 수 있다.<sup>23)</sup> 하이 컨셉트 영화들과 기타 주류 할리우드 영화들의 홍보에 있어 가장 큰 차이는 이미지와 다른 여러 매체를 통한 이 이미지의 복제에 의존하는 정도에 있다. 여기서 이미지란 인쇄 광고의 표상과 영화 전체의 '페르소나'를 가리킨다(즉 영화를 위

---

23) 비록 장르 간 접목 현상에 대한 통계적 자료는 없지만, 〈탑건〉, 〈람보 2〉 등의 영화는 개봉 당시에는 비교적 특정의 관객을 대상으로 했다가 나중에 관객층을 확장한 것으로 여겨진다.

한 광고, 선전을 포함하여 전체 판촉 활동에 의해 만들어지는 언외의 의미). 관객들이 영화에 대해 받는 인상은 광고 캠페인에 나오는 이미지의 반복이나 그 이미지가 매체를 통해 노출되는 횟수, 그리고 더욱 중요한 것으로서 다른 상품을 통한 영화 라이선싱을 통해 더욱 커질 수 있다. 모든 영화들은 광고 캠페인에 의해 절대적인 도움을 받는다고 할 수 있다. 다만 오직 소수의 영화만이 판촉에 있어 스스로 홍보 요소가 강한 컨셉트를 가지고 있을 뿐이다. 예를 들어 영화 〈탑건〉은 컨셉트 자체가 화려한 비주얼―상공을 가르는 전투기, 공중 전투 장면, 근육질의 한 젊은 파일럿이 금발의 아름다운 여교관과 사랑에 빠지는 장면―을 갖추고 있으며 동시에 제2차 세계대전에서 설정을 차용해 온 덕분에 미디어로부터 쉽게 주목받을 수 있었다. 한편, 파라마운트의 〈제2의 여인<sup>Heartburn</sup>〉(1986)이나 〈작은 신의 아이들<sup>Children of a Lesser God</sup>〉(1986) 등은 프로모션을 통해 쉽게 전달할 수 없는 컨셉트로 이루어져 있기 때문에 상품 차별화 방식을 쓰기에는 적합하지 않았다. 이미지를 기반으로 하는 미디어 광고는 시장 세분화에 기초한 상품 차별화를 특징으로 한다. 따라서 제작사는 광고를 통해 세분화된 특정 시장에 어필할 수 있고, 그 결과 시장 안에서 그 영화가 다른 영화와 구별되는 것이다. 종종 이런 전략이 스타일에 있어 차별화를 강화하고, 이것이 하이 컨셉트 영화를 특징짓는 것이다.

메이저 스튜디오 중에서 파라마운트와 디즈니는 상품 차별화를 실제에 있어 가장 성공적으로 적용하고 있는 곳들이다. 이들이 영화 시장에서 가장 두드러지며 가장 높은 수익을 내는 영화들을 제작했다는 사실은 결코 우연이 아니다(1986~1989년의 영화 시장에서 파라마운트는 전체 시장의 18%, 디즈니는 14.5%를 장악했다). 파라마운트의 여러 영화들은 유토피아적인 판타지를 그리고 있다. 토니 슈워츠는 이에 대해,

"파라마운트는 꿈을 이루기 위해 역경에 맞서는 판타지 영화를 주로 만든다"라고 분석하고 있다. 파라마운트는 또한 기존 장르 패턴에 충실히 따르고 있다는 특징이 있다. 다른 스튜디오들이 장르적 패턴에 벗어나는 새로운 영화들을 만들어 내기 위해 고심하는 동안에도 파라마운트는 그 패턴에서 벗어나지 않는 영화만을 고집한다. 〈자유의 댄스〉, 〈스테잉 얼라이브〉와 같은 뮤지컬 영화, 〈레이더스〉, 〈48시간 48Hrs.〉(1982), 〈인디애나 존스와 마궁의 사원Indiana Jones and the Temple of Doom〉 (1984), 〈언터처블〉과 같은 어드벤처/액션 영화, 〈에디 머피의 대역전 Trading Places〉(1983), 〈비버리 힐스 캅〉, 〈크로커다일 던디Crocodile Dundee〉 (1986), 〈자동차 대소동〉, 〈크레이지 피플Crazy People〉(1990) 등 좌충우돌식의 코미디는 물론 〈핑크빛 연인〉, 〈사랑 시대〉와 같은 10대 코미디 등이 그 대표적인 예라고 할 수 있다. 그렇지만 또 파라마운트는 장르를 접목시킨 영화들도 많이 제작했다. 필름 누아르 코미디인 〈블루 이구아나The Blue Iguana〉(1988)와 코미디-드라마 〈여자의 이별〉은 물론, 박스오피스 기록상 공전의 히트를 친 코미디-로맨스-스릴러인 〈사랑과 영혼Ghost〉(1990) 등이 모두 파라마운트의 대작이다. 그러나 이런 영화들은 파라마운트의 배급 스케줄에서 중요한 작품은 아니었다. 또는 파라마운트에서 쓰는 용어를 빌려 오자면, 이들 영화는 전체 스케줄의 "텐트 폴tent poles" 이 아니었다.[24]

　그럼에도 불구하고 파라마운트의 장르 영화는 전통적인 장르 영화의 전형이라고 할 수는 없다. 파라마운트는 다른 어떤 스튜디오보다 관객들이 대중문화 혹은 팝 문화에 대해 알고 이해하는 부분을 적극적

---

24) 이런 예외적인 영화에는 〈래그타임Ragtime〉(1981), 〈레즈〉, 〈제2의 여인〉 등이 포함된다. 이 세 편 모두 전통적 장르에서는 벗어난 범주의 영화였음에도 불구하고, 스튜디오의 주요 영화로 자리 잡았다.

으로 활용한다. 예를 들어, 뮤지컬 영화(〈스테잉 얼라이브〉, 〈플래시댄스〉), 액션/어드벤처 시리즈(〈인디애나 존스〉 시리즈), TV 시리즈(〈스타트랙〉, 〈언터처블〉), 심지어 보드 게임(〈살인 무도회Clue〉) 등을 제작하면서 파라마운트는 비주얼 스타일과 영화의 프로덕션 디자인을 통해 영화를 말 그대로 '업데이트'시키는 능력을 갖추게 된다. 파라마운트의 제작 스타일은 '도회적이고, 히피적이며, 깜짝 놀랄 만한 요소들로 가득 찼다'는 평을 자주 듣는다. 이런 평가들은 분명히 파라마운트만의 일련의 작품 스타일을 통해 얻은 것들이다. 이러한 스타일에 장르적 내러티브가 섞이면서 파라마운트가 자사의 영화를 차별화하는 데 지대한 역할을 하게 된다. 제작자 돈 심슨은 〈플래시댄스〉의 성공에 대해 파라마운트만의 특징이 잘 배합되었기 때문이라고 평한다. 그는 "컨셉트 면에서 〈플래시댄스〉는 하이 아트high-art가 아닌 팝 아트pop-art에 초점을 두고 있으며, 캐스팅이나 컨셉트, 사운드, 화면 모두가 조화롭게 어우러져 호평을 받는 영화가 되었다고 분석한다.

디즈니가 만든 영화 역시 파라마운트의 영화 제작 방식을 따른다. 이 두 스튜디오의 스타일이 비슷한 것은 결코 우연이 아니다. 디즈니의 창조력의 원천이 되었던 마이클 아이스너, 제프리 카첸버그, 리처드 프랭크 모두 1980년대 초 파라마운트의 배리 딜러 밑에서 잔뼈가 굵은 사람들이기 때문이다. 보다 구체적으로 이 두 스튜디오는 프로젝트, 특히 영화 예산 부분에서 막강한 통제력을 가지고 있었다는 공통점이 있다. 디즈니는 터치스톤과 힘을 합하여 성인에 초점을 둔 영화로 무장하면서 상품 다각화 문제를 해결했다. 디즈니는 물론 디즈니의 명성 그리고 가족 중심의 엔터테인먼트 영화 사업 부문을 놓치지 않았다. 디즈니 픽처스의 리처드 버거 회장은 사업 다각화의 중요성을 강조하는 연설에서 성인과 아동 영화로 구분하여 사업을 하는 것이 왜 중요한 것인가를 다음과 같은 예를 들어 설명했다. "사람들은 〈스타워즈〉나 〈레이더스〉를 누가 만들었는지를 기억하지 못합니다. 그러나 〈트론Tron〉(1982)을 만든 사람들은 기억할 것입니다."

디즈니는 디즈니 영화를 제작하는 한편, 계속해서 터치스톤의 영화도 제작했다. 〈비버리 힐스의 낮과 밤〉을 시작으로, 개성이 있지만 여전히 서로 많은 유사성을 띠는 영화들을 제작해 나갔다. 디즈니는 특히 스타급 배우와 유명한 감독 그리고 타이트한 코믹 타이밍으로 무장한 코미디 시리즈물을 통해 많은 수익을 냈다. 이런 영화들은 베트 미들러Bette Midler, 짐 벨루시Jim Belushi, 로빈 윌리엄스Robin Williams 같은 대형 스타들이 출연하면서 유쾌한 분위기를 만들어 냈다. 이들 스타들이 출연하는 다른 영화와 디즈니 영화 사이에 차이점이 있다면 그것은 바로 디즈니만의 특징이 영화에 묻어 있다는 점이다. 다시 말해, 디즈니 영화는 이런 스타 배우들의 파워에 압도되지 않으면서도 이들 스타들의 장점들을 효과적으로 담아냈다는 것이다. 〈골치 아픈 여자〉, 〈포춘Outrageous Fortune〉(1987), 〈뉴욕 세 남자와 아기〉, 〈굿모닝 베트남〉, 〈터너와 후치Turner And Hooch〉(1989), 〈3인의 도망자Three Fugitives〉(1989), 〈시스터 액트Sister Act〉(1992) 같은 코미디 영화는 물론, 우디 앨런Woody Allen, 프랜시스 코폴라, 마틴 스콜세지 공동 감독의 옴니버스 영화 〈뉴욕 스토리New York Stories〉(1989)와 존 부어맨John Boorman 감독의 〈노블리Where the Heart is〉(1990) 같은 보다 개인적인 영화를 통해 제작의 균형을 이루었다. 이런 방식으로, 디즈니는 코미디로 회사의 재정을 탄탄히 하면서도 저명한 '작가주의' 감독들과도 계속 작업을 해 왔다.

다른 메이저 스튜디오들은 자사만의 독특함을 찾는 작업에 상당한 어려움을 느낀다. 데이비드 퍼트넘이 이끄는 콜럼비아는 주류 할리우드 영화의 확실한 대안을 내놓겠다고 약속했다. 자신의 개인적인 욕망을 담은 영화에서부터 사회성 짙은 영화에 이르기까지, 퍼트넘은 콜럼비아에 몸담고 있는 동안 여러 편의 영화를 제작했다. 그중에는 〈살림살이Housekeeping〉(1987), 〈희망과 영광Hope and Glory〉(1987), 〈마지막 황제The Last Emperor〉(1987), 〈데스티니Time Of Destiny〉(1988), 〈그레고리 펙의 올드 그링고The Old Gringo〉(1989) 등이 모두 포함된다. 퍼트넘의 이런 결정의 이면에는 영화의 수준을 업그레이드시키고 싶었던 바람이 있었던 것으로 보인다. 여기서 한 가지 흥미로운 사실은 퍼트넘의 결정에는 경제적인 이유도 포함되었다는 점이다. 더 많은 관객층을 확보하기 위해 영화의 질에 변화를 주고자 했던 것이다. 그러나 아직까지는 오직 파라마운트와 디즈니만이 하이 컨셉트 프로젝트를 통해 시장 내 상품 차별화에 성공했다.

하이 컨셉트 영화는 블록버스터 영화를 시작으로 새로운 배급 시스템 개발과 영화산업 내의 합병을 통해 지금의 모습을 갖추어 왔다. 스타일이나 마케팅/머천다이징의 통합을 통해 차별화된 하이 컨셉트 영화는 영화산업의 구조적 변화에도 영향을 끼쳐 왔다. 과감하고 시장성 있어 보이는 이미지에 초점을 두는 이들 영화는 특정 관객층을 타깃으로 하며 또한 그 강한 이미지를 전달하기 위해 제작된 것이다. 그러므로 하이 컨셉트 영화는 경제적 요소를 가장 중시하는 현대 미국 영화의 하나라고 설명하는 것이 가장 적절할 것이다. 이런 경제적 전략은 상품 차별화와 시장 세분화를 통해 영화 시장을 얼마나 잘 쪼개 놓느냐 그리고 각 시장의 특성을 얼마나 잘 이해하느냐에 달려 있다. 잘 정의된 시장 세분화와 미학적 차별화를 통해, 파라마운트를 비롯한 일부 메이저 스튜디오는 영화 역사에서 하이 컨셉트 영화라는 새로운 영역을 만들어 온 것이다.

# 이미지 마케팅: 하이 컨셉트와 마케팅의 발전 4

**하이 컨셉트와 마케팅은** 여러 면에서 관계가 있으며 그 관계는 또한 아주 공고하다. 하이 컨셉트 영화라면 적어도 멋진 스타일과 매혹적인 이미지만으로도 관객들을 장악할 수 있으며, 가끔 이렇게 강렬한 이미지에 빨려든 관객은 내러티브에서 멀어지기도 한다. 이러한 이미지는 다시 여러 매체, 예를 들어 인쇄 광고, 포스터, TV 광고, 예고편과 단행본 출판물, 음반 등 머천다이징 상품 등에 거듭 사용되면서 하이 컨셉트 영화를 마케팅한다. 관객들이 영화에 대해 갖는 인식은 이처럼 핵심적으로 마케팅되는 이미지를 통해서 형성되고 또 유지된다. 하이 컨셉트와 마케팅 사이의 관계는 영화 시장 내에 연관 관계를 갖고 있는 몇몇 역사적·기업적 변화를 통해 발전했다. 실제로 앞에서도 이야기된 것처럼 영화산업에 있어 스튜디오의 거대 복합 기업화의 첫 물결은 메이저 영화 제작사들의 금전적 손실 위험 정도를 낮추었으며 이는 로드쇼, 어린이 영화, 블록버스터 등의 개봉이나 개발이 현저히 줄어든 사실에서도 분명히 드러난다. 영화산업에 나타난 거대 기업화는 배급 전략에서도 잘 나타난다. 70년대 중반 이후, 메이저 스튜디오가 제작한 영화들의 배급 전략이 기존의 제한적 배급 혹은 플랫폼 배급 platform release에서 세츄레이션 배급saturation release[1)]으로 이동하는 경향은 스튜디오들의 기존 영화 배급 패턴과는 상당한 차이가 있는 것이었다. 이러한 변화는 다시 영화 마케팅에서 여러 변화를 이끌어 내게 되었고, 세츄레이션 배급을 지원하기 위한 여러 가지 마케팅 전략이 새로 구상되었다. 배급과 마케팅의 이러한 변화가 스타일과 마케팅으로 관객을 끄는 하이 컨셉트 영화에 효과적으로 작용한 것은 우연이 아니다. 이런 점에서 70년대에 개발된 혁신적인 영화 마케팅 전략과 하이 컨셉트의 발전에서 많은 유사점을 찾을 수 있다. 이 장에서는 이러한 관점을 바탕으로 마케팅의 혁신을 살펴보고 이것이 하이 컨셉트 영화에 어떻게 적용되었는지를 설명하고자 한다. 그리고 특히 이러한 마케팅 방법이 하이 컨셉트 영화에 어떠한 특권을 부여하는지(아니면 어떻게 그런 특권을 부여하도록 고안된 것처럼 보이는지) 중점을 두고 설명하고자 한다.

## 배급 패턴의 변화

흥미롭게도 마케팅의 대대적인 변화는 독립 영화 제작자인 톰 래플린 Tom Laughlin에 의해 처음 시작되었다. 그의 저예산 영화 〈빌리 잭Billy Jack〉 (1971)은 포 월링four-walling[2)]이라 지칭되는 배급 형태를 창시한 영화였다. 첫 번째 개봉 무렵에는 박스오피스 수입이 변변치 못했지만, 래플린은 평화주의를 바탕으로 하는 액션 아트 영화에 관객들이 호응할 것이라

---

1) 개봉관을 확보할 수 있는 최대한의 극장에서 개봉하는 집중 포화 배급 전략. 와이드 릴리스 wide release와 유사한 개념이기는 하지만 이보다 더 공격적인 배급 전략을 의미한다. — 옮긴이
2) 임대료만을 내고 극장을 세내어 영화를 상영하는 것. — 옮긴이

 하이 컨셉트—할리우드의 영화 마케팅

포 월링으로 상영한 영화〈빌리 잭〉, 1971).

고 생각했다. 마케팅 담당자인 맥스 영스타인<sup>Max Youngstein</sup>의 도움을 받은 영화 〈빌리 잭〉은 1973년 5월 캘리포니아 남부 일대에서 한 주간 광고료 규모로는 사상 유례없는 25만 달러를 투자하여 대대적으로 재개봉했다. 제작자는 또한 TV 광고 수신 가능 지역에 있는 극장들을 모두 임대했다. 래플린은 특정 관객층을 겨냥해서 TV 광고를 다르게 제작했다. 하지만 "〈빌리 잭〉은 모든 사람들이 좋아할 만한 영화라고 생각하여 광고에 가능한 모든 시각을 포함시켰다. 그들은 광고에 사랑이라는 측면을 부각시켰고, 반(反) 문화를 적당히 가미하여 액션 팬, 가라데 예찬론자, 젊은이들, 중년층 그리고 영화를 보러 극장에 가지 않는 사람들에게조차 흥미를 유발시켰다." 호응은 대단했다. 첫 주 기록한 총매출액 102만 9,000천 달러는 남부 캘리포니아 영화 사상 가장 큰 흥행 수익이었다. 이렇게 공략 시장별 배급 전략<sup>market-by-market basis</sup>은 전국적으로 계속되었고, 이와 유사한 큰 성공을 이어 갔다.

메이저 제작사들은 래플린 영화의 성공뿐만 아니라 포 월링을 통해 상영한 자연의 삶을 다룬 두 편의 영화 〈사라지는 야생<sup>Vanishing wilderness</sup>〉(1973)과 〈야생의 포효<sup>Cry of the Wild</sup>〉(1974)의 뒤이은 성공에 매료되었다. 워너 브러더스, 20세기 폭스 같은 메이저 제작사와 독립 영화사 애브코-엠버시<sup>Avco-Embassy</sup>는 곧 포 월링 영화를 계획하게 되었다. 메이저 제작사들은 곧바로 〈빌리 잭〉에 사용된 마케팅 전략을 이용하게 되었다. 인쇄물 제작 비용을 TV 광고에 쏟아 붓고, 타깃으로 한 지역의 특정 관객층에게 어필할 수 있는 광고를 주문 제작하면, 분석이 철저히 끝난 지역에 집중적으로 개봉하고, 그리고 TV 수신 가능 지역 내의 극장을 임대하는 것 등이었다. 극장 임대를 제외하면 메이저 제작사들은 이러한 전략에 긍정적인 반응을 보였다. 이전에는 영화 한 편을 개봉하기 위한 스케줄은 다음과 같았다. 먼저 인쇄물을 중심으로 광고를 하고 몇몇 극장에서 독점 상영한 뒤에야 교외 지역에 있는 극장들에서 좀 더 광범위하게 개봉되는 식인 것이다. 결국 이러한 배급 방식과 이에 수반되는 마케팅 방식들은 점차 바뀌게 되었다. 관객들로부터 높은 수준의 기대를 끌어 내기 위해서는 TV 광고를 기반으로 대규모 광고 캠페인을 전개하는 세츄레이션 배급 전략이 선호되기 시작한 것이었다.

영화 〈빌리 잭〉 이후에 영화 〈더티 해리 2: 이것이 법이다<sup>Magnum Force: the sequel to Dirty Harry</sup>〉(1973), 찰스 브론슨<sup>Charles Bronson</sup>의 〈브레이크아웃<sup>Breakout</sup>〉(1975), 특히 〈죠스〉와 같은 영화들은 모두 세츄레이션 배급 방식을 취했다. 찰스 브론슨과 클린트 이스트우드의 영화들도 마케팅상의 관객 유인 요소들이 분명히 있었겠지만, 〈죠스〉의 개봉은 훨씬 더 대담한 것이어서 당시 규모로서는 꽤나 엄청난 규모인 409개의 극장에서 한

꺼번에 개봉되었고 대대적인 규모로 TV 광고 캠페인을 전개했다. 과거에는 이러한 개봉 전략은 스튜디오에서 흥행성이 적다고 판단한 영화를 위한 것이었던데 반해, 〈죠스〉의 개봉은 고화질 스튜디오 영화에도 그런 방식의 개봉과 마케팅 전략의 채택을 했다는 것을 의미했다. 그런 전략은 영화 〈죠스〉에는 상당히 효과적이었는데, 이 영화는 개봉 주말에만 761만 달러를 벌어들였다.

〈죠스〉의 뒤를 이어 고화질 스튜디오 영화에 의해서 더 광범위한 집중 개봉 전략들이 개발되었는데, 1976년 〈킹콩〉(961개 극장 개봉), 1977년 〈엑소시스트 2〉(703개), 〈디프<sup>The Deep</sup>〉(800개), 〈토요일 밤의 열기〉(726개), 1978년 〈그리스〉(902개), 〈스타트랙〉(856개)과 같은 영화들은 세츄레이션 배급 및 대규모 TV 광고 캠페인 전략을 계속해서 확대시켰다. 이러한 와이드 개봉 전략은 전매 요소를 가진 영화들의 엄청난 개봉 수입에 의해 더욱더 공고히 패턴화되어 갔다. 예를 들면 피터 벤칠리의 베스트셀러 소설을 바탕으로 하고 닉 놀테<sup>Nick Nolte</sup>, 로버트 쇼<sup>Robert Shaw</sup>, 재클린 비셋<sup>Jacqueline Bisset</sup>이 주연한 영화 〈디프〉 덕택에 콜럼비아는 상영 기간 800일 동안 812만 4,000달러의 개봉 수입 기록을 세울 수 있었다. 반면 〈토요일 밤의 열기〉에 출연했던 존 트래볼타와 팝 가수 올리비아 뉴튼 존이 주연한 〈그리스〉는 다음 해에 902곳의 상영관에서 931만 달러를 벌어들였다. 미국 내 배급을 책임지고 있던 부회장 테리 세멀<sup>Terry Semel</sup>은 영화 〈엑소시스트 2〉를 더 광범위하게 개봉해야 한다는 것을 정당화하며, 그 영화는 당시 개봉한 워너 브러더스의 영화 중에서 사람들이 가장 보고 싶어 하는 요소를 가진 영화라고 밝힌 연구를 언급했다. 그는 또한 "극장 운영자들도 그만큼의 관심을 보였다. 따라서 전국 방방곡곡의 관객들이 같은 날 볼 수 있게 하기 위해서 그 어떤 다른 영화보다도 더 많은 극장을 예약했다" 는 사실을 인용했다.

　　이 영화들은 마케팅과 스타일을 통합하는 하이 컨셉트의 더 발전된 형태의 선두 주자였다고 할 수 있다. 일반적으로 마케팅과 배급 전략의 발전은 하이 컨셉트 영화에 특징적으로 나타난다. 영화와 마케팅 캠페인에 포함된 강렬한 이미지와 전매 요소들은 TV에 의해 다시 방송될 수 있기 때문에 시청자들에게 쉽게 인지되고 흥미를 유발할 수 있다. 따라서 하이 컨셉트 영화는 집중 개봉으로 이득을 볼 수 있는 반면, 관객들의 입 소문에 의존하는 영화는 좀 더 전통적이고 단계적인 배급 및 마케팅적 접근법이 필요하다. 1976년 스튜어트 바이런은 세츄레이션 개봉 방식을 선호하는 할리우드에 대해 다음과 같이 지적했다. "한 가지 분명한 점은 모든 영화에 와이드 개봉이 적당한 것은 아니라는 사실이다. 영화 〈죠스〉의 수익을 극대화했던 개봉 전략은 아마도 영화 〈바람둥이 미용사Shampoo〉(1975)의 수익을 최소화하는 희생을 치름으로써 이루어졌을 것이다." 그의 지적은 타당하지만 그는 할리우드가 전매 자산의 가치가 크고, 파생 상품을 판매할 수 있을 뿐 아니라 마케팅적으로 관객들에게 어필할 확실한 유인책과 인상적인 비주얼을 갖고 있는 영화—이것이 이른바 하이 컨셉트 영화다—인 〈죠스〉 같은 영화를 더 많이 제작하려 한다는 것을 예상하지는 못했다.

**인지도 마케팅: 광고 속에 나타난 하이 컨셉트**

하이 컨셉트 영화의 마케팅은 와이드 개봉 전략의 요건들을 충족시키기 때문에 이 같은 영화는 세츄레이션 개봉이 더욱 효과적이다. 좀 더 구체적으로 얘기하면 세츄레이션 개봉 시 가장 필요한 것은 개봉 주말에 그 영화에 대한 대중의 인지도와 흥미도를 최대한 더 많이 확보하는 것이다. 설령 관객들의 입 소문이 활발하지 않다 할지라도 영화에 대한 인지도가 높거나 관람 의사가 높다면, 개봉 첫 주의 박스오피스 수익을 그런대로 괜찮게 올릴 수 있을 것이다. 하이 컨셉트 영화는 이미 작품에 충분히 내재되어 있는 마케팅 유인 요소 덕택에 관객의 인지도와 흥미도를 형성하는 데 상대적으로 용이하다. 영화 한 편이 흥행에 성공하기 위해서는 상당히 높은 수준의 관객 인지도와 흥미도가 수반되어야만 한다. 동시에 관객들의 입 소문과 마케팅 활동을 통해서 시장에서 영화가 지속적으로 노출되어야만 한다. 하이 컨셉트 영화는 높은 수준의 인지도를 유발할 수 있으며, 인쇄물, 예고편, TV 광고, 그리고 로우 컨셉트 영화는 해당되지 않는 포괄적인 마케팅, 즉 보다 광범위한 상품화와 음악의 활용을 통해서 수준 높은 인지도를 유지할 수 있다. 물론 입 소문도 하이 컨셉트 영화의 흥행을 결정하는 중요한 요인이지만, 시장에서 영화가 미리 알려지는 데는 마케팅 채널이 실질적으로 중요한 역할을 한다. 인쇄물, 예고편, TV 광고와 같은 인지도 마케팅과 파생 상품의 머천다이징이나 음악을 통한 인지도 관리 마케팅의 원칙 혹은 개발 과정을 살펴보면 하이 컨셉트 영화가 시장에 알려지는 데 있어 상당히 다양한 마케팅 방안들이 어떻게 서로 상호작용하고 있는지를 알 수 있을 것이다.

인쇄 광고 부문에 대해서 먼저 살펴보면, 스티븐 스필버그의 영화 〈죠스〉와 로버트 알트만의 영화 〈내슈빌〉을 통해서 하이 컨셉트 영화의 인쇄 광고와 로우 컨셉트 영화의 인쇄 광고 사이의 유용한 차이점을 찾을 수 있다. 평론가 호버만은 1975년에서 1985년 사이에 제작된 미국 영화 분석에서 1975년에 개봉한 이 두 영화를 비교하면서 자신의 분석을 시작하고 있다. 먼저 장르 비교를 보면, "〈내슈빌〉이 자연 재앙 영화를 해체했다고 할 수 있다면, 〈죠스〉는 그런 종류의 영화의 수명을 연장시켰다." 하지만 이 두 영화의 차이는 장르에만 있는 것이 아니다. 실제로 하이 컨셉트 영화의 인쇄 광고의 많은 원리들은 영화 마

영화 〈죠스〉의 광고 이미지(〈죠스〉, 유니버설, 1975).

케팅 과정에서 드러난다. 영화 〈죠스〉의 인쇄 광고, 즉 예술 작품과도 같은 이 영화의 광고에는 입을 크게 벌리고 수면 위로 솟아오르면서 서서히 다가오는 상어 한 마리와 나체로 수영하는 한 여자가 등장한다. 그 상어는 아무것도 모르는 여자를 곧 집어삼키려 하고 있다. 이 이미지에는 "소름 끼치게 무서운 베스트셀러 원작의 소름 끼치게 무서운 영화"에서부터 "이 여자가 바로 첫 번째……"와 같은 다양한 광고 카피들이 따라다녔다. 이 영화의 마케팅 담당자들은 인쇄 광고를 통해 영화를 하나의 이미지로 포장하려 했다. 몇 가지 다른 방식으로 상어의 엄청난 위협을 전달하려는 이미지 전략은 매우 성공적이었다. 그림 안에 나타난 상어의 상대적 크기, 불길해 보이는 이빨, 아무것도 모른 채 수영하고 있는 사람, 무방비 상태를 의미하는 나체 등을 통해서 너무도 잘 표현되어 있다. 이 이미지는 다른 관련 매체를 통해서도 쉽게 눈에 띄었다. 그 대표적인 것이 타이-인 상품으로 피터 벤칠리가 쓴 원작 베스트셀러 단행본의 표지와 대규모 예산이 투입된 TV 광고였다. 거기서도 이 이미지는 쉽게 눈에 띄었다.

이렇듯 반복적인 재현을 통해 상징화된 이미지는 관객들이 쉽게 알아볼 수 있고 또한 영화의 내용을 쉽게 연상할 수 있게 해 주었다. 하지만 가장 중요한 것은 영화 〈죠스〉가 여러 가지 하이 컨셉트 영화의 특성을 잘 구현했기 때문에 하나의 이미지로 표현될 수 있었다는 사실이다. 하이 컨셉트 영화의 특성은 장르적 성향이 강한 스토리와 캐릭터, 뚜렷이 대조되는 선과 악의 대결 구조, 압도적이고 강렬한 이미지 등이다. 이러한 요소들이 단일 이미지와 단일 마케팅 어프로치를 가능케 하는 것이다.

이와 반대로 알트만 감독의 〈내슈빌〉은 1975년에 개봉됐지만 더욱더 복잡한 인쇄 광고를 개발했다. 파라마운트의 마케팅 부회장을 지낸

하나의 단일한 마케팅 이미지로 환원되기 어려운 〈내슈빌〉
의 포스터(《내슈빌》, 파라마운트, 1975).

 하이 컨셉트—할리우드의 영화 마케팅

찰스 글렌Charles O. Glenn은 영화 〈내슈빌〉의 광고에 대해 다음과 같이 묘사했다. "영화가 겨우 249개의 극장에서 상영되는 동안 새롭고 보편적인 시장성을 염두에 둔 광고라며 내놓은 것은 〈내슈빌〉에 등장하는 24명의 출연자들 얼굴을 청자켓 위에 누더기처럼 붙여 놓고, 영화 제목은 자동차 번호판에 써놓은 것이었다." 카피는 서로 다른 두 가지가 사용되었다. 첫 번째는 영화를 "연인과 조롱하는 사람들 그리고 승자와 패자의 이야기"로 설정하고 있으며, 두 번째는 "거칠고 놀라우며 죄로 가득하고 웃기며 격정적인" 같은 여러 종류의 형용사를 늘어놓은 카피였다. 두 카피가 번갈아 사용되기는 했지만, 누더기 디자인만은 항상 유지되었다.

영화는 극찬을 받았지만 초기 개봉 수입은 900만 달러에도 미치지 못했다. 상대적으로 흥행이 부실한 원인 중의 하나는 영화에 대해 선명하지 못하고 애매모호하게 설명하고 있는, 그래서 문제점으로 강하게 제기된 광고 캠페인 때문으로 볼 수 있는데, 근본적으로는 마케팅 잠재력을 충분히 내재하고 있지 못한 작품의 낮은 컨셉트에 그 원인이 있다. 24명의 출연자를 청재킷 위에 그려 놓은 것은 이 영화의 마케팅 어프로치로서 두 가지 이유 때문에 실패했다. 첫 번째는 출연 배우였는데, 영화 〈로완과 마틴의 폭소 쇼Rowan and Martin's Laugh-In〉에 출연했던 릴리 톰린Lily Tomlin과 헨리 깁슨Henry Gibson을 제외하면 대부분 무명이었기 때문이다. 두 번째는 작은 얼굴 사진들을 모아 놓은 그림이 신문이나 인쇄 광고물에 선명하게 나오지 않았기 때문이다. 신문 역시 삽화의 선명도나 그림 인쇄에 한계점을 가지고 있었다. 따라서 이러한 한계를 뛰어넘을 수 있도록 영화 〈죠스〉의 상어같이 복잡하지 않고 뚜렷한 이미지의 필요성이 강조되는 것이다.

또 영화 〈내슈빌〉의 광고를 보면 카피를 통해 좁은 공간에서 광범위한 감정의 스펙트럼을 전달하려 시도하고 있다. 그러다 보니 이 영화는 코미디(웃는 자들)로도, 드라마(승자와 패자)로도, 로맨스(연인들)로도, 또는 이런 장르들이 혼성된 복합 장르의 영화로도 보여질 수 있었다. 광고가 시도하는 표현 전략의 적합성 또한 애매모호하다. 어떻게 이런 혼성 장르의 영화가 청재킷의 이미지와 관련될 수 있는가? 이 재킷은 영화 속 주인공이 입고 나오기나 한 옷인가? 영화 제목 또한 그렇다. 도시 내슈빌이 그처럼 상반된 주제를 암시하는가? 표현 전략과 그래픽은 너무나 다양하게 호소하려 함으로써 결국 아무것도 호소하지 못하는 꼴이 되었다. 이런 문제는 시각적이지 못하고 또 분명하지 못한 제목 때문에 계속 반복되고 있다. 〈내슈빌〉이라니? 내슈빌이라는 도시에 관한 다큐멘터리인가? 아니면 내슈빌을 상징하는 컨트리 음악에 관한 영화라는 것인가? 궁극적으로 영화 〈내슈빌〉의 광고 캠페인은 하이 컨셉트 범주에 속하지 않는 영화의 마케팅에 관련된 근본적인 문제점을 보여 준다. 분명한 사실은, 이 영화가 방대하게 전개되는 내러티브와 복잡한 사회적 주제를 담고 있다는 점을 고려할 때, 영화 내용을 상당히 왜곡하거나 혹은 과도하게 단순화해 버리지 않는다면 영화 〈내슈빌〉을 단일 마케팅 이미지로 쉽게 압축할 수는 없다는 것이다.

영화 〈죠스〉의 마케팅은 이후 10년 동안 영화 마케팅의 방향을 제시해 주었다. 이 영화가 성공을 거둔 후에 강렬하고 반복적인 이미지의 사용, 집중적인 물량 공세 광고 캠페인, 폭넓은 타이-인 상품화 등에 의존하는 마케팅이 점차 표준이 되어 갔다. 더욱이 영화 〈죠스〉와 〈내슈빌〉 광고의 차이점은 〈죠스〉로 대표되는 하이 컨셉트 영화 마케팅의 몇 가지 주요한 원리를 보여 준다. 특히, 한때는 가장 중요한 마케팅 수단이었던 인쇄 광고에 초점을 맞춰 보면 하이 컨셉트 영화의 원리에 의해 드러나는 영화 마케팅상의 차이점을 발견할 수 있다.

하이 컨셉트 영화의 인쇄 광고를 통한 마케팅의 첫 번째 특징은 영화의 마케팅 캠페인이 실제 영화 내용과 아주 유사하다는 것이다. 이 원리는 모든 영화 마케팅에 적용되긴 하지만 하이 컨셉트 영화의 내러티브나 이미지는 완벽한 단순화가 가능하기 때문에 영화의 내용과 마케팅의 융합이 더 분명해질 수 있다. 채택된 단일 이미지는 마케팅 장점을 강조하면서 동시에 영화의 정신에 충실하게 남아 있을 것이다. 폴리그램Polygram의 마케팅 이사였던 낸시 골리거Nancy Goliger는 1978년에 나온 영화 〈미드나잇 익스프레스Midnight Express〉를 예로 들면서 이런 과정을 설명한다. 골리거는 "한편으로 이 영화는 마약 밀매를 한 청년과 그 청년이 경험하는 악몽에 관한 영화이고, 다른 한편으로는 순간적인 유약함 때문에 감금되는 용감하고 영웅적인 청년에 관한 영화이다. 모두 맞는 말이다"라고 했다. 이 영화의 광고에는 입국 취소가 찍혀 있는 큰 여권을 배경으로 터키 경찰을 향해 두 손을 들고 있는 빌리 헤이스Billy Hayes가 나온다. 이 이미지에 덧붙여, 이 영화는 실화이며 관객들은 극장에 올 때 최대한 용감해져야 한다는 카피가 씌어 있다. 완성된 인쇄 광고는 이 영화를 한 개인의 용감무쌍함에 관한 고무적인 이야기로 설정한다. 이 광고는 영웅의 마약 밀매는 언급하지 않으면서, 알려지지는 않았지만 아마도 그릇된 이유로 터키에 억류되었고 그곳을 탈출해야만 하는 한 청년을 연상케 한다. 한 가지 분명한 것은 이 이미지가 그를 외국 당국에 항복하는 순종적 인물로 그리는 동시에, 믿을 수 없지만 사실인 영화를 볼 때 용감해져야 한다는 것을 강조하고, 또 주인공 헤이스와의 공감대를 형성함으로써 그의 죄를 덮어 버린다는 것이다.

물론 영화에 나타난 극적인 강조는 터키 법의 불평등과, 이 체제 속에서 방향을 상실한 한 미국 청년의 '용감한' 고투를 극명하게 드러냄

실제 영화 내용과 유사한 마케팅 캠페인의 예, 〈미드나잇 익스프레스〉의 포스터(《미드나잇 익스프레스》, 콜럼비아, 1978).

으로써 광고 수법을 그대로 따른다. 광고 이미지가 흑백 논리의 상황에서 전개되는 이 드라마를 정확하게 보여 줄 수 있는 것이다.

하이 컨셉트 영화가 특정 관객층에 호소하기 위해 만들어졌기 때문에 인쇄 광고 역시 영화가 목표로 하는 관객에 다가가기 위한 이러한 노력을 충실히 반영하려 한다. 1981년 개봉작 〈끝없는 사랑<sup>Endless Love</sup>〉과 같은 하이 컨셉트 영화의 인쇄 광고를 살펴보면, 키스하기 직전의 브룩 쉴즈<sup>Brooke Shields</sup>와 마틴 휴잇<sup>Martin Hewitt</sup>을 근접 촬영한 이미지 그리고 그 위로 "그녀는 15세, 그는 17세. 모든 부모들이 두려워하는 사랑"이라는 카피를 볼 수 있다. 광고는 젊은 두 청춘 남녀를 에로틱하게 묘사한 사진을 전면에 배치했는데 이는 그들의 부모를 틀림없이 놀라게 할 일종의 고정관념을 깨뜨리는 이미지다. 이 광고 하나만으로도 영화의 내러티브가 어떻게 전개될 것인가에 대해 모든 것을 적절하게 드러내 주고 있다고 볼 수 있다. 젊은이들이 갖는 정사의 관능성, 끝없는 사랑이라는 제목과 잘 맞아떨어지는 키스, 그리고 이에 의해 암시되는 사회적 고정관념, 부모의 반대 등. 내러티브의 단순함 때문에 단일 광고 이미지로 만드는 것이 가능하긴 했지만 이 영화의 광고는 10대 관객, 특히 10대 소녀들을 목표로 하고 있다는 것에 주목해야 한다. 카피에 나타난 연령, 젊은 스타, 부모를 화나게 만들 사랑의 약속 등이 모두 결합되면서 젊은 계층을 매혹시키고 있는 것이다.

하이 컨셉트 영화는 제작 시 스타일과 내러티브를 강조하기 때문에 일부 마케팅 캠페인에서 스타일은 아주 중요한 특징적 요소로 강조되기도 한다. 영화 〈아메리칸 지골로〉의 인쇄 광고에 나오는 폴 재스민<sup>Paul Jasmine</sup>이 촬영한 리처드 기어의 사진은 이러한 스타일을 잘 사용한 예이다. 이 사진에는 리처드 기어가 베니스풍 블라인드 그늘 아래 우아한 가구로 단장된 방에서 아르마니 슈트를 입고 관능적인 시선으로 내러티브의 단순성이 모든 요소를 제거하고 단 하나의 단일 이미지로 압축할 수 있도록 해 주었다(〈끝없는 사랑〉, 유니버설, 1981).

제작 기법, 내러티브, 마케팅에서 스타일이 강조된 영화
〈아메리칸 지골로〉(파라마운트, 1980).

밖을 보면서 걸어가고 있다. 이 그림이 영화의 흥미진진한 줄거리에 관해 전해 주는 것은 거의 없지만 베니스풍 블라인드와 그림자에 의해 암시되는 누아르 영화의 느낌과 리처드 기어가 살고 있는 매우 세련된 세계는 잘 드러내고 있다. 슈레이더의 영화는 주로 스타일과 관련이 있기 때문에 마케팅 이미지가 영화를 정확하게 대변한다. 이 영화가 상업적으로 성공한 것은 대부분 매력적인 마케팅 캠페인 때문이었다. 한 경쟁 배급업자는 "이 영화로 돈깨나 벌어들였다는 것이야 쉽게 이해할 수 있겠는데, 그들은 내가 가능하리라 생각했던 것보다 훨씬 많은 돈을 벌어들였다. 이 영화는 이미지를 잘 포지션시켰고, 그래서 이 영화를 뭔가 대단한 것처럼 보이게 했다. 대다수의 사람들은 영화를 보고 나온 후에도 그런 생각을 가졌다"라고 평가했을 정도다. 이미지와 영화가 강조하려 한 스타일이 조화를 이루기 때문에 관객들의 기대치는 충족되었다. 사실상 이 영화를 위해 제안되었던 다른 광고 캠페인은 부적절했다. 당초에 고려되었던 원래의 광고 사진에서는 리처드 기어의 발 아래에 시체가 쓰러져 있는데 이것은 스릴러적인 측면을 강조하려는 의도에서 나온 접근 방식이었다. 그렇지만 이 영화는 제작 과정에서 스릴러적인 요소를 많이 제거해 버렸다.

하이 컨셉트 영화 마케팅은 또한 압축 가능하고, 간결하며, 다른 매체에서도 이용할 수 있는 이미지를 선택함으로써 틀을 잡는다. 이러한 캠페인은 강렬하고 단일한 이미지를 강조하여 잠재 관객들에게 즉각적인 인상을 심어 줄 수 있게 된다. 하이 컨셉트 영화에는 강력한 이미지를 특징으로 하는 캠페인이 동반된다. 한 예로 파라마운트의 전 회장 프랭크 맨쿠소는 영화 〈알카트라즈 탈출Escape from Alcatraz〉(1979)의 광고가 성공할 수 있었던 이유 중의 하나는 강렬한 그래픽과 압축성이라고 설명했다. "우리는 일종의 강력한 예술 작품을 만들어 냈다. ……

미국 전역에서 우리는 단 하나의 광고물만을 사용했다. 결의와 단호함으로 무장하고 맨주먹으로 화강암을 박살 내는 클린트의 이미지. 이 광고는 영화 스토리의 본질을 정확하게 포착한 뒤 적절히 축약해 보여 주었다."

이처럼 단순하고 강력한 마케팅 이미지는 솔 바스Saul Bass의 광고에까지 거슬러 올라간다. 그는 대체로 오토 프레밍거Otto Preminger나 알프레드 히치콕의 영화와 함께 연상되는데, 바스의 독특한 스타일은 그가 직접 디자인한 영화의 오프닝 크레디트로까지 활용되었다. 그중 가장 기억할 만한 이미지는 영화 〈황금 팔을 가진 사나이The Man with the Golden Arm〉(1955)의 광고에서 볼 수 있는 검은 팔, 〈살인의 해부Anatomy of a Murder〉(1959)에서의 절단된 몸, 〈영광의 탈출Exodus〉(1960)에서의 반항적으로 높이 치켜든 팔, 히치콕 영화 〈현기증Vertigo〉(1958)에서 볼 수 있는, 나선형 계단에서 추락하는 두 사람의 모습 등이 있다. 대부분의 경우에 바스는 타이틀 크레디트에서 상징성을 추출해 내서 간결한 그래픽으로 표현한다. 바스 작품의 독창성과 하이 컨셉트 광고 캠페인을 위한 그의 영감은, 영화의 주제를 잘 나타내는 동시에 쉽게 알아볼 수 있고 또 임팩트가 강한 이미지를 선택해 낼 수 있는 그만의 탁월한 능력에 기인하는 것이다. 이런 식으로, 바스의 작품은 하이 컨셉트의 전형적인 특징인 마케팅이나 대량 머천다이징을 통해 핵심적인 이미지를 반복적으로 재현하고자 하는 요구에 부응하고 있는 것이다. 그렇지만 안타깝게도 영화 마케팅은 바스의 작품을 충분히 활용할 만큼 성숙하지는 못했다.

바스에 의해서 하나의 흐름으로 정착된 이미지 유형은 인쇄 광고에 적당한 크기로 변형될 수 있었으며, 더 중요한 점은 이것이 영화의 아이덴티티를 창조하도록 유도하고 있다는 점일 것이다. 영화 〈E. T.〉를 마케팅하기 위해 사용했던 두 가지 이미지의 간결성을 한번 생각해 보라. 첫 번째 이미지에서는 어린 영웅 엘리엇의 손가락과 마주 닿은 E. T.의 손가락을 타이트한 클로즈업으로 보여 주고 있다. 두 번째 이미지에서는 E. T.가 자전거 바구니에 담겨 움츠리고 있고 한 어린이가 그 자전거를 타고 달을 가로지르고 있는 것이 롱숏으로 찍혀 있는 이미지다. 첫 번째 이미지는 아주 심플한 그래픽 이미지임에도 불구하고 영화가 E. T.와 어린아이의 교감을 다루는 감성적인 내용의 영화라는 것을 보여 주기에 부족함이 없다. 여기서 가장 중요한 점은 이미지의 간결함이 바로 영화의 아이덴티티를 창조해 낸다는 것이다. 왜냐하면 이 그래픽 광고물이 다양한 미디어를 통해서 마케팅되기 때문이다. 특히 〈E. T.〉의 경우에는 다양한 상품으로 머천다이징되었다. 두 번째 광고 캠페인의 이미지는 무슨 내용에 관한 것인지 즉시 알아볼 수는 없다. 하지만 첫 번째 광고와 연결해서 보게 되면 하늘을 나는 소년이라는 환상적인 요소가 강조되기 때문에 자전거의 등장이 더 효과적인 것이다.

　두 번째 이미지에서 보여 준 판타지는 첫 번째 광고에서 제시된 전제를 보완해 주는 역할을 하고 있다. 또한 자전거 이미지는 엘리엇이 자전거를 타고 창공을 날며 탈출하는 이 영화의 핵심적 장면에서 다시 등장함으로써 그 이미지 효과를 극대화한다. 두 번째 이미지는 첫 번째 것만큼 널리 알려지지는 않았지만 절제된 비주얼의 힘 때문에 스티븐 스필버그 감독이 자신의 영화사 앰블린 엔터테인먼트<sup>Amblin Entertainment</sup>의 로고로 선택했을 정도였다. 이 로고는 보는 이로 하여금 즉각적으로 영화 〈E. T.〉를 연상시키고(물론 헤아릴 수 없을 만큼의 수익도 생각나게 해 준다) 또 이 영화 중에서 가장 스펙터클한 장면을 연상시키는 힘이 있기 때문에 앰블린은 새로운 영화를 만들 때마다 이 장면을 로고

이미지 강조의 방식, 맞닿은 두 손가락(《E. T.》, 유니버설, 1982).

달을 가로질러 하늘을 날아가는 이미지(《E. T.》, 유니버설, 1982).

로 사용하고 있다.

하이 컨셉트 영화의 몇몇 뛰어난 광고들을 보면 영화가 극장에서 상영되고 있는 동안에 광고 이미지에 약간씩 변화를 줌으로써 마케팅 이미지를 더 강화해 나가기도 한다. 이런 과정을 통해 광고를 보는 사람들의 관심은 우선은 최초의 그래픽 이미지 덕분에, 두 번째는 매주 미세하게 바뀌는 디자인 때문에 증대되어 간다. 종종 이런 변화들은 계절적인 요인에 기인하기도 한다. 한 가지 예로 영화 〈뉴욕 세 남자와 아기〉의 초기 마케팅을 들 수 있다. 광고에는 우스꽝스러워 보이는 세 명의 독신 남성 톰 셀렉Tom Selleck, 스티브 구텐버그Steve Gutenberg, 테드 댄슨Ted Danson이 나오는데 톰은 오줌을 싸고 있는 갓난아기를 안고 있다. 애니 레이보비츠Annie Leibovitz가 찍은 이 장면은 영화의 아이덴티티와 주제를 선명하게 구축하고 있다. 그럼에도 불구하고 관객들의 관심을 지속시키기 위해서는 몇 차례 그 이미지를 바꿔 주어야 했다. 예를 들어, 새해 첫날의 광고는 네 명의 주인공들이 파티용 모자를 쓰고 있는 장면이었고, 슈퍼볼 시즌이 다가오면 그들은 미식축구 헬멧을 썼다. 최초의 이미지는 그대로 남아 있지만 이렇게 약간씩 변화를 주면서 이미지와 영화에 대한 관객들의 관심에 생동감을 계속 불어넣어 주었다. 이와 비슷한 전략이 영화 〈에어플레인<sup>Airplane!</sup>〉(1980), 〈구니스<sup>The Goonies</sup>〉(1985), 〈크로커다일 던디〉, 〈총알 탄 사나이<sup>The Naked Gun</sup>〉(1988)의 광고에서도 차용되었다.

이전의 다른 영화 광고들과 의도적으로 유사하게 만들거나 혹은 차용하는 캠페인도 있다. 몇몇 코미디 영화에서 이미 관객들의 뇌리에 강하게 남아 있고 눈에 쉽게 들어오는 마케팅 이미지를 이용하기 위해 이러한 전략을 구사했다. 영화 〈핑크 팬더의 복수<sup>Revenge of the Pink Panther</sup>〉(1978)의 초창기 광고 카피는 "영화 속으로 되돌아가도 안전하다고 생각할 바로 그때"(이것은 영화 〈죠스 2〉의 "이제 물에 들어가도 안전하다고 생각할 바로 그때"의 광고 카피에서 따온 것이다)였으며, 사진 속의 표범은 영화 〈천국의 사도〉의 광고에 나오는 워렌 비티와 같은 자세를 취하고 있다. 영화 〈토끼 테스트<sup>Rabbit Test</sup>〉(1978)의 광고는 〈죠스〉, 〈킹콩〉, 〈스타 탄생<sup>A Star Is Born</sup>〉(1976), 〈스타워즈〉 같은 영화의 인쇄 광고를 패러디했고, 이 여러 영화에 등장하는 인물들의 자리에서 토끼가 그들을 대신하고 있다. 〈넘버 5 파괴 작전〉은 영웅 로봇 No. 5의 캐릭터를 설명하기 위해 다음과 같은 인터뷰 형식을 활용하는 광고 캠페인을 진행했다. "모든 광고에서 No. 5는 아직 살아 있다고 말하는데, 이것은 아주 모욕적이야. 〈코브라<sup>Cobra</sup>〉의 광고에서 어디 실베스터 스탤론이 살아 있냐고 묻느냔 말야." 게다가 코미디 영화 〈일급 비밀<sup>Top Secret!</sup>〉(1984)의 포스터에는 주인공 발 킬머<sup>Val Kilmer</sup>가 채찍을 휘두르는 모습과

판매 전략의 일환으로 하이 컨셉트 영화들의 마케팅 이미지를 끌어들인 영화〈토끼 테스트〉, 애브코-엠버시, 1978).

적절한 광고 이미지가 없는 하이 컨셉트 영화〈이너스페이스〉, 워너 브러더스, 1987).

문제를 안고 있는 광고(〈악마의 키스〉, MGM/UA, 1983).

함께 "영웅/주인공은 바보다The Hero is a Berk"라는 카피를 볼 수 있다. 이것은 영화 〈레이더스〉, 〈인디애나 존스와 마궁의 사원〉의 이미지와 카피 "영웅/주인공은 돌아온다The Hero is Back"를 연상시키는 것이다.

하이 컨셉트와 강력한 마케팅 이미지 간에 항상 상관관계가 있다고 할 수 있는 것은 아니다. 한 편의 영화가 기획 단계에서는 하이 컨셉트를 표방했지만 실행 단계에서 이에 걸맞은 강력한 마케팅 캠페인이 수반되지 않을 수도 있는 것이다. 영화 〈이너스페이스Innerspace〉(1987)에는 적절한 영화 제목을 정하고 효과적인 마케팅 캠페인을 전개하는 데 실패했다. 이 영화는 예측 가능한 전제, 강력한 시각 효과, 유명 배우 등 하이 컨셉트 영화의 특징을 구현하고 있었지만 광고 캠페인에서 과감한 그래픽을 사용하지 않았다. 광고에서는 거대한 손과 확대된 손가락이 보이는데 이 손가락 위에 있는 우주선과 우주 비행사는 너무 작아서 거의 알아볼 수가 없다. 이 이미지는 하이 컨셉트 영화의 광고에 자주 등장하는 이미지처럼 대담하고 강렬하지 못하다. 결과적으로, 이 이미지는 매체마다 사이즈에 맞게 광고를 변형시킬 때 (더 작아져서 보이지도 않을 테니까) 적절하게 줄일 수 없었고, 이 때문에 광고 매체를 충분히 활용하거나 또 이미지를 재사용할 수 있는 기회가 한정되고 말았다.[3]

비슷한 예로, 영화 〈악마의 키스〉와 〈사랑의 로큰롤Heartbreak Hotel〉(1988) 같은 하이 컨셉트 영화의 광고는 영화의 세련된 룩과 내러티브를 한마디로 요약하는 카피를 서로 적절하게 조화시키는 데 실패한 사례다.

영화 〈악마의 키스〉는 첨단 기술과 뉴웨이브로 가득한 도시 뉴욕에

---

3) 이 영화는 유럽에서는 다른 광고 캠페인을 벌였으며 좋은 실적을 거두었다.

나타난 양성애 뱀파이어들을 묘사하고 있는데, 혼란스럽고 애매한 인쇄 광고를 만들어 냈다. 광고에는 데이비드 보위와 수잔 서랜든이, 머리를 뒤로 젖혀 자신의 금발 머리를 포스터 한가운데로 드리운 카트린 드뇌브를 내려다보고 있으며, 머리카락을 배경으로 뱀파이어들이 희생자를 죽일 때 사용하는 목걸이 줄 같은 것이 놓여 있다. 이 광고에는 몇 가지 문제가 있다. 사진보다는 일러스트를 선택한 것이 이상한데, 세 명의 스타가 정확히 누구인지 구분이 안 되기 때문이다. 또 목걸이 줄 비슷한 것이 정확히 무엇인지도 알기 어렵다. 목걸이는 십자가나 귀고리로 보일 수도 있으며, 혼란만 가중시키고 있을 뿐이다. 그리고 "인간이 영원히 사랑하는 것은 아무것도 없다"라는 카피 때문에, 이 영화는 흡혈귀에 관한 것이라기보다는 일부 다처제 혹은 성적(性的) 실험, 심각한 부정(不貞) 등에 관한 영화로 보일 수도 있다. 따라서 이 영화는 기획과 제작 단계에서 스타일을 추구하면서 하이 컨셉트 영화의 공식을 따르고는 있지만 마케팅 단계에서는 이를 고려하지 않는 우를 범하고 있다.

영화 〈사랑의 로큰롤〉의 내러티브는 분명히 하이 컨셉트에 속하고 있으며, 관객 유인 요소는 한 어린 소년이 중서부에 위치한 자신의 마을과 가족을 부흥시키기 위해 엘비스 프레슬리를 납치한다는 내용이다. 엘비스 프레슬리와 그의 음악이라는 마케팅 유인 요소를 이미 확보한 이 영화는 마케팅 캠페인을 위해 엘비스 프레슬리를 활용할 수 있었고, 이에 더해 그에 대한 향수와 좌충우돌 식의 내용 또한 마케팅의 강조점이 될 수 있었다. 이 영화의 인쇄 광고는 효과적인 하이 컨셉트 캠페인이란 바로 의미를 전달하려고 애쓰는 단어들보다는 이미지, 즉 계속 복제할 수 있는 이미지에 의존해야 한다는 것을 잘 보여 주는 사례다. 하이 컨셉트 영화에 있어 광고 속의 카피는 광고의 이미지와

이 광고 이미지에서는 컨셉트의 간결함을 찾아볼 수 없다
(《사랑의 로큰롤》, 터치스톤, 1988).

일치되기 위해 절대적으로 간결해야 한다. 하지만 〈사랑의 로큰롤〉의 인쇄 광고는 네 명이 캐딜락 앞좌석에 타고 엘비스 프레슬리처럼 보이는 사람은 뒷좌석에 타고 있는데, 영화의 내용을 설명하기 위해서 많은 카피를 사용하고 있다. 이러한 문구들이 차의 이미지와 결합될 때 영화는 마치 지루한 로드무비처럼 보인다. 영화가 전달하려 했던 간결한 컨셉트와 상업적 매력이 아쉽게도 이 광고의 어둡고 애매한 이미지와 긴 줄거리 설명 때문에 사라져 버린다. 대부분의 하이 컨셉트 영화의 광고는 이와는 반대 방향으로 나아가는데, 기본적으로 간결하면서도 영화의 내용과 일치하는 단순한 이미지를 사용하는 것이다.

많은 하이 컨셉트 영화는 관객이 영화를 잘 알아볼 수 있게 하기 위해 영화의 전매 요소를 강조한다. 이러한 전매 요소에는 스타 배우, 많이 알려진 상황이나 이야기, 리메이크, 후속편 등이 있다. 시리즈로 된 영화는 그 자체가 훌륭한 전매 요소가 된다. 스타 배우는 수익 면에서 볼 때 전매 요소 중에서 특히 중요하다. 베테랑 광고기획자 토니 시니저[Tony Seiniger]는 다음과 같이 얘기하고 있다. "가장 팔아먹기 어려운 영화는 시장성 있는 배우가 없는 영화일 것이다. …… 영화 제작에 관계된 사람들이 하이 컨셉트라 부르는 그런 영화가 아니면 광고 캠페인은 매우 어려워진다." 이런 전략을 분명하게 드러내 주는 사례들은 많다. 접근 방식을 여러 가지로 다양화하여 이들이 실제로 어떤 힘을 발휘하는지 알아보자. 바브라 스트라이샌드, 라이언 오닐[Ryan O'neal] 주연의 영화 〈메인 이벤트[The Main Event]〉(1979)의 광고를 살펴보자. 패션 사진 작가 프란시스코 스카불로[Francesco Scavullo]가 촬영한 중심 이미지는 짧은 바지와 티셔츠를 입은 스트라이샌드와 권투 선수 복장을 입은 오닐이 스파링 자세를 취하고 있는 것이다. '글러브 스토리[A Glove Story]'라는 카피가 적혀 있다. 이 광고는 여러 단계에 걸쳐서 기능하는데, 이러한 여러 단계는 관객이 느낄 친밀감을 예상하고 있다. 우선, 광고의 장면은 그래픽 면에서 대담하다. 두 사람 몸의 윤곽이 선명할 뿐 아니라 여성과 남성의 차이도 분명히 드러난다. 이 두 사람 사이에 존재하는 현저한 차이와 인물들의 노골적인 모습이 합쳐져 하나의 인식 가능한 마케팅 이미지가 형성된다. 이 이미지가 암시하는 의미는 첫 번째로 아마도 이 영화가 성 대결과 관계된다는 사실일 것이다. 두 등장인물 사이의 차이점과 권투 자세는 갈등하는 여자와 남자의 이야기일 것이라는 것을 나타낸다. 동시에 이러한 차이점, 심각하게 싸우고 있는 듯한 시늉, 두 스타 배우에 느끼는 친밀감은 또한 이 영화가 낭만적인 코미디 형식으로 전개될 것이라는 것을 암시한다. 이러한 암시가 카피 문구 '글러브 스토리'에 의해서 더욱 확실해진다. 이것은 로맨스, 다툼, 코미디를 예상하게 하는 말장난이다.

이 영화를 알리는 데 가장 중요한 것은 이미지의 전매 요소들인데, 그것은 바로 바브라 스트라이샌드, 라이언 오닐 그리고 그들이 등장하는 과거 영화들이다. 바브라 스트라이샌드는 매우 열심히 노력하고 독립적인 여성을 대표하는 인물인 반면 오닐은 가벼운 코미디로 유명하다. 이러한 인물의 개성은 이미지 해석에 영향을 준다. 즉 갈등의 주제를 명확히 하고, 강한 성격의 스트라이샌드와 낭만적인 오닐로 인해서 대결이 거의 대등할 것처럼 보이게 할 것이다. 더욱이 두 스타 배우는 스크루볼 코미디 〈왓츠 업 덕?*Whats Up Doc?*〉(1972)을 같이 촬영했다. 그래서 관객들은 두 배우의 공동 출연에 이미 익숙해 있다. 당연히 이전 영화 또한 새로운 영화에 대한 관객들의 기대에 영향을 미친다. 마지막으로 영화의 카피 '글러브 스토리'는 적어도 부분적으로는 라이언 오닐의 흥행 성공작 〈러브 스토리〉와 관련되어 있다. 영화 제목에 나타나는 이런 작은 변형은 로맨스 형식의 전통에 유쾌한 변화가 있음을

마케팅의 초점으로서 전매 요소들을 잘 활용한 영화 포스터
(《메인 이벤트》, 워너 브러더스, 1979).

 하이 컨셉트―할리우드의 영화 마케팅

암시하는 동시에 오닐이 낭만적인 인물이라는 것을 관객들에게 다시 상기시켜 준다. 바브라 스트라이샌드, 라이언 오닐 그리고 그들의 과거 영화 등과 같은 전매 요소들은 관객들이 광고의 다른 요소들을 이해하는 과정에 상당한 영향을 미친다.

영화 내용과 마케팅의 조화, 스타일의 강조, 단일 이미지로 축소 가능한 하이 컨셉트 인쇄 광고의 원리들은 영화 예고편이나 TV 광고 방송과 같이 시각적으로 호소하는 마케팅 방법에도 사용된다. 영화 예고편과 이보다 더한 TV 상업 광고의 시간 제약성을 고려해 볼 때 이 두 형태 모두 영화의 장르, 자산, 스타 배우를 포함하는 단일 이미지를 만들어 내는 것이 필요하다. 이미지는 영화사가 겨냥하는 관객층에 따라 예고편이나 상업 광고가 계속되는 동안 조금씩 변할 수도 있다. TV 광고는 최근에 케이블 방송의 발달에 힘입어 다양한 시청자에게 다가가는 데 있어서 더 중요한 수단이 되었다. 내로우 캐스팅narrow casting[4]은 특정 시청자들을 목표로 하는 방송인데 케이블 채널이 증가하면서 발달하게 되었다. 영화 전문지 〈버라이어티〉의 리처드 골드Richard Gold는 1989년에 이런 현상에 대해 다음과 같이 언급한 바 있다. "케이블 TV가 발전하면서 영화사 마케팅 담당자들은 대규모로 특정 시청자들을 겨냥할 수 있게 되었다. ESPN 스포츠 채널 시청자들에게 호소할 수 있는 강력한 액션 영화와 예술 연예 애호가들을 사로잡을 수 있는 고상한 시대물들은 이제 채널에 따라 TV 광고가 이루어졌다." 이런 방식을 통해 TV 상업 광고는 기본 목표 시청자들뿐만 아니라 부가적인 시청자

---

4) 브로드 캐스팅broad casting에 대응하는 말로, 케이블 TV가 가지고 온 새로운 개념이다. 케이블 TV가 한정된 지역을 대상으로 하거나, 많은 채널을 수용하는 케이블의 특성을 이용하여 각 채널의 서비스 내용을 세분화하여(뉴스 · 영화 · 교육 등) 전문 채널로 사용한 데서 쓰이기 시작했다.

층을 공략하는 데 이용될 수도 있다.

## 유지 마케팅: 음악과 파생 상품을 활용한 마케팅

인쇄 광고, 예고편, TV 광고는 모두 하이 컨셉트 영화에 대한 인식을 형성하는 데 중요한 요소들이다. 이러한 세 가지 마케팅 수단은 또한 개봉 이후 영화에 대한 이미지를 계속 유지시켜 주기도 하지만, 하이 컨셉트 영화는 음악과 타이-인 상품 등을 통해 시장에서 지원을 받는다. 음악과 타이-인 상품은 하이 컨셉트 개념이 영화산업의 초점이 된 것처럼 마케팅이라는 방정식에서 아주 중요한 요소가 되었다. 사실상 이러한 마케팅 형태는 하이 컨셉트 영화와 함께 하면서 성공했기 때문에 발전하게 되었다. 경제적인 측면에서 볼 때 음악이나 다른 요소를 통한 머천다이징은 영화계의 거대 복합 기업화와도 밀접한 관련이 있다. 영화 배급에 관계하는 많은 거대 복합 기업들은 영화를 소재로 한 상품을 만들 수 있는 회사를 소유하고 있다. 예를 들면, 걸프 앤드 웨스턴은 영화 〈스타트랙 2〉의 배급 담당사인 파라마운트와 이 영화를 소설로 내놓은 출판사 포켓북스<sup>Pocket Books</sup>를 관리하고 있다. 따라서 머천다이징은 시장에서 영화의 이미지를 유지·관리하는 역할뿐만 아니라 거대 복합 기업들이 각 자회사에게 요구하는 상품 간 시너지 효과도 기대할 수 있다. 세츄레이션 개봉 방식으로 변모해 가면서 달라진 영화 마케팅은 1970~80년대 영화 마케팅 수단으로 음악과 머천다이징 상품을 활용하며 변화를 이어 갔다.

비록 영화사들이 홍보용 타이-인 상품과 관련하여 음악 산업과 항상 밀접한 관계를 유지해 온 것은 사실이지만, 음악 그리고 음악과 영화 또는 다른 매체 간의 크로스오버 상품을 이용해 영화를 사전에 마케팅하는 방식은 비교적 최근에 나타난 현상이다. 워너 브러더스의 음악 담당 부사장 조엘 실<sup>Joel Sill</sup>은 이러한 변화에 대해서 다음과 같이 언급했다. "음악은 하나의 마케팅 도구가 되었다. 음악은 영화 내에서 효과를 낼 뿐만 아니라 영화가 끌어들이고 싶어 하는 핵심 관객층인 젊은이들에게 전달된다." 엘비스 프레슬리를 소재로 하는 영화나 〈하드 데이즈 나이트<sup>A Hard Days Night</sup>〉(1964)와 같은 록 뮤지컬의 성공에도 불구하고 1970년대 중반까지만 해도 음악이 마케팅 도구로서 이용된 것은 일부에 한해서였다. 1960년대 말까지만 해도 대부분의 음악 타이-인 상품은 〈웨스트 사이드 스토리<sup>West Side Story</sup>〉(1961), 〈메리 포핀스<sup>Mary Poppins</sup>〉(1964), 〈사운드 오브 뮤직〉, 〈화니 걸〉 등 규모가 크고 화려한 뮤지컬에 주로 이용되었다. 알렉산더 도티는, 〈이지 라이더〉, 〈내일을 향해 쏴라<sup>Butch Cassidy and the Sundance Kid</sup>〉(1969), 〈미드나잇 카우보이〉, 〈러브 스토리〉 같은 영화에 사용되었던 청소년 위주의 사운드트랙이 예상을 뛰어넘는 높은 판매고를 기록할 수 있었던 이유는 마케팅에 있어 음악의 중요성이 한층 높아졌기 때문이라고 여겼다. 하지만 이런 영화들도 마케팅 수단으로 영화 속에 나오는 음악들을 개봉 전에 이용하지는 못했다.

영화와 음악 마케팅이 결합할 수 있었던 것은 적어도 부분적으로는 음악과 영화를 혼합했을 때의 잠재력을 인식한 세 사람, 존 피터스, 로버트 스티그우드, 피터 거버의 덕택임에 틀림없다. 거버는 음악 마케팅의 발전적 형태를 "독특한 비주얼 마케팅"이라고 기술했다. 그의 말에 따르면, 음악을 이용한 이런 사전 마케팅은 "영화사들이 영화가 젊은 관객층에게 독특한 방식으로 들려지고 보여지고 생각되어져야 한다고 여기게 되었을 때" 시도되었고 한다. 비록 음악이 젊은 층을 겨냥한 시장을 뛰어넘어 다양한 연령층을 포괄하기는 하지만, 거버가 한 말은 마케팅의 주요한 변화를 잘 요약하고 있다. 이런 현상의 발전 그리고 이러한 발전과 하이 컨셉트 영화 사이의 관계는 위에서 거론된 세 명의 제작자들과 그들의 1970~80년대 마케팅 전략을 검토함으로 써 보다 잘 드러난다. 존 피터스는 미용업에 종사했던 경력과 여자친구 바브라 스트라이샌드를 통해 영화계에 진출한 사실로 인해 처음엔 다소 웃음거리로 여겨졌는데, 어쨌든 그는 1980년대 초반 뛰어난 제작자로서 자신의 입지를 굳혔다. 영화 제작자로서 그의 능력은 음악과 인상적인 이미지를 통해 영화를 세일즈하는 통찰력에 있었다. 그의 첫 번째 영화는 그가 사용하는 방법에 대해 많은 것을 보여 준다. 그 프로젝트는 존 그레고리 던<sup>John Gregory Dunne</sup>과 그의 아내 조앤 디디언<sup>Joan Didion</sup>이 생각해 낸 다음과 같은 문구에서 시작되었다. "영화 〈스타 탄생〉[5]의 로큰롤 버전에 등장하는 제임스 테일러<sup>James Taylor</sup>와 칼리 사이먼<sup>Carly Simon</sup>." 이러한 컨셉트로 이 영화는 곧 하이 컨셉트 영화로 분류될 수 있다. 비교적 쉽게 이해할 수 있는 스토리라인은 시대에 맞는 각색과 뛰어난 음악을 통해 탄력을 얻는데, 이러한 컨셉트에 따라 영화는 전개되었고, 결국엔 피터스와 바브라 스트라이샌드가 각각 제작자와 주연 배우로 참여하게 되었다.

이렇게 완성된 영화는 이전의 영화에서 널리 알려진 아우트라인을 따르고 있다. 이런 관련 외에도 바브라 스트라이샌드와 동료 스타 크리스 크리스토퍼슨<sup>Kris Kristofferson</sup>은 영화 안팎에서 보여 준 그들의 성격과 완벽하게 일치하는 배역을 맡았다. 바브라 스트라이샌드는 능력 있고 열정적이며 적극적인 성격의 소유자이자 촉망받는 가수 역인 반면에 크리스 크리스토퍼슨은 알코올 중독자이자 냉소적인 성격의 한물간

---

5) 이 영화는 크리스 크리스토퍼슨과 바브라 스트라이샌드 주연의 1976년 작 〈스타 탄생〉을 말하는 것이 아니다. 〈스타 탄생〉은 그 전인 1937년과 1954년에 영화로 만들어진 적이 있다.

 하이 컨셉트—할리우드의 영화 마케팅

음악과 인상적인 이미지를 통한 마케팅(《스타 탄생》, 워너 브러더스, 1976).

록 가수 역을 맡은 것이다.

더욱 중요한 것은 피터스가 영화 사운드트랙의 가능성을 깨달았다는 것이다. 영화와 사운드트랙을 동시에 공개하기보다는 1976년 12월 영화 개봉 2주 전에 사운드트랙과 첫 번째 싱글 앨범 〈에버그린 Evergreen〉을 먼저 발매했다. 영화에 대한 인지도가 가장 중요한 때인 개봉 당시, 바브라 스트라이샌드가 가수로서 가지고 있는 대중적 인기에 힘입어 이 싱글곡은 미디어를 통해 끊임없이 흘러나오게 되어 영화의 인지도를 극대화하는 데 크게 기여했다. 게다가 피터스는 모든 매체를 동원해서 도발적인 느낌을 갖는 하나의 이미지로 이 영화를 마케팅했는데, 그 이미지는 프란시스코 스카불로가 촬영한 나체의 스트라이샌드와 크리토프슨이 격정적으로 포옹하고 있는 장면이었다. 이 이미지는 인쇄 광고, TV 광고, 사운드트랙, 소설화 등을 포함한 기타 여러 방법을 통해서 영화의 마케팅을 도왔다. 하나의 마케팅 요인으로서 음악의 활용, 여러 미디어에 이미지를 반복적으로 노출시키는 것, 영화의 내용과 스타 배우들에 대한 친근함 등, 〈스타 탄생〉은 모든 면에서 하이 컨셉트 전략에 제대로 부합하는 작품임을 잘 보여 주고 있다.

피터스의 다음 작품은 패션 사진의 세계를 배경으로 한 스릴러 영화 〈공포의 눈동자〉(1978)이다. 비록 이 작품이 〈스타 탄생〉과 같은 전매 요소를 갖고 있진 않지만, 피터스는 스카불로의 사진을 바탕으로 뛰어난 마케팅 캠페인을 전개했다. 스카불로의 사진에서 볼 수 있는 핵심 비주얼은 어둠 속에서 뭔가를 응시하며 위를 쳐다보고 있는 페이 더너웨이 Faye Dunaway의 불길해 보이는 눈동자이다. 이 이미지는 영화의 이미지를 상징하는 광고 비주얼로서 세련된 공포를 잘 표현하고 있다. 뚫어지게 뭔가를 쳐다보는 이 눈동자는, 그 자체로 하나의 강렬한 이미지로서 사운드트랙 앨범의 표지, 소설, 패션지 그리고 사진 전문 잡지

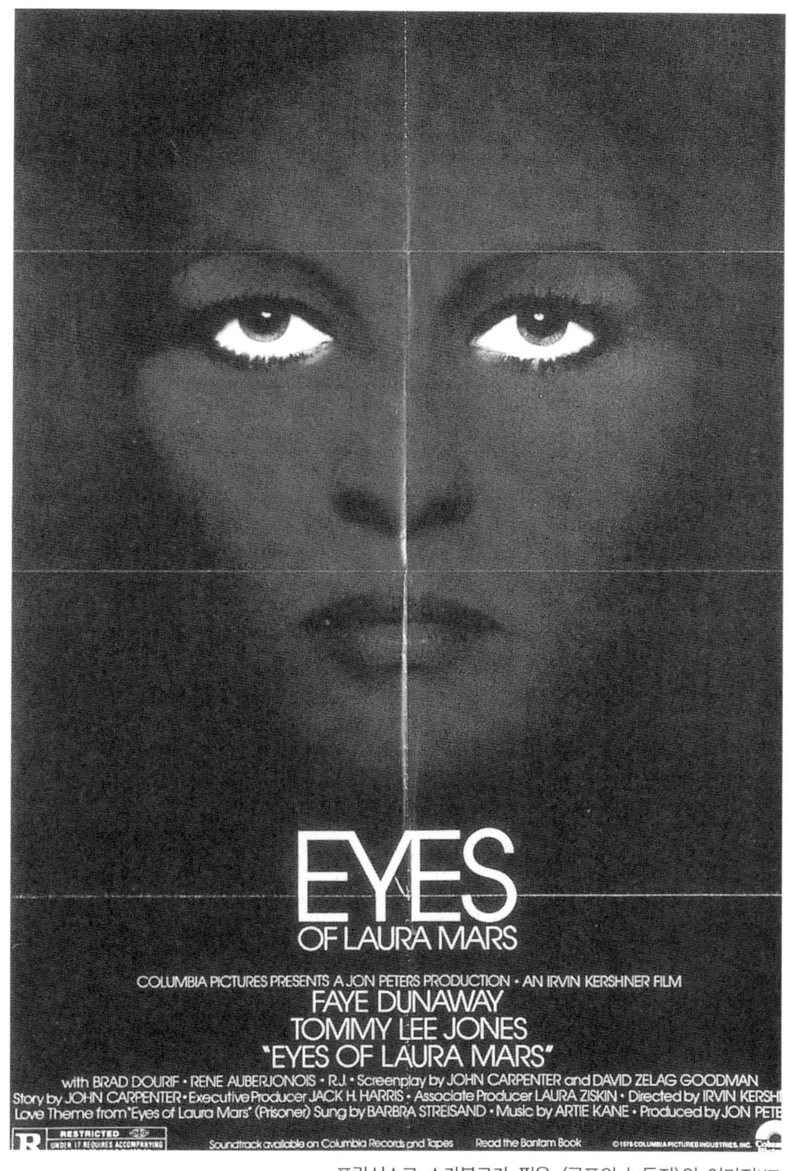


프란시스코 스카불로가 찍은 〈공포의 눈동자〉의 이미지(《공포의 눈동자》, 콜럼비아, 1978).

하이 컨셉트 영화에서 볼 수 있는 세련된 패션 사진의 세계
(《공포의 눈동자》, 콜럼비아, 1978).

와 같은 다른 미디어에서도 사용되었다. 토니 시니저가 제작한 이 광고는 매년 광고 캠페인의 효과를 심사하는 키아트 어워드[Key Art Award] 콘테스트에서 최우수상을 수상하기도 했다. 영화 〈스타 탄생〉으로 성공을 거둔 피터스는 〈공포의 눈동자〉를 개봉하기 전에 이 영화의 사운드 트랙을 발매했다. 이 사운드트랙에서 피터스는 당시 부상하는 장르였던 디스코를 잘 활용했다. 여기에는 오디세이[Odyssey]의 〈본토박이 뉴요커[Native New Yorker]〉, 히트웨이브[Heatwave]의 〈부기 나이츠[Boogie Nights]〉, K. C.와 선샤인 밴드[K. C. and the Sunshine Band]의 〈몸을 흔들어요[Shake Your Body]〉와 같은 곡이 포함되었다. 그리고 피터스는 또한 바브라 스트라이샌드가 부른 차분하고 좀처럼 잊혀지지 않는 사랑의 테마곡 〈프리즈너[Prisoner]〉를 사운드트랙에 포함시킴으로써 디스코만 부각시켰을 때 발생할 수 있는 위험을 분산시켰다.

영화 〈공포의 눈동자〉의 개봉 당시 피터스가 채택한 마케팅 방법은 영화 전문 잡지인 〈버라이어티〉에 의해 특별히 상세히 다루어지기도 했다. "피터스는 자신의 모든 영화 광고를 〈스타 탄생〉의 광고처럼 만들 것이라고 말한다. 그의 현재 영화를 볼 때 그 말은 영화의 개봉을 선전하기 위해 지난 수주간 게시해 온 광고 게시판(페이 더너웨이의 얼굴을 핵심 비주얼로 디자인한 포스터)의 수를 더욱 늘리는 것과 더불어, 공중파를 통해서 스트라이샌드의 노래를 유행시키고, 동시에 신문, TV, 라디오, 잡지 등을 통해 전격적인 홍보 캠페인을 한다는 것을 의미한다." 영화 〈스타 탄생〉이 피터스의 음악 마케팅을 발전시킨 반면에, 〈공포의 눈동자〉는 세련된 패션 사진 기법으로 하이 컨셉트 내러티브에 있어 스타일을 강조했기 때문에 더욱더 중요한 의미가 있다.[6]

피터스는 거버-피터스 엔터테인먼트Guber-Peters Entertainment를 만들기 위해 피터 거버와 합작하기 전, 음악을 주요한 마케팅 요인으로 삼는 영화에 거의 전적으로 관심을 집중시켰다.[7] 피터스가 시장 분할의 중요성을 깨달았다는 것을 보여 주는 움직임으로, 그는 영화 〈메인 이벤트〉의 색다른 음악과 마케팅 캠페인을 고안해 냈다. 두 가지 버전으로 나온 사운드트랙에서 스트라이샌드의 노래는 한 곡밖에 포함되어 있지 않지만 피터스는 시장에서 사운드트랙의 위상을 극대화하는 방법을 깨닫게 되었다. 영화 개봉 전에 〈메인 이벤트〉의 사운드트랙 싱글 두 개가 발매되었다. 하나는 7인치짜리 라디오 방송용 앨범이었고 다

---

6) 이 영화에서 사용된 많은 사진을 찍은 사람은 헬무트 뉴턴Helmut Newton으로, 그는 당시 타락하고 폭력적인 내용의 사진들을 도발적이고 감각적인 방식으로 찍어서 유명해졌다.
7) 사실, 음악은 피터스의 영화에 있어서 핵심적인 역할을 하는 듯하다. 심지어 그는 바브라 스트라이샌드와 닐 다이아몬드가 함께 부른, 〈꽃을 가져다주지 않는군요You Don't Bring Me Flowers〉를 기초로 한 영화 제작 계획을 발표하기도 했다.

른 하나는 12인치짜리 디스코 리믹스판 앨범이었다. 더 긴 리믹스판은 매우 인기가 있었는데 디스코 음악의 인기가 절정이었던 1979년에 발매되었기 때문이다. 하지만 사람들은 7인치짜리판밖에 구할 수 없었다. 길이가 긴 싱글을 원한다면 두 싱글이 모두 들어 있는 사운드트랙 앨범을 구입하는 방법밖에 없었다. 피터스는 다음과 같이 예측했다. "사람들이 모두 긴 싱글판을 구입하려 할 테지만, 레코드 가게에서 그 판만을 구입할 수는 없을 것이다." 이런 수법으로 피터스는 디스코를 듣는 젊은이들이 전 곡이 들어간 사운드트랙을 구입하게 만들 수 있었다. 이 앨범에는 물론 영화 마케팅을 위해 눈에 두드러지는 스카불로가 찍은 사진이 실려 있었다.

이 세 영화를 통해서 피터스는 다음과 같은 새로운 마케팅 방법의 개발에 일조했다. 이러한 마케팅을 통한 음악, 영화 관련 상품, 영화 사이의 상호작용은 하이 컨셉트의 한 특징이 되었다. 영화음악 마케팅과 관련된 부가적인 타이-인 상품 마케팅을 통해 영화의 이미지는 모든 면에서 더욱더 분명해졌다. 영화와 음악 타이-인 사업을 통해 스타일과 마케팅의 결합을 부각시키려 했던 시도는 아마도 새로운 스타일과 룩을 팔려고 주력했던 피터스의 앞선 경험에서 많은 영감을 얻어왔을 것이다. 여하튼 피터스의 하이 컨셉트 마케팅 방법은 많은 것을 함축한다. 간결함과 이미지의 추상화에 바탕을 두는 하이 컨셉트 영화에 있어서 음악은 영화를 마케팅하는 이상적인 매개체로 기능했다. 음악은 대중에게 친숙하고 일반적인 내러티브를 방해하지 않으면서도 이미지를 훌륭하게 보완해 줄 수 있었다. 또한 음악은 삽입된 곡에 맞게 영화를 내용별로 구분하면서 영화의 분할성을 높였다. 이러한 두 특징은 후기 하이 컨셉트 영화에서 더욱 심화되고 확대되었다.

어떤 측면에서는 영화음악을 통해서 영화를 마케팅하는 것은 음악이라는 한 매체와 영화라는 또 다른 매체의 통합을 기반으로 하는 것이었으며, 동시에 이러한 두 매체의 결합으로 발생하는 시장을 활용하는 것이다. 사업가 로버트 스티그우드는 이런 기회를 창출했다고 인정받고 있는 사람이다. 스티그우드는 그의 영화 제작의 전성기였던 1978년에 다음과 같이 얘기했다. "록 콘서트에 사람들이 줄지어 모여드는 것을 보면서, 왜 사람들이 영화를 보기 위해서는 그렇게 모이지 않는지에 대해 나는 오랫동안 의아해했다. 영화는 자극인 것이다. 음악에 진정으로 열광하는 사람들은 영화도 사랑하는 사람들이다." 스티그우드는 이런 자극을 록 사운드트랙에 잘 어울리는 대담하고 과장된 시각 이미지를 주로 사용한 영화를 제작함으로써 잘 활용했다. 그의 초기 영화들로는 〈지저스 크라이스트 슈퍼스타<sup>Jesus Christ Superstar</sup>〉(1973), 〈토미<sup>Tommy</sup>〉(1975), 〈토요일 밤의 열기〉, 〈그리스〉 등이 있다. 이 영화들은 또한 피터스의 영화에서 드러났던 마케팅 원리, 즉 영화음악과 영화 주인공의 이미지를 마케팅하는 방법을 이용하고 있다.

스티그우드의 경력은 위에 언급된 마케팅 원리와 하이 컨셉트 영화의 스타일 구축에 있어 그의 인식이 발전하고 있다는 것을 잘 보여 준다. 스티그우드는 음악 및 극장 관리를 담당하면서 영화 일을 시작했다. 그는 영화 일을 시작한 지 얼마 되지 않아 곧 크로스오버의 가능성을 알게 되었다. 스티그우드는 존 레이튼<sup>John Leyton</sup>이라는 가수를 홍보할 때 그를 〈하퍼스 웨스트 원<sup>Harpers West One</sup>〉이라는 영국의 TV 시리즈물에 팝스타로 출연시키기 전까지는 틈새조차 찾을 수 없었다. 그는 그 시리즈 제작자에게 레이튼이 〈조니가 나를 기억하네<sup>Johnny Remember Me</sup>〉라는 노래를 부르게 해 달라고 설득함으로써 레이튼이 첫 번째 싱글 히트곡을 터뜨릴 수 있게 했다. 여기서 중요한 것은 스티그우드가 라디오가 아닌 TV라는 대중매체에 레이튼을 출연시킴으로써, 그리고 한 예술가를 다른 매체로 이동시키면서 얻은 기회를 잘 이용함으로써 성공할 수 있었다는 것이다.

스티그우드는 공연 예술가들의 대리인으로 일하는 동안 예술가들의 능력과 활동 범위를 타 분야로 넓히는 일종의 실험을 지속했다. 스티그우드는 그가 관리했던 영국 TV 시리즈물 두 편에 대한 권리를 매각했고, 미국의 유명한 시리즈 〈올 인 더 패밀리All in the Family〉와 〈스탠포드 앤드 선Sanford and Son〉의 시장 개척을 도왔다. 연극에서는 〈헤어Hair〉의 가능성을 깨달아 이를 영국으로 수출했다. 이러한 크로스오버 노력은 그가 〈지저스 크라이스트 슈퍼스타〉를 마케팅하기 위해 기울인 노력에는 비교가 되지 않는다. 팀 라이스Tim Rice와 앤드류 로이드 웨버Andrew Lloyd Webber는 예수가 십자가에 못 박히기 7일 전부터의 일을 극화한 풀 스케일의 록 오페라를 만들었다. 제작자들은 싱글 앨범 〈지저스 크라이스트 슈퍼스타〉를 먼저 발매했고 앨범 작업을 계속했다. 이 록 오페라의 성공 가능성을 일찌감치 직감하고 있던 스티그우드는 스테이지 앨범을 발매하기로 결론을 내렸다. RSORobert Stigwood Organization의 간부인 베릴 버튜Beryl Vertue는 다음과 같이 얘기한다. "우리가 알고 있던 것이라고는 이 앨범이 진짜로 팔렸다는 점과 레코드 판매량이 곧 극장 흥행 수익으로 전환되었다는 점이다." 이것은 스티그우드를 제외한 그 누구도 상상도 하지 못한 상황이었다. 스티그우드의 화려한 무대는 영국에서 대성공을 거두었지만 70만 달러를 들인 브로드웨이 공연의 수익은 그에 비해 상당히 저조했다. 한 매체에서 다른 매체로 공연 자산을 이동시킨다는 공식에 따라 스티그우드는 유니버설에서 이 공연을 영화로 제작했다. 이 영화는 노먼 주이슨Norman Jewison이 감독을 맡았다. 그는 흥미롭게도 사실주의에 충실한 로케이션을 바탕으로 여기에 극단적인 스타일을 접목시켰다. 그 결과는 아주 혼란스러운 것이었다. 영화평 또한 미온적인 것이었다. 그럼에도 불구하고 〈지저스 크라이스트 슈퍼스타〉를 통해서 스티그우드는 초기의 다양한 마케팅 기법을 더 발전시킬 수 있었다. 오페라라는 다른 매체로부터 옮겨 온 영화를 제작함으로써 스티그우드는 원작의 전매 요소를 십분 활용할 수 있었다. 크로스오버 기법이 음악과 함께 생성되고 있었기 때문에 상호 보완 효과가 있었다. 영화 덕택에 영화와 무대 공연에 쓰였던 노래를 담은 음반들을 판매할 수 있었고, 음악은 영화와 무대 공연에 대한 관심을 증대시켰다. 이 과정은 영화산업 내에서 음악과 영화 사이의 시너지 효과로 인식되었다.

스티그우드는 이런 작업을 그룹 후<sup>Who</sup>의 록 오페라 〈토미〉에서도 계속했다. 스티그우드는 〈토미〉의 배급업자를 찾기 전 착상 단계에서부터 철저한 관리를 위해 이 프로젝트의 모든 요소들을 통합하고 정리했다. 스티그우드는 우선 후의 멤버인 로저 댈트리<sup>Roger Daltrey</sup>, 피트 타운센드<sup>Pete Townsend</sup>를 비롯해 엘튼 존<sup>Elton John</sup>, 에릭 크랩튼<sup>Eric Clapton</sup>, 티나 터너<sup>Tina Tuner</sup> 같은 스타 가수들의 캐스팅을 계획했다. 그 다음은 영화 연출을 맡기기 위해 켄 러셀<sup>Ken Russel</sup>을 고용했다. 영화 〈지저스 크라이스트 슈퍼스타〉에서는 감독의 스타일이 별로 두드러지게 나타나지 않지만, 러셀의 경우는 〈악마<sup>The Devils</sup>〉(1970), 〈사랑하는 여인들<sup>Women in Love</sup>〉(1970), 〈음악 애호가<sup>The Music Lovers</sup>〉(1971) 같은 영화의 잔인한 이미지로 잘 알려져 있다. 스티그우드는 필요한 자금을 혼자 조달한 후 콜럼비아의 이사 피터 거버의 도움으로 콜럼비아와 배급 계약을 체결했다. 객원 스타들의 참여와 엘튼 존의 싱글곡 〈핀볼 마법사<sup>Pinball Wizard</sup>〉로 인기를 얻은 이 영화의 사운드트랙은 손쉽게 성공을 거두었다. 1975년 3월 영화의 개봉과 함께 발매된 사운드트랙은 1975년 11월에 100만 장의 음반 판매량을 기록했다. 이 영화는 스티그우드가 이전 작품에서 기울였던 노력보다도 특히 하이 컨셉트 영화의 스타일에 대해 노력을 기울인 작품이다. 많은 게스트의 출연과 다양한 공연 스타일 덕택에 〈토미〉는 자연스럽게 변화를 거듭하면서 발전했다. 러셀은 이후에 뮤직비디오로 불리는 새로운 영역을 개척했다. 평론가 찰스 미케너<sup>Charles Michener</sup>는 영화평에서 이 영화와 뮤직비디오의 유사성을 언급했다. "러셀은 대사 없이 오페라에 등장하는 록 음악과 음향 효과로 구성된 미리 녹음된 사운드트랙에, 음악에 대한 시각적 대비물로 믿기 놀랄 만큼 정확한 록의 드럼 비트에 맞춰 요동치는 변화무쌍한 이미지들을 융합시켰다." 〈토미〉는 영화에 더 많은 예술가들이나 가수들, 예를 들어 후나 에릭 크랩튼 같은 앨범 지향적 록 스타부터 소울 스타 티나 터너, 팝 스타 엘튼 존까지 끌어들임으로써 음악을 통한 마케팅 방식을 더욱더 강화시켰다. 마케팅은 또한 홍보를 위한 뮤직비디오를 개발하고 영화 마케팅에 손쉽게 응용할 수 있도록 음악과 시각 이미지의 관계를 더욱더 공고히 함으로써 강화되었다.[8]

초기 마케팅 실험은 〈토미〉 이후 거의 3년 만에 스티그우드가 제작하고 파라마운트에서 개봉한 〈토요일 밤의 열기〉에서 절정을 이루었다. 첫 번째로 스티그우드는 영화 개봉과 맞춰 발매되었던 영화음악의 발매 시기를 변경했다. 스티그우드는 첫 번째 싱글곡 〈당신의 사랑은 얼마나 깊나요?<sup>How Deep Is Your Love?</sup>〉가 충분히 인기를 끌 수 있는 시간을 갖기 위해 영화 개봉 약 6주 전에 발매를 했다. 이 전략은 영화 개봉 당시 이 싱글곡이 인기 순위 차트 정상을 차지하는 데 많은 도움이 되었다. 첫 싱글곡 이후에도 〈스테잉 얼라이브<sup>Stayin' Alive</sup>〉, 〈밤의 열기

---

8) 영화의 캠페인은 주인공 토미가 과학 실험을 하는 색다른 사진에 기초하고 있었다. 그의 입과 코, 양 눈에는 덮개가 씌워져 있으며, 하단에는 "당신의 감각은 예전과 같이 않을 것이다"라는 카피가 적혀 있다.

장르 크로스오버 전문가 로버트 스티그우드의 영화 〈토미〉에서 토미로 출연한 그룹 후의 리드 보컬 로저 댈트리(《토미》, 콜럼비아, 1975).

Night Fever〉, 〈당신을 가질 수 없다면If I Can't Have You〉 등이 싱글곡으로 발매되었다.

스티그우드와 RSO 회장 앨 쿠어리Al Coury는 시차를 두고 이 곡들을 발매했기 때문에 그 후 몇 달 동안 영화는 팝 차트 정상에 오른 곡들에 의해 사람들에게 쉽게 인지될 수 있었다. 이러한 전략이 괄목할 만한 성과를 거두면서 이 영화는 계속되는 인기와 엄청난 사운드트랙 앨범 판매를 가져왔다. 이 앨범은 무려 2,500만 장이나 팔렸으며 LP 판매에서 사상 두 번째의 판매 기록을 세웠다.

영화는 또한 닉 콘Nik Cohn이 〈뉴욕New York〉지에 기고한 기사 〈새 토요일 밤의 열기의 공동체적 의식〉을 바탕으로 만들어졌기 때문에 스티그우드에게는 또 다른 크로스오버의 성공을 의미했다. 더욱 중요한 것은

〈토요일 밤의 열기〉에 등장하는 존 트래볼타. 이 이미지는 미국 대중문화의 중요한 부분이 되었으며 심지어 〈에어 플레인〉과 같은 영화에서 모방되기도 했다〈토요일 밤의 열기〉, 파라마운트, 1977).

스티그우드가 TV 프로그램 〈웰컴 백 코터Welcome Back Kotter〉에 등장하는 한 배우의 가능성을 깨닫고, 존 트래볼타라는 이 배우를 TV에서 형성된 그에 대한 인지도와 뮤지컬 배우로서 새롭게 쌓아 가고 있는 그의 경력과 밀접한 연계를 갖는 역할에 캐스팅했다는 것이다.[9] 이 영화의 광고 표현물은 매우 강력하고 또 영화의 내용과 꼭 맞는 이미지를 통해서 영화의 아이덴티티를 구축했다. 존 트래볼타와 카렌 린 고니Karen Lynn Gorney가 디스코 댄스 플로어에 서 있고, 존 트래볼타는 오른쪽 팔을 하늘로 치켜들고서 주목을 끄는 자세를 취하고 있다. 이 이미지는 다른 마케팅 매체들을 통해서 복제되었다. 영화 〈스타 탄생〉의 광고 이미지처럼 존 트래볼타의 이미지는 영화를 단번에 알아볼 수 있도록 해 주는 근거가 되었고 더욱 빈번하게 모방되었다.[10] 결국 〈토요일 밤의 열기〉 또한 초기 스티그우드 영화의 특징인 스타일에 대해 더욱더 광범위하게 강조하고 있다. 영화 속 춤추는 장면의 시각적 스타일에서부터 춤, 의상, 행동 등까지 스타일에의 집중은 광범위하게 확대되어 갔다.

이 영화는 당시 마케팅을 영화의 내용과 스타일에 접목시키려는 여러 시도 가운데서도 상업적으로 가장 성공한 작품이었다. 마케팅과 영화의 융합은 〈토요일 밤의 열기〉가 하이 컨셉트 영화의 특성을 잘 지켰기 때문에 가능했다. 다른 매체에서 가져온 줄거리와 등장인물을 적

---

9) 파라마운트가 펴낸 《프레스북》과 《머천다이징 매뉴얼》은 〈토요일 밤의 열기〉에 대해 다음과 같이 적고 있다. "존 트래볼타는 음반 시장에서 급속하게 인지도를 높여 가고 있다. 그의 첫 번째 앨범 〈존 트래볼타〉에는 히트 싱글곡인 〈그녀를 들여보내요Let Her In〉가 수록되어 있으며, 이 앨범으로 그는 빌보드 시상식에서 올해의 신인상을 수상했다. 그의 새 앨범 〈당신을 보낼 수 없어요Can't Let You Go〉는 첫 앨범보다 더 많은 팬을 확보하고 있으며 아티스트로서 하나의 업적을 이룬 것으로 평가된다."
10) 존 트래볼타의 인쇄물 광고에 나오는 이미지는 파라마운트가 제작한 두 편의 영화 〈에어플레인〉과 〈자유의 댄스〉에서 패러디되었다.

극적으로 활용하고 있다는 점, 단순한 전개 구조, 내러티브 전개에 있어 스타일에 대한 강조 기법이 결합하여 마케팅, 머천다이징, 내용을 통합하는 영화를 탄생시켰다. 이러한 방식은 1978년 함께 개봉된 스티그우드의 이어진 두 영화, 즉 브로드웨이 뮤지컬에 바탕을 둔 〈그리스〉와 비틀즈의 앨범에 바탕을 둔 〈서전트 페퍼스 론리 하츠 클럽 밴드Sgt. Pepper's Lonely Hearts Club Band〉에서 그대로 이용되었다. 〈그리스〉는 비지스와 올리비아 뉴튼 존의 노래들과 함께 브로드웨이의 뮤지컬을 더욱 굳건히 한 반면에 〈서전트 페퍼스 론리 하츠 클럽 밴드〉는 똑같은 마케팅과 머천다이징 전략을 썼지만 관객을 많이 끌지는 못했다. 〈서전트 페퍼스 론리 하츠 클럽 밴드〉의 문제는 영화 고유의 줄거리가 없다는 데서도 일부 기인한다. 한 조사에 따르면 이 영화는 이례적으로 사전에 많이 알려졌지만, 소문은 한결같이 부정적이었다. 스티그우드의 영화는 뛰어난 시장성을 가지고 있었지만 상영하기에는 부적절한 것이었다.

스티그우드의 작품은 하이 컨셉트 영화의 수용과 관련된 또 다른 변화를 보여 준다. 하이 컨셉트, 마케팅, 영화음악 사이의 확고한 연결, 즉 여러 마케팅 노력이 서로서로 섞이도록 하는 노력과 영화의 불가분성은 하이 컨셉트 영화에 대한 끊임없는 수요를 촉진한다. 직접 영화를 보거나 미디어에 등장하는 영화를 통해서 관객들은 같은 영화를 계속 주목하게 된다. 데이비드 얀센David Ansen은 이런 특징에 대해 다음과 같이 얘기한다. "스티그우드의 영화는 모두 똑같이 쉽게 이해되고 즉석에서 춤추게 만드는 스타일을 지니고 있다. 마치 음반과도 같이 계속 반복해서 볼 수 있게 만든 것처럼 보인다." 특히 이러한 뮤지컬을 바탕으로 하는 하이 컨셉트 영화의 경우에 음악을 통한 마케팅은 거듭되는 관람을 염두에 둔 것처럼 보인다. 사실상 영화 〈그리스〉나 〈스타

비틀즈, 피터 프램턴, 비지스의 음악과 마케팅 가능성이 이 영화에서는 분산되었다(〈서전트 페퍼스 론리 하츠 클럽 밴드Sgt. Pepper's Lonely Hearts Club Band〉, 유니버설, 1978).

워즈〉가 믿기 어려울 정도로 성공한 것은 남녀노소를 아우르는 폭넓은 관객층에 대한 호소라기보다는 반복적인 관람을 성공적으로 실현했기 때문이다. 올렌 J. 어니스트Olen J. Earnest는 〈스타워즈〉에 나타난 반복 관람의 유형에 대해 다음과 같이 지적했다. "그런 식으로 5월에 개봉한 〈스타워즈〉는 통상 성수기인 여름이 시작되기도 전에 관객들의 발길을 극장으로 유도했을 뿐만 아니라 이례적으로 반복 관람하도록 했다. 그래서 8월이 끝나갈 무렵에는 10명의 영화 관람객 중에 4명은 이 영화를 한 번 이상 본 것으로 나타났다." 〈그리스〉의 경우에는 음악을 통한 영화 마케팅이 많은 하이 컨셉트 영화의 성공에 결정적인 반복 관람을 구축하는 중요한 한 요인임을 알 수 있다.

마케팅 요인으로서 피터 거버의 영향력은 1968년 콜럼비아 재직 초기와 자신이 직접 영화를 제작하던 기간 동안 영화와 음악 사이의 관계를 확실히 뿌리내리게 하려 했던 노력에 전적으로 근거하고 있다. 그는 콜럼비아에서 일하는 동안 다른 많은 중역들의 반대에도 불구하고 〈토미〉의 제작을 지지했다. 하지만 거버의 공헌은 1975년 독립적으로 영화를 제작하면서 본격적으로 시작되었다. 피터 거버 필름웍스 Peter Guber Filmworks는 콜럼비아와의 제휴로 탄생했다. 조건은 콜럼비아를 통해서 개봉 영화를 제작하는 것이었다. 거버의 첫 영화 〈디프〉는 그의 성공에 아주 중요한 역할을 했던 많은 기법들을 잘 보여 준다.[11] 작가 마이클 파이 Michael Pye는 피터 거버가 이 영화에 어떤 식으로 기여했는지에 대해 "명백히 불리한 점들을 대대적인 홍보로 극복했다"고 이야기했다. 한편으로 피터 거버는 영화 제작 기간과 개봉 기간에 배우 닉 놀테가 TV 프로그램 〈야망의 계절 Rich Man, Poor Man〉에서 성공을 거둔 후에 출연하는 첫 번째 영화라는 점, 영화 〈죠스〉의 시나리오 작가 피터 벤칠리가 시나리오를 썼다는 점 그리고 또 재클린 비셋의 젖은 티셔츠 등을 부각시키면서 단호한 홍보 전략을 폈다. 이와 함께 피터 거버는 음악과 머천다이징 마케팅 방법의 발달을 촉진하는 데 주력하기도 했다.

영화 제작 중에 피터 거버는 닐 보거트 Neil Bogart의 음반사와 자신의 영화사를 합병했다. 새롭게 탄생한 카사블랑카 Casablanca Records and Films Works는 음악과 영화의 시너지 효과를 극대화하기 위한 회사였다. 여러 면에서

---

11) 거버는 심지어 이 영화의 마케팅에 관한 책을 집필하여 영화가 개봉되는 날에 맞춰 출간하기도 했다.

이러한 움직임은 자연스럽게 존 피터스 같은 영화 제작자들이 끊임없이 벌여 온 마케팅 실험의 연장선상에 놓이는 것이었다. 영화사 내의 음반사는 영화와 그에 어울리는 부속 음악 사이의 관계를 더욱 공고하게 할 수 있다. 영화 〈디프〉에서 피터 거버는 도나 섬머Donna Summer에게 주제곡 〈다운 딥 인사이드Down Deep Inside〉의 녹음을 맡겼으며 이는 카사블랑카 레이블로 발매되었다. 이 회사의 다음 영화 〈금요일 밤의 열기Thank God It's Friday〉(1978)에서는 음악과 마케팅을 더욱 광범위하게 연관시키려는 노력이 역력하게 보인다. 로스앤젤레스의 한 디스코 클럽이 영화의 중심이 되며 클럽의 손님으로 도너 섬머와 코모도어스Commodores가 등장한다. 카사블랑카는 영화의 사운드트랙에 많은 가수들을 합류시키기 위해서 모타운 음반사Motown Records와도 제휴를 맺는다. 영화 〈금요일 밤의 열기〉는 사실상 사운드트랙과 전적으로 연관되었으며 이는 피터 거버가 '일종의 시각적인 음반'이라고 부른 것을 탄생시켰다.

피터 거버는 영화 〈미드나잇 익스프레스〉로 이런 작업을 계속해 나갔으며 1981년에는 존 피터스와 합작해서 거버-피터스 엔터테인먼트를 설립하게 된다. 이 회사는 영화를 통해서 현대 음악을 마케팅할 수 있다는 가능성을 가장 잘 이해한 두 사람을 연결시켰다. 이들 개개인의 작품들이 영화음악, 마케팅, 영화를 잘 통합하면서 하이 컨셉트 영화를 개척한 반면, 이 둘의 공동 작품은 하이 컨셉트 영화와 로우 컨셉트 영화 사이의 적절한 조화를 모색하고 있는 것처럼 보인다. 그렇지만 그들이 공동 작업한 많은 영화들은 영화음악 마케팅 방식을 충실히 따르고 있다. 상영 초기에 다이애나 로스Diana Ross와 라이오넬 리치Lionel Richie가 부른 싱글로 유명한 영화 〈끝없는 사랑〉을 살펴보면 이 사실을 잘 알 수 있다. 〈청춘의 승부VisionQuest〉(1985), 〈후즈 댓 걸Who's That Girl〉(1987), 〈플래시댄스〉 같은 작품들 또한 영화음악을 기초로 하고 있다.

피터 거버는 음악과, 도너 섬머와 코모도어스라는 마케팅 유인 요소를 활용했다(〈금요일 밤의 열기〉, 콜럼비아, 1978).

이 회사의 가장 흥미로운 마케팅 실험은 영화 〈살인 무도회〉(1985) 였으며 이 영화는 (1993년에 〈슈퍼 마리오<sup>Super Mario Bros.</sup>〉가 나오기 전까지는) 보드게임에 바탕을 둔 유일한 영화였다. 이후 비디오게임을 드라마 영화에 접목시키는 새로운 기술을 통해서 이러한 전략을 더욱 세련화시킨 결과로 영화 〈슈퍼 마리오〉가 1993년 개봉되었다. 영화 〈살인 무도회〉는 마케팅과 머천다이징 전략을 주로 사용하여 홍보 활동을 했으며 주말 개봉 관객들은 주로 보드게임을 잘 알고 있는 계층들이었을 것이다. 하지만 더 중요한 것은 영화 〈살인 무도회〉를 통해 거버와 피터스가 다른 영역에서 대중들이 충분히 인지하고 있는 크로스오버 소재를 영화에 활용하는 마케팅 실험을 계속하고 있었다는 사실이다.

　　최신 음악이 일종의 마케팅 수단으로 점차 인식되어 온 사실을 고려할 때 뮤직비디오를 통한 마케팅 기법이 확대 발전한 것은 필연적이라고 할 수 있다. 특히 뮤직비디오는 영화 내용을 요약하여 사용한다는 점에서 밀접하게 연관이 있었고, 따라서 음악 마케팅의 다른 통로를 더욱 공고히 했다. 거버-피터스의 영화 〈플래시댄스〉는 이러한 마케팅의 가능성을 보여 준다. 이 영화의 마케팅은 찢어진 셔츠를 입고 있는, 도발적이면서 간결한 제니퍼 빌즈의 이미지에 바탕하고 있다. 이 인쇄 광고는 영화 이미지 구축에 많은 도움이 되긴 했지만 이와 동시에 영화음악이 이런 요소들을 상호 강조하는 마케팅상의 초점을 제공했다. 타이-인 상품으로서 음악이 이미 영화 속에 존재하고 있었기 때문에 영화 〈플래시댄스〉는 영화음악과 뮤직비디오를 마케팅 수단으로 실험할 수 있는 독특한 계기를 마련해 주었다. 파라마운트의 프랭크 맨쿠소는 이 가능성을 다음과 같이 묘사했다. "우리는 영화와 음악의 시각적인 요소에 집중하기 시작했다. 영화 〈플래시댄스〉는 이 두 부분에서 아주 예외적이었는데, 이 영화가 다른 종류의 영화라는 사실을 주지하면서 이 부분을 집중적으로 추구했다. 이 영화의 내용은 상당한 부분이 시각적으로 또한 사운드트랙을 통해서 전달되었는데, 이는 우리 마케팅의 주요 요소가 되었다." 이 영화의 판권은 MTV에서 영화 개봉 전에 매입했다. 그리하여 영화 내용을 축약 편집한 뮤직비디오를 통해서 마케팅되기 시작했다. 뮤직비디오는 영화 속에 나오지 않는 장면들을 몽타주 기법으로 합성한 것—예를 들어 아이린 카라의 〈플래시댄스〉—과 영화의 시퀀스를 그대로 편집한 것—마이클 셈벨로<sup>Michael Sembello</sup>의 〈매니악〉—도 있었다. 뮤직비디오는 영화음악, 사운드트랙, 영화에 대한 인식과 관심을 증대시켰다. 한 곡에 대해 여러 버전의 뮤직비디오가 계속 제작되었고, 각각의 뮤직비디오는 영화의 다른 장면을 통해서 각 곡에 대한 해석을 한 가지씩 덧붙여 나갔다. 이런 반복의 효과는 음악이라는 마케팅 도구를 더욱더 집중화시키는 것이었는데, 존 루이스는 영화 〈퍼플 레인〉의 뮤직비디오에 관해 다음과 같이 말한다. "MTV는 〈비둘기가 울 때When the Doves Cry〉의 두 가지 버전을 모두 방영했는데 이로 인해 비디오자키가 다른 곡들보다 이 곡을 더 자주 틀게 되는 것은 당연한 일이었다." 사운드트랙 그리고 영화 관련 상품과 마찬가지로 영화가 바탕이 된 뮤직비디오는 확대된 마케팅의 다른 형태를 보여 주는 것이다. 이것은 영화가 시장에 선을 보인 후에 관객들의 인식을 오랫동안 유지시키는 방법의 하나이다.

## 머천다이징과 타이-인 상품들

이러한 변화를 동반한 마케팅은 영화 머천다이징에 있어 아주 중요한 진전이었다. 마케팅의 발전에서 드러나는 것과 마찬가지로 영화 머천다이징에 있어서도 하나의 이미지로 쉽게 축소될 수 있는 영화가 더 유리했다. 이렇게 영화를 하나의 이미지로 축소할 수 있게 되면서 영화의 실체적인 재현이 가능하게 되었는데, 그것은 다시 말해서 영화와 주인공들을 중심으로 재구성된 특허 상품과 같은 것이라고 생각할 수 있다. 머천다이징 상품은 음악이나 강렬한 이미지를 전달해 얻어지는 마케팅 수익과 맞먹을 정도의 수익을 낸다. 이 특허 상품은 주인공과 액션, 혹은 배경을 영화 관련 상품을 통해 영화를 다시 재현함으로써 영화의 생명력을 더 오래 연장시킨다. 앰블린 엔터테인먼트의 특허 및 머천다이징 담당자인 브래드 글로브Brad Globe는 이러한 현상에 대해서 다음과 같이 이야기한다. "라이선싱은 단지 수익을 창출하는 것에 국한되지 않는다. 라이선싱 프로그램은 영화에 긍정적인 영향을 미칠 뿐만 아니라 영화에 대한 관객들의 인지도 형성에도 기여한다." 비록 영화계는 1937년에 나온 영화 〈백설공주와 일곱 난쟁이Snow White and Seven Dwarfs〉 이후에 꾸준히 머천다이징 사업을 해 왔지만 그것이 마케팅의 중요한 수단으로서 결정적인 영향력을 발휘하기 시작한 것은 이제 겨우 20년 정도밖에 되지 않는다. 실제로 약 10년 전에야 비로소 영화사의 마케팅 사업부에 상품 기획 부서가 생기기 시작했다. 머천다이징이 증가한 이 기간 동안에 하이 컨셉트 이미지가 대중에게 다가설 수 있는 또 다른 중요한 수단이 부상한 것이다.

역사적으로 볼 때 1970년대 초기의 몇몇 영화가 마케팅 요인으로서 머천다이징의 영향력을 강조하기 시작했다. 이전까지만 해도 머천다이징은 전적으로 어린이 영화 시장을 대상으로 한 것이었지만 영화사들은 이제부터 더 크고 수익성이 높은 성인 시장을 겨냥하는 프로모션을 시작했다.[12] 영화 〈러브 스토리〉를 제작한 로버트 에반스는 이러한 추세에 한몫을 했다. 에반스의 제안에 따라 에릭 시걸Eric Segal은 자신의 시나리오에 바탕을 둔 책을 썼고 이 책은 1970년 발렌타인 데이를 맞아 하퍼 앤드 로우Harper & Row 출판사를 통해 출간되었다. 이 책은 대단한 성공을 거두었고 〈뉴욕 타임스〉 베스트셀러 리스트에 9개월 이상 머물렀으며 사람들에게 제작될 영화에 대한 기대를 불러일으켰다. 영화는 그 다음 해 크리스마스에 개봉됐다. 1976년 개봉된 공포 영화 〈오멘The Omen〉은 소설의 힘을 더 잘 보여 주었는데, 이 책은 영화 상영 기간 동안 300만 권 이상이 팔려 나갔다. 영화산업에서 타이-인 서적 상품은 일종의 표준이 되었으며 이로 인해 오늘날 메이저 제작사의 개봉 작품 대부분은 이러한 소설화 사업을 통한 마케팅적 지원을 받는다.

---

12) 〈피노키오Pinocchio〉, 〈판타지아Fantasia〉, 〈날으는 아기 코끼리 덤보Dumbo〉, 〈밤비Bambi〉, 〈백설공주Snow White〉 같은 디즈니의 작품들은 성공적인 머천다이징을 이끌어 내기도 했다. 초기에 성공했던 작품에는 〈혹성탈출Planet of the Apes〉, 〈핑크 팬더Pink Panther〉와 007 시리즈가 있다.

파라마운트의 〈위대한 개츠비〉는 이보다 훨씬 큰 규모로 가히 혁명적이라 할 수 있는 상품화 캠페인을 계획했는데, 제작자 로버트 에반스와 파라마운트 홍보 책임자였던 찰스 글렌Charles O. Glenn은 영화에 대한 관객의 세 번째 수준의 의식을 만들어 내기 위해 600만 달러에 달하는 타이-인 상품화 전략을 생각해 냈다. 스타일과 로맨스를 강조하면서 영화를 대표할 네 가지 제품으로, 발렌타인 스카치위스키, 글렘비 미용실, 로버트 부르스 남성 운동복, 듀퐁사의 조리 기구 브랜드가 선정되었다. 발렌타인 스카치위스키의 광고는 다른 어떤 특성보다 스타일을 강조했고, 재즈 시대를 묘사하며 다음과 같이 말하고 있다. "스카치위스키는 그때에도 이미 존재하고 있었다. 그 시대의 스타일을 간직한 위스키로." 피츠제럴드F. Scott Fitzgerald의 딸 스코티 레너핸 스미스Scottie Lanahan Smith는 이에 대해 "소설을 이리저리 요리하고 있다"고 불만을 터뜨렸다. 어쨌건 이를 통해 파라마운트는 대대적인 프로모션을 얻어 낼 수 있었고, 많은 극장 경영자들로부터 상영 주문이 쇄도한 사실이 입증한 것처럼 이 영화는 타이-인 상품을 통해 낭만적이고 향수를 자아내는 이미지를 확고하게 만들어 낼 수 있었다.

2년 후 파라마운트의 영화 〈킹콩〉은 좀 더 광범위한 머천다이징을 진행한다. 리메이크된 〈킹콩〉은 여러 면에서 영화와 프로모션을 통합시킨 하이 컨셉트의 많은 특징들을 보여 준다. 이미 알려진 영화 줄거리, 등장인물인 킹콩을 일반 상품을 통해서도 볼 수 있게 했다는 점, 또 미녀와 야수의 이야기라는 간결한 내러티브나 비주얼 수준 등이 그 특징이다. 제작자 디노 드 로렌티스Dino De Laurentiis는 단순한 영화 줄거리의 기반을 확대시키기 위해서 다양한 머천다이징 사업 기회를 만들었다. 짐빔 킹콩 칵테일과 킹콩 기념 술은 성인층을 공략하기 위해 기획되었다. 청소년 계층은 킹콩 운동복으로 공략했고, 킹콩 땅콩버터 컵,

킹콩 뷰마스터 슬라이드 등은 어린이를 위해서 만들어졌다. 이와 비슷한 상황이 워너 브러더스가 1978년 개봉한 〈슈퍼맨〉에서도 벌어진다. 만화책, TV를 통해서 이미 익숙해진 〈슈퍼맨〉에는 워너 커뮤니케이션의 모든 머천다이징 계획이 동원되었는데, 타이-인 서적이 8권, 존 윌리엄스John Williams의 사운드트랙, 티셔츠, 그리고 약 100건에 달하는 장난감 제조 특허 등이 포함되었다. 이 영화의 머천다이징 노력은 하이 컨셉트의 극단적인 요소들이야말로 머천다이징과 완벽하게 통합될 수 있다는 것을 보여 준다. 하나의 전매 이미지로 완벽하게 축약될 수 있는 영화는 필연적으로 하나의 상품으로 전환될 수 있다는 것이다. 이쯤 되면 관객이 영화를 어떻게 이해하느냐 하는 것은 영화의 내용을 정확하게 담아내는 머천다이징 상품에 대해 갖게 되는 정보에 의해서 조정되기도 한다는 뜻이다.

수익성의 측면에서 중요성을 따진다면 머천다이징은 1977년 조지 루카스의 영화 〈스타워즈〉와 함께 활기를 띠었다. 이 영화는 분명히 〈킹콩〉 같은 영화가 지녔던 전매 역량은 갖지 못했다. 20세기 폭스의 존 프리드킨John Friedkin은 개봉 당시에 "〈스타워즈〉는 5월 25일 개봉했는데, 24일에 이 영화가 어떻게 될 것이라고 말할 수 있는 사람은 거의 없었다"라고 했다. 하지만 같은 회사의 또 다른 이사 마크 펩버스Mark Pepvers는 "조지 루카스는 장난감 상품들을 염두에 두고 〈스타워즈〉를 창조했다. 그는 영화 그 이상의 어떤 것을 만들고 있었다." 루카스는 최종 계약서에서 영화 제작 비용을 회수하고 난 뒤 남는 수입을 20세기 폭스와 공평하게 나눠 갖는다고 명시했지만, 그에 더해 자신이 모든 머천다이징 사업권을 관리하려 했다. 70개의 스타워즈 제품을 만들기로 한 케너 완구Kenner Toys를 포함해서 50개가 넘는 회사에 특허가 팔렸기 때문에 개봉 1년 내 기준으로 해도 얼마나 많은 상품이 팔렸는지

이 영화는 F. 스코트 피츠제럴드의 고전을 상품화했다(〈위대한 개츠비〉, 파라마운트, 1974).

쉽게 계산할 수가 없었고, 머천다이징 수익은 적어도 3억 달러 정도의 비중을 차지했다. 특허 재산으로서 이 영화가 거둔 경이적인 성공의 일부분은 영화에 등장하는 다양한 캐릭터들 때문이었다. 영화의 배경은 여러 상품으로 전환되었고, 루카스의 세계를 더욱 공고히 했다. 영화의 완전히 새로운 환경과 등장인물들은 너무나 인상적이었다. 케너 완구에서는 영화의 신화적인 세계에 부합하는 새로운 캐릭터를 스타 워즈 제품군에 더함으로써 영화에 등장하는 인물들을 뛰어넘는 상품들을 만들 수 있었다.

머천다이징 사업이 완성에 접어들기 시작한 단계는 〈위대한 개츠비〉, 〈킹콩〉, 〈슈퍼맨〉, 특히 〈스타워즈〉의 성공적이고 혁신적이었던 머천다이징 프로그램이 시작되던 시점이었다. 동시에 영화음악이 부상하면서 또 다른 상품 중 하나인 사운드트랙 또한 하나의 마케팅 수

# King Kong Promotional Tie-Ins

## JAMES M. BEAM DISTILLING CO.

"KING KONG is the largest monster ever made for a movie!" is the theme of Jim Beam's advertising, which will run through March 1977, in 6 national magazines as well as in over 1,800 newspapers.

The second thrust will include the introduction of the KING KONG cocktail in all of their January through March magazine and newspaper advertising. All display and point-of-purchase material featuring the cocktail plus the recipe will be distributed nationally to their retail trade, cocktail lounges, taverns and restaurants.

So you can have a headstart in making the cocktail, here is the recipe:

1 oz. Jim Beam over ice—¾ oz. grenadine—fill with orange juice—add a wedge of lime.

And, as part of their famous series, they have created a KING KONG Commemorative Bottle—the first time they have ever produced a bottle to salute a motion picture.

## SEDGEFIELD SPORTSWEAR COMPANY

For the teen and college-age market, Sedgefield, one of the largest manufacturers of jeans, jackets and sportswear, has created a real collector's item — a plastic keychain that has within it a tiny reproduction of the full-color KING KONG poster and a few strands of the actual hair from KONG himself. Special display cards and posters will be used to herald the offering in their 5,000 retail outlets.

Full-page four-color ads will appear in approximately 15 publications such as "Rolling Stone," "Playboy," "Esquire," and "Sports Illustrated."

Further, Sedgefield has launched major campaigns with leading department stores in the top 75 markets. These promotions will produce two full-pages of newspaper ads, half of each ad devoted to the film and half to the jeans. Everything from footprints, to photos, to a 10-foot mock-up of KONG will be featured inside the stores.

## "FAMILY CIRCLE"

KING KONG is on the cover of the January issue of "Family Circle," the largest women's magazine in the world with approximately 10,000,000 circulation. They have created an Iron-On Transfer, bound inside the issue, with instructions for its application.

## SCHRAFFT CANDY COMPANY

A KING KONG milk chocolate and peanut butter candy bar has been created by Schrafft's. KING KONG's head is emblazoned on the orange wrapper as well as the words "inspired by the new motion picture KING KONG."

Television advertising will appear on a number of network game shows including "The Price is Right," "The Gong Show," "$20,000 Pyramid," and "The Don Ho Show."

Point-of-purchase materials will promote the candy and the film in supermarkets and candy stores everywhere.

## GAF CORPORATION

Tieing in with the children's audience, GAF will have an extensive advertising and promotional campaign for their Viewmaster unit consisting of twenty-one 3D pictures made right on the KING KONG set. GAF will ship the reels and giant KING KONG display units to approximately 20,000 retail outlets and supermarkets.

In addition, they are making a premium offer of 2 KING KONG posters which will be heavily promoted with inserts in their film-processing envelopes.

Television advertising to reach the young audience during December, January and February will run on Saturday and Sunday morning kid-strips and on such afternoon favorites as the Mickey Mouse Club.

## 7-ELEVEN STORES

On January 1st, six million special KING KONG 16 oz hi-impact styrene cups will go into use in 7-Eleven stores across the country to promote the chain's special Slurpee drink. The cups feature 6 drawings of the mighty KONG in different heroic moments of his odyssey. 7-Eleven which anticipates the promotion will be carried by approximately 5,000 stores, is looking to the cups to help build a winter-time audience for the Slurpee drink. They plan major market television buys and locally will use posters and banners across the front of their stores. For young collectors they believe the different cups will stimulate multiple sales of Slurpee. Additionally, a special cup featuring KING KONG astride the World Trade Center Twin Towers is being offered to theatres along with special point-of-purchase material for theatre lobbies.

〈킹콩〉의 머천다이징을 위한 타이-인 상품(〈킹콩〉, 파라마운트, 1976).

캐릭터 중심의 머천다이징(〈스타워즈〉, 20세기 폭스, 1977).

단으로 발전하게 된다. 현재 모든 영화사에는 상품 기획 부서가 있으며 마케팅의 일환으로 특허 사업은 560억 달러 규모의 산업이 되었다. 가장 비중이 큰 상품으로는 장난감과 게임, 선물, 출판, 운동복, 옷, 가정용품 등이 있다. 머천다이징과 영화, 특히 하이 컨셉트 영화와의 결합은 너무 완벽해져서 통합 마케팅은 머천다이징과 함께 주된 마케팅 초점으로 여겨지고 있다. 조지 루카스와 달리, 스티븐 스필버그 감독은 영화 〈E. T.〉 제작 전에 이미 마케팅과 머천다이징 가능성을 신중하게 고려했다고 말함으로써 많은 관심을 집중시켰다.

모든 프로젝트가 〈스타워즈〉와 같은 경이적인 머천다이징 기획을 목표로 하지만 상업적으로 성공을 거둔 영화들이 반드시 성공적인 머

천다이징 사업을 가져다주는 것은 아니다. 예를 들어 영화 〈그렘린
Gremlins〉(1984), 〈누가 로저 래빗을 모함했나?Who Framed Roger Rabbit?〉(1988),
〈윌로우Willow〉(1988)는 박스오피스에서는 상당한 히트를 기록했지만 머
천다이징에서는 큰 실패를 기록한 바 있다. 한편 TV 시리즈와 같이 다
른 차원의 미디어와 연계함으로써 영화에서 시작한 상품의 앞날을 더
욱더 확실하게 보장할 수도 있다. 예를 들어 1989년에 나온 영화 〈배
트맨〉의 머천다이징 전략은 만화책과 TV 시리즈물 방영을 통해서 많
은 혜택을 보았는데, 이 두 방법은 새 영화에서 비롯된 상품이 성공할
수 있는 가능성을 상당히 높였다. 1년 뒤 개봉한 영화 〈닌자 거북이
Teenage Mutant Ninja Turtles〉의 경우, 닌자 거북이 만화책, TV 만화 시리즈 등
기존에 있었던 거북이 상품들을 통해서 타이-인 상품 판매에 도움을
줄 수 있는 인지도가 개봉 이전에 상당히 형성되어 있었다. 이러한 2
차 단계의 연계는 심지어 영화 개봉 후에도 일어날 수 있다. 〈고스트
버스터즈Ghostbusters〉(1984), 〈유령수업Beetlejuice〉(1988)의 경우 이들 영화의
머천다이징 상품에 대한 관심을 유지시키기 위해서 TV 만화 시리즈가
개발되었다는 사실을 생각해 보라.

머천다이징은 청소년 시장을 뛰어넘어서 〈람보 2〉와 〈로보캅〉 등의
R등급 영화에서도 발전해 갔다. 성인 영화는 장난감이나 영화 관련 제
품보다는 보조 타이-인 상품에 더 중점을 두는 경향이 있었다. 〈플래
시댄스〉 같은 영화는 스타일의 한 경향을 만들어 냈는데 어깨가 드러
나 보이는 풀오버를 유행시켰고, 〈탑건〉은 전투기 조종사복을, 〈토요
일 밤의 열기〉에는 흰색 쓰리피스를, 〈베이비붐〉은 가장자리가 부드
럽게 처리된 정장 등을 유행시켰다. 판매 수익이 곧바로 나타날 수도
있겠지만 더 중요한 것은 머천다이징으로 인한 직접적인 수익보다는
영화 인지도의 상승이었다.[13] 영화 〈탑건〉과 〈플래시댄스〉의 제작자

인 돈 심슨과 제리 브룩하이머는 확실하게 자리 잡지 못한 타이-인의 마케팅적 가능성을 깨닫기 시작했다. 로널드 그로버<sup>Ronald Grover</sup>는 이 두 제작자에 대해 다음과 같이 이야기한다. "이 두 제작자는 패션의 유행을 불러일으킨 이 영화들로부터 돈을 벌어들이고 싶어 했다. 따라서 그들은 〈플래시댄스〉의 의상이나 〈탑건〉의 전투기 조종사 재킷을 수익화하는 데 있어 파라마운트가 다른 회사들보다 재빠르게 움직이지 못한 사실에 많이 실망했다. 그래서 심슨과 브룩하이머는 새로운 상품 기획 부서를 만들라고 지시했다."

머천다이징은 강력한 인쇄 광고 이미지, 음악, 미디어 전반에 걸친 마케팅처럼 하이 컨셉트 영화에 있어서 중요한 하나의 변수이다. 이러한 마케팅 동력은 할리우드가 마케팅을 중심으로 제작하는 영화에 대해 연구하기 시작하면서 동시에 발달했다. 마케팅에 대한 관심은 재정적인 면에서 신중하고 덜 위험한 영화 제작을 추구했던 영화산업의 거대 복합 기업화 시대로 거슬러 올라갈 수 있다. 세츄레이션 개봉 방식이 영화에 대한 매우 높은 수준의 인지도를 필요로 하게 됨으로써 광고 방송, 음악, 머천다이징을 통한 영화 마케팅은 이런 필요를 충족시키기 위해서 발달하게 되었다. 영화 제작의 한 종류인 하이 컨셉트는 이러한 새로운 마케팅과 가장 잘 들어맞았다. 이러한 마케팅의 메커니즘에 따라 영화산업에서 하이 컨셉트 영화는 메이저 영화사에게 있어 더욱더 중요한 것이 되었다.

이러한 체제의 근간은 1974년부터 시작된 영화잡지 〈버라이어티〉에 실린 일련의 광고를 살펴보면 알아볼 수 있다. 이 광고들은 영화산

---

13) 이런 경향은 변하게 마련이다. 스튜디오들은 패션 트랜드의 가능성에 대해 인식하고 있고 패션업계와 더 많은 라이선스 계약을 맺고 있다.

업에서 점증하는 마케팅의 중요성을 잘 보여 주며 또한 마케팅 지향의 하이 컨셉트 영화의 발전 방향도 보여 준다. 이 광고들은 독자에게 다음과 같이 요청한다. "20세기 폭스, 워너 브러더스, 어윈 앨런<sup>Irwin Allen</sup>이 금세기의 블록버스터를 만드는 것을 지켜보십시오……." 광고의 나머지 부분은 영화 〈타워링〉의 로고와 출연자들의 이름이 나오는 여러 개의 박스로 채워진다. 그 다음 주에는 그 박스가 폴 뉴먼, 스티브 맥퀸 같은 초대형 스타의 이름과 로버트 와그너<sup>Robert Wagner</sup>, 심슨<sup>O. J. Simpson</sup> 같은 스타들의 이름으로 채워진다. 중요한 것은 이 광고가 하이 컨셉트의 핵심 마케팅 요소들을 보여 준다는 것이다. 즉 눈에 띄는 로고, 유명 배우들과 베스트셀러 서적 같은 전매 요소들, 마케팅에 적합한 컨셉트, 책의 출판과 같은 머천다이징 타이-인, 일정한 패턴이 있는 영화 제작 방식 등의 요소들 말이다. 하이 컨셉트와 이러한 마케팅 장치들 사이의 상호 의존성을 한마디로 정리한다면 이제 '내레이션'이라는 단어는 영화의 줄거리를 의미하기도 하지만 또 한편으로는 혁신적인 마케팅 캠페인의 기능을 내포하기도 한다는 뜻이다.

# 하이 컨셉트와 시장조사: 숫자로 만드는 영화 5

**영화산업에서 시장조사의 기원은** 영화에 대한 시장 수요 예측이 실시되었던 1915년으로 거슬러 올라가며, 시장조사가 영화산업의 중요한 하나의 요소로 자리 잡은 것은 1970년대 후반쯤이었다. 영화산업을 주도하던 기업 형태의 변화와 함께 더욱더 정교한 관객 분석 방법이 발달함으로써 당시의 스튜디오들에서 시장조사는 그 자리를 굳건히 하게 되었다. 1980년대 초반, 시장조사가 할리우드 메이저 스튜디오의 영화 제작에 있어 절대적으로 필요한 요소로 등장하면서 모든 메이저 영화사들이 마케팅 비용의 상당 부분을 시장조사에 투자했다. 현재 시장조사 담당자나 스튜디오 부사장은 현지 조사, 집계, 기록을 전문으로 하는 독립 시장조사 업체들과 공조 체제를 구축하고 있다. 이러한 역량이 합쳐지면서 시장조사는 한 영화의 제작 전후 수명에 상당히 중요한 역할을 하게 되었다. 그러나 이는 하이 컨셉트를 할리우드 내 주류 영화 제작 스타일로 인식하는 방법론에 바탕을 두고 있는 것으로 다른 많은 영화 제작 형태에 대해서는 제대로 설명하지 못한다. 이 장에서는 영화산업 내에서 시장조사를 발전시킨 요인들을 설명하기 위해서 먼저 시장조사와 하이 컨셉트의 관계를 현재 할리우드의 상황에 비추어 살펴볼 것이다.

## 시장조사의 성장

체계화된 관객 조사는 할리우드에서 수십 년 동안 실시되었다. 영화 시사회와는 별도로 조지 갤럽George Gallup' Audience Research Inc., 신들링어 앤드 컴퍼니Sindlinger & Company, 레오 헨델 영화 조사국Leo Handel's Motion Picture Research Bureau 등 몇몇 독립적인 시장조사 회사들이 1930년대 후반부터 여러 스튜디오들을 위해 관객 조사를 실시했다. 브루스 오스틴Bruce Austin은 이렇게 개별적인 시장조사 붐이 일어난 것은 2차 세계 대전 후 두 가지 변화에 대한 대응 때문이라고 지적한다. 첫 번째 요소는 TV가 도입되면서 극장을 찾는 관객이 줄어들었다는 것이다. 따라서 영화사들은 관객을 붙잡기 위한 방안을 강구해야만 했다. 두 번째 요소는 월스트리트와 금융업계에 자신들이 지불 능력이 있음을 보여 주어야 했기 때문이다. 당시 시장조사는 시사회에 대한 관객 반응 조사, 영화에 대한 인지도와 관객의 작품 흥미도, 관람 패턴attendance pattern 그리고 영화 광고에 대한 상기도recall 등을 세부 조사하는 것으로 상당히 광범위한 실사였다.

그러나 1970년대에 이르러 시장조사는 더욱 현저한 중요성을 띠게되었다. 이는 영화산업을 논리적이고 경제적인 사업으로 인식하기 위한 초기 노력의 결과였다. 스튜디오를 설립했던 거물들이 죽거나 은퇴한 이후 스튜디오는 거대 복합 기업에 합병되었다. MCA는 1962년 유니버설을, 걸프 앤드 웨스턴은 1966년 파라마운트를, 트랜스아메리카는 1967년 UA를, 그리고 키니 내셔널Kinney National은 1969년 워너 브러더스를 각각 인수했다. 개봉 영화는 줄어들고 제작 비용은 증가하면서 복합 미디어 기업들은 영화 사업에 대해 더 많은 책임을 떠안아야 했다. 이러한 상황에 대해 줄리 샐러먼Julie Salamon은 다음과 같이 언급한다. "스튜디오들은 계절에 맞는 영화들로 배급 계획을 잘 구성해야만 했고, 스튜디오의 최고 경영자는 그 구성 과정에서 책상머리에서의 판단 외에 추가적으로 객관적이며 전문적인 평가와 판단이 적용되기를 원했다. 따라서 임기가 2~3년에 불과한 고용 중역들로서는 이 시장조사를 거치는 업무 프로세스를 담당하는 것이 그들의 자리를 보전하는 데는 상당히 도움되는 일이었다." 결과적으로 거대 복합 미디어 기업들은 시장조사 기법을 적극적으로 수용하게 되었으며 고위 간부들은 일반 소비재 시장에서 늘상 행해지던 마케팅 방법론과 머천다이징의 업무 프로세스에 친숙해지게 되었다.

거대 복합 미디어 기업들은 소비자 조사 분야에 종사하는 고위 간부들을 영입함으로써 일반 소비재 광고와 영화 마케팅의 연계를 더욱 공고히 해 나갔다. 20세기 폭스의 광고·홍보·조사 담당 부사장 조나스 로젠펠드Jonas Rosenfeld는 여론조사 회사인 브리스톨 마이어스Bristole Meyers의 자회사 한 곳을 끌어들여 왔으며 디즈니의 마케팅 담당 부사장 다나 롬바르도Dana Rombardo와 워너 브러더스의 리처드 델 벨소Richard Del Belso는 광고 회사에서 시장조사에 대한 폭넓은 업무 경험을 가진 사람들이었다. 관객 시장조사에 주로 이용되었던 시장조사 기법을 거대 복합 미디어 기업들이 폭넓게 적용하자, 창의성을 강조하는 영화인들은 회의적인 반응을 보였고, 최악의 경우 적대감마저 보였다. 그중 영화 제작자 케이스 베리시Keith Barish의 반응은 가장 적대적이었다. 그는 "거대 복합 미디어 기업들이 점차 스튜디오를 인수하면서 영화를 청량음료나 감자칩 같은 상품으로 취급하기 시작했다. 이들은 그런 상품들과 똑같이 원가 관리, 업무 보고, 시장 테스트 등을 적용하고 있다"고 불만을 토로했다.

더욱 중요한 것은 1970년대 영화 배급 패턴의 변화로 인해 시장조사의 제도화가 앞당겨졌다는 사실이다. 극장을 세내어 지속적으로 영화를 상영함으로써 흥행에 성공한 배급 방식(포 월링)에서 힌트를 얻은 메이저 스튜디오들은 플랫폼 배급보다는 이제 TV 광고 물량 공세를 중심으로 세츄레이션 배급 전략을 추진하기 시작했다. 유니버설이 1975년 6월에 〈죠스〉를 개봉할 때 취한 전략은 이러한 배급 경향의 시작이었다고 할 수 있다. 이러한 개봉 방식은 곧 성행하게 되었으며 관객들이 손꼽아 기다렸던 영화 〈배트맨 2〉(1992)는 무려 2,644개의 극장에서 개봉되었다(당시로서는 엄청난 규모의 극장 점유율이었다). 이러한 배급 방식에서는 개봉 시기에 영화가 얼마나 잘 알려져 있는가가 아주 중요하다. 개봉 첫 주말의 흥행 실적이 좋지 않다면 영화의 장기적인 성공은 불가능에 가깝다. 극장은 그런 영화를 계속해서 상영하려 하지 않을 것이고 또한 광고 지원도 감소할 것이기 때문이다.[1] 영화에 대한 인지도를 높이고 성공적인 개봉을 하기 위한 결과로 인쇄 광고 대신 TV를 통한 광고가 광고 전략의 전형으로 자리 잡게 되었다. 인쇄 광고보다야 예산이 훨씬 많이 투입되기는 하지만 네트워크 TV 방송(전국) 및 지역 TV 방송(지방)이 개봉 첫 주 흥행 성공에 중요했기 때문에 스튜디오들은 광고 표현물의 효율성에 상당한 관심을 집중하게 되

---

1) 크리스틴 톰슨이 지적한 것처럼, 각 스튜디오는 〈버라이어티〉나 〈할리우드 리포터〉에 박스 오피스 성적을 전할 때 스크린 수가 아니라 극장 수를 말해 줄 것이다. 그러므로, 예를 들어 〈배트맨 2〉는 2,644개의 극장의 3,600개 스크린에서 개봉했다고 말하는 게 옳다고 톰슨은 주장한다. 결과적으로, 성공적인 첫 주 개봉 성적을 올려야 한다는 필요성은 더욱 강해진다. 각 스튜디오는 멀티플렉스 극장에서 하나 이상의 스크린을 통해 영화를 상영하여 좌석을 확보하기 때문이다.

었다.

동시에 시장조사는 소비자 행동 예측에 있어 인구 통계학적 측면을 넘어서서 움직이기 시작했다. 1960년대에는 시장조사학계에서 소비자들의 요구, 가치관, 태도나 관심 등의 분석을 통한 심리학적인 측면과 함께 소비자를 정의하는 일련의 시장조사 방법이 개발되었다. 소비 심리학 연구 혹은 '가치관과 라이프스타일' 연구 등 여러 가지로 명명된 시장조사 방법을 통해서 관객들을 성(性), 연령, 교육 수준 등에 따라 여러 계층으로 구분할 수 있었다. 이러한 추가 정보를 통해서 유사한 성향을 지닌 부류나 개인별로 관객들을 분류할 수 있었고, 따라서 영화사들은 더욱 구체적인 마케팅 활동을 펼칠 수 있었다. 따라서 영화사들은 TV 광고를 테스트하고, 목표 관객층의 관심을 살 수 있는 TV 프로그램을 활용함으로써 특정 관객을 겨냥하는 광고 전략을 집행할 수 있었다. 이렇게 TV 광고를 기반으로 한 세츄레이션 배급 개봉 전략과 소비자 조사를 통한 타깃 세분화 등으로 인해 시장조사 방법은 영화계에서 더욱 광범위하게 활용되었다. 결과적으로 시장조사는 영화산업에 상당한 영향을 끼쳤다. 최근 연예 산업 분석가 제프 록스던 ^Jeff Logsdon^은 매년 개봉되는 상위 200개의 영화 중 최소 75% 정도가 어떤 형태로든 시장조사를 거친다고 추정했다.

## 영화산업 속의 시장조사 모델

1980년대까지만 해도 상당히 규격화된 시장조사 방법이 주로 이용되었다. 물론 스튜디오들마다 중점을 두는 시장조사의 기능에 다소 차이가 있으므로 조사 방법에도 서로 차이가 있기는 했지만 스튜디오의 마케팅 책임자들은 영화의 흥행 성공에 시장조사의 역할이 그리 크지 않았음을 특히 강조하곤 했다. 관행화된 일련의 시장조사 방법은 영화 제작의 사전·사후 조사로 크게 구분될 수 있다. 토머스 시모넷Thomas Simonet의 지적처럼 제작 전에 실행하는 사전 조사는 주로 컨셉트 테스트, 배우(캐스팅) 테스트, 영화 타이틀 테스트로 구성된다. 컨셉트 테스트는 전체 시나리오를 짧은 컨셉트 문장으로 정리한 다음 응답자들에게 읽히고, 이를 통해 영화의 매력적인 부분(시장성이 있는 부분)을 찾아내는 것이 주목적이다. 배역 테스트는 시장성이 있는 스타 배우를 찾아내기 위해서, 그리고 동시에 한 스타 배우와 특정 컨셉트가 일치하는지를 확인하기 위해서 실시된다. 영화 타이틀 테스트는 특정 타이틀이 어떤 의미를 내포하게 되는지를 측정한다.

그러나 시장조사의 대부분은 영화 제작이 끝난 후에 이루어진다. 시사회에 동원되는 관객은 특정의 성·연령·생활방식을 가진 사람들로 구성된다. 시사회가 끝나면 참가 관객들에게 영화에 대한 전체 관람 소감을 적게 하고, 영화를 보지 않은 친구에게 어떻게 영화를 설명해줄지 또 어느 정도나 영화를 추천해주고 싶은 마음이 생기는지에 대해 묻고, 영화에 대한 전체적인 묘사, 자신들의 미디어 이용 실태나 성과 연령 등에 대해 적도록 한다. 일부 관객은 집중 집단 면접 조사focus group interview를 위해 자리에 계속 남아 조사 진행자로부터 더욱 심도 있는 인터뷰 조사를 받게 된다. 영화 제작 후 관객을 동원해서 실시하는 시사회 이외에도 시장조사가 실시된다. 인쇄 광고, 예고편, TV 광고 등의 광고물을 테스트한다. 이와 같은 테스트는 광고물을 통해 생성되는 영화에 대한 관심도와 이미지 등을 평가하기 위해서 실시된다.

그러나 이러한 시장조사 방법은 방법론적, 분석적 관점에서 다소 문제가 있다. 그중에서도 특히 영화 제작 전에 이루어지는 사전 조사는 규정적 판단으로 인해 비판을 받는다. 좀 더 구체적으로 말한다면, 창조적 결정에 관해 정량적 수치로 평가를 내릴 수 있는가 하는 것이다.

제작 후에 이루어지는 사후 조사는 비교적 덜 혹독한 평가를 받게 마련인데, 아직 채 완성이 안 된 상태에서 평가를 받는 것보다는 이미 작품으로서 완성된 상태에서 평가받는 것이 조사 결과를 더 개선시키는 방향으로 작용하기 때문이다.

제작 전에 실시하는 사전 시장조사에서 가장 현저하게 드러나는 방법상의 문제는 어떤 영화가 너무나 혁신적이어서 참고할 만한 레퍼런스가 전무할 때 그런 혁신적인 컨셉트를 조사 응답자에게 적절하게 설명해 줄 방법이 없다는 것이다. 한 베테랑 마케팅 컨설턴트는 다음과 같이 지적한다. "작품이 정말 혁신적인 컨셉트라면 정확한 시장조사를 위해 우리가 피조사자에게 최적의 설명을 제공하는 것은 정말 어려운 일이다."

따라서 특정 장르를 분명하게 표방하는 영화는, 장르와 장르를 혼합함으로써 장르의 경계를 벗어난 영화보다는 컨셉트의 형식 면에서 더 매력적인 경향이 있다. 따라서 로맨틱 코미디 〈귀여운 여인〉이 코미디 가족 드라마 〈아발론<sup>Avalon</sup>〉(1990)보다 컨셉트를 테스트하기가 훨씬 수월했을 것이다. 왜냐하면 후자는 장르가 혼합되어 있어 하나의 컨셉트로 규정하는 것이 거의 불가능하기 때문이다. 이러한 요소는 하이 컨셉트 영화에 대해 분명한 의미를 가진다. 즉, 하이 컨셉트 영화의 경우는 장르적 분명함과 더불어 이전에 성공한 작품의 사례로 인하여 조사 응답자들이 참조점<sup>reference point</sup>을 즉각적으로 떠올릴 수 있게 되는 것이다. 따라서 하이 컨셉트 영화는 다른 요소들이 동일하다고 가정한다면 로우 컨셉트 영화보다 컨셉트의 분명함이라는 측면에서 더 높은 점수를 받는 것은 당연하다.

사전 시장조사의 또 다른 한계는 영화라는 매체의 시청각적인 특징을 표현하기가 어렵다는 점이다. 〈블레이드 러너<sup>Blade Runner</sup>〉(1982), 〈악마의 키스〉, 〈마음의 저편<sup>One from the Heart</sup>〉(1982)과 같이 시각적 이미지에 전적으로 의존하는 영화나, 〈퍼플 레인〉, 〈플래시댄스〉, 〈섬씽 와일드 Something Wild〉(1986)와 같이 사운드트랙에 의존하는 영화는 마케팅 컨셉트만으로 정확하게 설명할 수 없다. 한 예로, 〈퍼플 레인〉이 어떤 컨셉트가 될 수 있는지 살펴보자. "이 영화는 가수 프린스를 주연으로 하는 연극적인 뮤지컬로서, 프린스의 신곡 여덟 곡이 뮤직비디오 형식으로 촬영된 것이다." 컨셉트에 대한 이런 언급은 모두 사실이지만, 영화의 시각적 · 청각적인 스타일을 충분히 전달하지는 못한다. 컨셉트에 대해 설명을 들은 한 응답자는 영화 자체의 매력보다 가수 프린스에 대한 흥미를 지적할 것이다. 비슷한 예로, 배역 테스트를 할 때 자신이 친숙한 장르에서 연기하는 스타 배우들이 유리하다. 컨셉트 테스트는 주로 스타 배우가 주도하는 영화나 아니면 적어도 흥행을 보증하기 위해 스타를 캐스팅하는 하이 컨셉트 영화에 대한 평가 방법으로서, 이 같은 조사 방법은 하이 컨셉트 패러다임에는 완벽하게 부합한다.

이러한 한계를 부분적으로나마 보완하기 위해 시장조사 전문가들은 또 다른 방법에 의지하기도 한다. 그렇지만 이는 분명히 어느 정도 또 다른 문제를 야기한다. 또 다른 방법이란, 테스트할 영화와 똑같은 장르로서 이미 시장에서 성공한 다른 영화를 연계시켜 시장 가능성을 예측해 보는 것이다. 예를 들어, 소방관을 다룬 영화 〈분노의 역류 Backdraft〉(1991)는 컨셉트 면에서 '영화 〈타워링〉을 잇는 놀라운 흥미진진함과 죽음을 거부하는 드라마'로 분류할 수 있다는 식이다. 그러나 응답자로서는 위에 언급된 두 영화를 거의 동일한 내용과 형식의 영화로 볼 수 있기 때문에, 이런 컨셉트 기술(記述)에 바탕을 둔 관심도는 왜곡될 수 있을 것이다. 즉 새로운 영화에 대한 관심은 아마도 대부분 두 영화가 동일하다는 가정에 근거한 것일 텐데, 이는 물론 그릇된 가

정일 것이기 때문이다.

　컨셉트 기술에 쓰여질 수식어로 어떤 단어를 선택하느냐 또한 영화에 대한 관심도에 꽤 영향을 줄 수 있다. 예를 들어, 〈분노의 역류〉를 어드벤처 영화로 분류한다면 이 영화는 '손에 땀을 쥐게 하는', '강력한' 또는 '일생 동안 본 영화 중 가장 스릴 있는 어드벤처' 등으로 표현될 것이다. 시장조사원들은 영화의 기본 스토리라인이 영화에 대한 관심에 어느 정도까지 영향을 미치는지 명확하게 구분해 내지 못한다. 더 중요한 것은 컨셉트 기술을 구성하는 용어를 선택함에 있어 단어 하나하나가 이 영화에 대한 기본적인 관심을 어느 정도까지 뒤바꿀 수 있을 것인지조차도 명확히 구분하지 못한다. 영화에 대한 소비자 관심도 측정에서 발생할 수 있는 이런 오류를 스튜디오들이 지적한 바 있다. 영화 및 TV 분야의 시장조사 분야를 선도하는 연구가 조셉 패럴 Joseph Farrell에 대해 다음과 같은 기사가 실린 적이 있다. "한 스튜디오의 마케팅 임원은 '패럴은 영화 〈로켓티어The Rocketeer〉(1991)에 대해 크게 빗나간 예측을 했다. 왜냐하면 이 영화가 개봉되었을 때 이 영화를 〈레이더스〉와 비교했기 때문이다'라고 회상한 적이 있다. 또 여름에 개봉한 〈쿨월드Cool World〉(1992)에 대해서 시장조사를 할 때 패럴은 이 영화를 '영화 〈누가 로저 레빗을 모함했나?〉를 잇는 새로운 영화'라고 기술했다. 이것은 '컨셉트'를 기술한 것이라기보다는 차라리 그저 이 영화의 '광고 카피'에 불과하다고 보는 것이 더 정확할 것이다."

　조사에 동원된 잠재 관객들 대상의 시사회를 포함하는 영화 제작 후 조사가 영화산업 내에서 광범위하게 수용되기는 했지만 조사 방법론 면에서 여전히 문제점을 내포하고 있다. 영화 흥행 성공을 예측하는 한 방법으로서 관객 시사회가 가지고 있는 가장 큰 어려움은 조사 표본의 산출이다. 통계학적 분석의 가장 기본적인 방법에 의해 시장조사원들은 전체 영화 관객층을 대표할 만한 영화 관객 표본을 선별한다. 이 과정에서 가장 어려운 점은 일반 영화 관객의 특징을 어떻게 규정하느냐의 문제다. 특히, 일반 영화 관객이라는 것이 영화 제작자가 영화를 기획하면서 겨냥한 추상적인 대상 관객층인지 아니면 전체 영화 관객을 대표하는 관객인지 규정하는 것이 가장 어렵다는 것이다.[2] 표본 산출의 문제는 시사회에 참석하는 관객들이 성별이나 연령뿐 아니라 출신 지역, 소득 수준, 교육 정도에 따라 차이가 난다는 사실을 고려할 때 더욱 까다로워진다.[3] 이런 고유하게 내재된 문제점 때문에 조사에 동원된 관객의 연구 결과를 제한적인 영화 관객 샘플 이상으로 확대하는 것은 위험한 것이다.

영화산업이 계속적으로 거대 복합 기업화하는 경향으로 발전해 오면서, 새로운 작품의 아이디어에 대한 관객들의 '친숙성'을 확보함으로써 경제적인 위험을 최소화하려는 형식인 하이 컨셉트 영화에 할리우드는 특별한 지위를 부여하게 되었다. 하이 컨셉트 영화는 주요 관객층이 쉽게 (다른 작품을 참고하고 선호 여부를 판단해 줄 수 있는) 참조점을 찾을 수 있다는 점에서 수익적 측면에서는 스튜디오들에게 매력적이다. MCA 대표 톰 폴락Tom Pollock은 "스튜디오들이 대형 블록버스터를 제작하는 것은 마케팅 때문이다. 블록버스터는 관객들에게 즉각적으로 일체감identity을 형성시키기 때문이다"라고 지적한다. 이렇게 곧바로

---

2) 이런 문제를 가장 잘 보여 주는 예로서, 카린 제임스Caryn James는 〈메이드 인 헤븐Made in Heaven〉의 시사회 때의 일을 다음과 같이 묘사한 적이 있다. 시사회에서 시장조사원들은 앨런 루돌프Alan Rudolph 감독에게, "(영화를 개봉할 때) 아무리 멍청한 바보 관객이라도 볼 수 있는 영화를 만들어야 한다"고 말했다. 이에 대해 루돌프 감독은, "더 똑똑한 관객용으로 만들면 왜 안 되지?"라고 되물었다.

3) 또한, 시사회를 무료로 실시하기 때문에 편견이 생기기도 한다. 관객들은 자신이 돈을 내고 보는 것보다 무료로 영화를 보면 좀 더 관용적인 태도를 취하는 경향이 있다.

생성된 일체감은 응답자들이 과거에 이미 보았거나 알고 있는 친숙한 영화와 새 영화를 비교해 볼 수 있기 때문에 시장조사에서 더 큰 호의적인 반응을 얻어 낼 가능성이 높아진다. 따라서 지난 20년 동안 활발하게 추진되어 온 '패키징'[4] 은 영화 시장조사의 영향력 확대와 상당히 큰 상관관계가 있다. 시장조사는 어떤 의미에서 하이 컨셉트 영화 제작을 구체화하고 더욱 촉진하는 데 크게 일조했다고 볼 수도 있다.

## 사례 연구: 흥행 수익도 결정

시장조사에서 조사 표본을 선정하고 조사 계획을 수립할 때 나타날 수 있는 단기 프로젝트의 문제점들은 장기 프로젝트에서도 비슷하게 발생한다. 단기 프로젝트가 특정한 하나의 영화에 대한 분석과 마케팅 전략의 수립에 그 관점이 맞춰지는 반면, 메이저 스튜디오들이 추진하는 장기 프로젝트에서는 세월의 변화에 따른 영화 관객들의 태도 및 기호의 변화를 파악하는 것이 목적이다. 시장조사의 방법론적 한계점과 하이 컨셉트 영화 제작 경향은 장기 시장조사 프로젝트에 대한 면밀한 분석을 통해서 잘 이해할 수 있다.

　여러 가지 이유로 하이 컨셉트 영화의 경우는 다른 종류의 영화들보다도 제작 전후에 많은 시장조사를 실시한다. 시장조사와 하이 컨셉트 영화가 연관되는 것은 하이 컨셉트 영화가 상업적인 측면을 강조하기 때문이다. 이렇게 '공식'에 따르는 영화는 가능한 많은 목표 관객층이 관람하도록 고안된다. 목표 관객층이 아니었던 다른 그룹의 관객들이 이 영화를 보게 되는 것은 계획이 아닌 희망 사항이다. 영화업계의 이

---

4) Packaging. 이전에 크게 상업적으로 성공한 몇 작품을 레퍼런스로 삼아, 영화를 새로 기획할 때 아이디어를 여기저기서 차용하여 짜 맞추듯이 조합해서 만들어 내는 작품의 기획 제작 방식이다.

러한 방법적 접근은 스토리라인, 장르, 인기 배우, 믿을 수 있는 감독이라는 요소를 통해 하이 컨셉트 영화가 많은 수익을 보장한다는 것을 분명하게 보여 준다. 하이 컨셉트 영화가 구성 요소들로 분해하는 것이 가능하다면, 이 같은 영화는 그 어떤 다른 영화보다 특정한 영화의 요소를 설명하기 위한 모델에 적합할 것이다. 결과적으로, 각기 다른 다양한 유형의 영화의 인기도를 추적 측정tracking하는 장기적 관점의 시장조사는, 장르·인기 배우·마케팅 유인력 등으로 간단하게 분류할 수 없는 로우 컨셉트 영화보다는 하이 컨셉트 영화—고도로 패키징되고 공식화된—의 흥행적 성과를 더욱 정확하게 예측해 낼 수 있다. 따라서 장·단기 시장조사에서는 하이 컨셉트 영화가 더 유리한 결과를 얻게 되며, 그 결과 시장조사는 하이 컨셉트 영화를 더 촉진하게 된다.

시장조사와 하이 컨셉트 영화의 상호 관계를 파악하는 한 가지 방법은 '흥행' 영화가 갖추고 있는 요소들을 설명할 수 있는 통계 모델을 개발하는 것이다. 필자는 하이 컨셉트 영화 전성기(1983~1986년)에 개봉된 영화를 통해 각 영화의 최종 흥행 수입을 설명할 수 있는 모델을 만들 것이다. 이 모델 설정의 목표는 하이 컨셉트 영화와 흥행 성공에 대해 다른 영화들의 경우보다 더 정확하게 설명할 수 있는지 알아보는 것이다. 이 모델을 더욱더 세분화시켜 흥행 수익에 긍정적인 영향을 미칠 수 있는 요소들을 가지고 흥행 수익을 설명할 것이다. 또 흥행 수익을 설명할 수 있는 다양한 변수들의 상대적 영향력을 파악할 수 있을 것이다. 따라서 변수들의 상대적 가치를 미리 알 수 있다면 이 모델은 향후 영화 흥행 수익을 예측하는 데 이용될 수 있을 것이다. 흥행 수익을 예측하기 위한 이와 같은 시도는 영화산업에서 하나의 장기 시장조사 방법이 될 수 있을 것이다.

1983년에서 1986년까지의 영화를 포괄하는 표본에는 하이 컨셉트 영화라는 부분 집합도 포함될 것이다. 이 특별한 프로젝트에서 하이 컨셉트 영화는 영화의 스타일, 머천다이징과 라이선싱에 대한 관계, 그리고 마지막으로 리메이크 혹은 후속편이나 시리즈 제작을 통한 '재연repetition' 이라는 세 가지 측면으로 정의된다. 재연의 측면에서 볼 때 하이 컨셉트 영화는 프로듀서에게는 일종의 경제 활동, 즉 돈으로 볼 수 있다. 관객의 흥미를 보장하기 위해 흥행이 확실한 영화를 반복하는 것이다. 이러한 재연의 가장 확실한 형태는 리메이크, 후속편 제작 그리고 시리즈 영화로서, 이 세 방법 모두 흥행 성공을 위한 하나의 공식이다. 1983년에서 1986년까지의 모든 영화들과 하이 컨셉트 영화들을 비교해 보면 대중적 인기도와 관련하여 하이 컨셉트 영화가 다른 영화들과 어떻게 다른지 그 차이점들을 설명할 수 있을 것이다.

## 박스오피스 수익에 긍정적인 영향을 미치는 과정에 대한 이론화

정량적 관객 조사는 매스 커뮤니케이션 부문에서 오랜 역사를 가지고 있다. 그리고 좀 더 구체적으로 영화 관객 연구에 대한 자료는 브루스 오스틴의 저서 《영화 관객: 전세계 시장조사 목록The Film Audience: An International Bibliography of Research》에 요약되어 있다. 배리 리트먼의 《극장 영화의 성공 예측: 새로운 경험적 증거》는 변수나 도출된 결과 측면에서 봤을 때 정량적 조사의 유용한 출발점을 제공한다. 리트먼 연구의 목적은 영화의 극적인 요소들의 성공을 밝히는 것이었다. 리트먼이 극장 영화의 성공을 설명하는 데 있어서 기본적으로 중요하다고 선택한 세 가지 변수는, 크리에이티브 측면, 배급 스케줄과 패턴, 마케팅 투입 요소로 구성되어 있다. 리트먼은 극장 매출에 영향을 미치는 변수를 다음과 같이 세분한다. 순제작비adjusted negative cost[5], 배급사, 시상식 후보 지명 및 수상 여부, 관람 등급, 평단이 작품을 평가한 별점의 개수, 캐스팅된 배우와 감독 등 스탭들의 유명도, 장르, 개봉 상영 극장/스크린 수, 인쇄 광고 집중도, 개봉 날짜 등이다. 리트먼은 내재적으로 수량화가 불가능해 보이는 변수들에 대해 유용한 '대체proxies' 기준을 제시한다. 다시 말해 리트먼은 통계 모델에 포함시키기 힘들거나 불가능한 요소들에 대해 대체 변수를 제시한다는 것이다. 예를 들어, 리트먼은 '만약에 한 감독이 표본으로 선정된 영화 이전 4년 동안 아카데미상 후보로 오른 적이 있거나 혹은 7년 동안 아카데미상을 수상한 적이 있다면' 그의 명성이 수익에 영향을 미친다고 생각한다.

리트먼이 제시한 모델의 몇 가지 특징은 다른 연구에서 더욱 발전되었다. 가령, 브루스 오스틴은 영화에 대한 악평이 박스오피스에 미치는 영향을 고찰했다. 설문 조사와 면접을 바탕으로 한 조사를 통해 오스틴은 관객 동원의 한 기준으로 영화 비평과 평론이 중요하다고 주장한다. 일반적으로 영화 평론은 가끔씩 영화를 보는 관객보다 자주 관람하는 관객에게 더 중요하다. 오스틴의 중요한 발견 한 가지는 주요 영화 평론가들의 '엘리트 의식' 인데, 788편의 영화에 대해서 '관객들이 평론가들보다 훨씬 더 긍정적으로 평가한다' 는 것이다. 이러한 결론은 관객이나 평론가의 평가 중 일부 형태는 이 모델에 포함시킬 만한 가치를 지니고 있음을 보여 준다.

토머스 시모넷과 케네스 하우드Kenneth Harwood는 영화감독과 박스오피스 수입 사이의 관계에 비중을 두었다. 이들은 평단으로부터 좋은 평을 받는 감독이 반드시 많은 수익을 올리는 감독은 아니며, 관객들은 감독을 '작가' 로 보지도 않는다는 것을 알게 되었다. 그러나 이 문제

---

5) 영화의 제작과 개봉을 위해 드는 총 비용을 제작비라 한다. 이 중 프린트 제작비와 광고 판촉비를 제외하고, 필름 제작에 들어간 순수한 제작 비용을 순제작비라 한다.

를 다른 각도에서 살펴보면서 시모넷은 단독 연구를 통해 한 감독의 이전의 흥행 성공과 후속 영화들의 성공 사이에는 강력한 상관관계가 존재한다는 것을 보여 주었다.

학계와 영화계는 스타 배우가 박스오피스 수입에 얼마나 기여하는 지에 대해 더욱 관심을 갖기 시작했다. 영화계의 자금 지원으로 실시된 갤럽 조사를 시작으로, 할리우드에서는 연기자의 '시장 가치'를 측정하기 위한 노력을 계속해 왔다. 시장조사를 책임졌던 데이비드 오길비David Ogilvy는 "스타 배우들이 영화 수익에 얼마나 기여했는지를 계산했고, 고객들(영화사)에게 배우들이 얼마를 받아야 하는지 알려 주었다"고 얘기했다. 고람 킨뎀Gorham Kindem의 저서 《할리우드 스타 배우 시스템: 역사적 조망Hollywood's Movie Star System: A Historical Overview》은 스타 배우와 영화 흥행 수익 사이의 관계를 밝히기 위해 시도되었던 여러 분석 방법을 종합해서 제시한다. 저자 킨뎀은 스튜디오 위주의 영화 제작 시스템이 지속되었던 기간과, 흥행력 있는 스타 배우의 경제적 의미 등에 대해 많은 지면을 할애하면서 이 논의에 많은 기여를 하며 흥미도 불러일으켰다. 킨뎀은 지난 20년을 뒤돌아보면 인기 스타와 콘텐츠 사이에 상호 의존성이 점차 증가하고 있다고 주장한다. "배우 샐리 필드Sally Field, 존 트래볼타, 골디 혼Goldie Hawn, 올리비아 뉴튼 존, 헨리 윙클러Henry Winkler, 바브라 스트라이샌드, 크리스 크리스토퍼슨 등은 영화계에서 스타로 인정되기 전 이미 TV 및 음반업계에서 인기 스타가 되어 있었다." 따라서 다른 미디어에서 인기가 검증된 스타들에 대한 신뢰감은 영화 제작자들에게 하나의 흥행 보증 수표로 작용한다.

신뢰할 수 있는 연기자와 관련해 고려하는 또 다른 요소는 배우와 특정 장르 간의 조화이다. 영화감독 존 배드햄John Badham은 "〈록키 4〉(1985)라면 그것이 흑인 지도자에 관한 105분짜리 영화라고 하더라도 그 영화를 보러 오는 관객이 있을 것이다. 반면 〈오버 더 톱<sup>Over the Top</sup>〉(1987)은 심각한 문제점을 가진 영화이다. 이 작품에서 실베스터 스텔론은 〈브론코 빌리<sup>Bronco Billy</sup>〉(1980)의 클린트 이스트우드처럼 그의 장르에서 일탈했다"고 지적한다. 필자가 선별한 영화들에 대해서도 배드햄의 지적은 옳다. 빌 머레이는 〈고스트 버스터즈〉류의 코미디에는 제격이지만 〈면도날<sup>The Razor's Edge</sup>〉(1984)과 같은 우울한 영화에는 어울리지 않는다. 존 트래볼타는 뮤지컬 속편인 〈스테잉 얼라이브〉에서는 많은 관객을 끌어들였지만 폭로 드라마인 〈퍼펙트<sup>Perfect</sup>〉(1985)에는 맞지 않았다. 스티브 마틴<sup>Steve Martin</sup>이 〈신부의 아버지<sup>Father of the Bride</sup>〉(1991)나 〈결혼 만들기<sup>Housesitter</sup>〉(1992) 같은 영화에서 펼친 코믹 연기는 관객들을 끌어들일 수 있었지만 〈내 사랑 시카고<sup>Pennies from Heaven</sup>〉(1981)나 〈그랜드 캐니언<sup>Grand Canyon</sup>〉(1991)과 같은 드라마에서는 실패했다. 리트먼 모델에서 한 가지 가능한 조정은 스타와 한 장르가 너무 동일시되어 보이는 경우 특정 장르에 스타 배우들을 한정시키는 것이 될 것이다.

오스틴은 또한 그의 연구 〈영화 등급이 관객 동원에 영향을 주는가?<sup>Do Movie Ratings Affect a Film's Performance at the Ticket Window?</sup>〉를 통해 미국영화협회<sup>MPAA</sup>의 평가(등급 심사)가 관객에 미치는 영향을 분리시켰다. 어떤 시나리오와 이 시나리오에 대해 예상되는 MPAA의 등급을 설문지 문항에 삽입하여 피실험자들이 영화에 대한 선호도 등급을 매기도록 했다. 오스틴은 PG 등급 영화(부모 동반 등급 영화)나 R 등급 영화(17세 이하 보호자 동반 등급 영화)의 관객 동원이 G 등급 영화(모든 사람 관람가 영화)나 X 등급 영화(18세 이상 관람가 영화)보다 훨씬 높을 가능성 있다는 것과, PG 등급 영화와 R 등급 영화의 관객 동원에는 커다란 차이가 없다는 것을 발견했다.[6] 오스틴의 연구와 관객 선호도에 영향을 미치는 요소에 대한 다른 연구는 영화 흥행 수익을 설명하는 모델에 포함될 중요한 변수를 제공한다.

## 모델의 구체화

여기서 모델을 통해 설명하고자 하는 변수, 즉 모든 가능한 영향을 통해 이야기하고자 하는 요소는 바로 영화 한 편당 배급사에 돌아가는 극장 수입이다. 〈머피의 박스오피스 리지스터Murphy's Boxoffice Register〉지는 주간 및 연간 흥행 수익 기록을 제공한다. 필자는 가능한 한 폭넓은 표본을 만들기 위해서 1983년에서 1986년 사이에 개봉한 영화들 중에서 흥행 수익이 100만 달러가 넘는 영화들을 모두 조사에 포함시켰다. 영화가 와이드 릴리스되었다면 최소 100만 달러 흥행 수익 달성이 거의 확실히 보장되므로, 와이드 릴리스된 영화의 대부분이 이 그룹에 속한다. 또한 1983년에서 1986년까지의 기간은 하이 컨셉트가 완전히 발달한 시기이며 메이저 스튜디오들은 하이 컨셉트 영화에 따라 영화 제작 스케줄을 완벽하게 조정했다.[7]

박스오피스 수익에 긍정적인 영향을 미칠 수 있는 모든 요소들을 분석해 보면 일련의 해석 변수들을 도출해 낼 수 있다. 첫 번째 해석 변수는 각 영화의 배급사이다. 여섯 개의 메이저 배급사는 파라마운트, 20세기 폭스, 유니버설, 콜럼비아, 워너 브러더스, MGM/UA 등이다.

---

6) 이 연구는 PG 등급이 도입된 1984년 이전에 실시되었다.

7) 조사 기간이 4년이기 때문에 영화 입장료가 해당 기간 동안 일정하지 않았다. 영화연감Motion Picture Almanac에서 제공한 수치를 보면, 1983년 3.15달러, 1984년 3.34달러, 1985년 3.51달러, 1986년 3.67달러로 입장료가 꾸준히 상승했음을 알 수 있다. 이와 같은 입장료 인상폭을 고려한 수입을 계산하기 위해 1983년을 기준으로 하여 입장료 지수를 개발했다. 그렇게 하면 1984년 1.06, 1985년 1.11, 1986년 1.17이 되며, 영화당 총 수입도 감소한다. 이렇게 조정하면 조사 대상이 된 영화, 즉 최소한 100만 달러 이상의 수입을 올린 영화 수는 518개에서 512개로 감소한다.

표본 산정 기간 동안 MGM/UA는 두 개의 개별회사 MGM과 UA로 각각 분리되었고 배급사는 공유했다. 이에 대한 분석을 위해서 필자는 두 회사의 영화를 MGM/UA의 영화로 간주했다. 마이너 배급사는 오라이언, 트라이스타, 디즈니/터치스톤 등이다. 이 영화사들은 대형 영화사들처럼 장기적인 개봉 스케줄이 없었으며 집중적인 영화 제작과 여러 다양한 개봉 방법을 통해 누릴 수 있는 규모의 경제의 이점도 없었다. 드 로렌티스 엔터테인먼트 그룹<sup>De Laurentiis Entertainment Group</sup>, 캐논, 뉴월드<sup>New World</sup>, 뉴라인<sup>New Line</sup>, 엠버시<sup>Embassy</sup> 등은 독립 영화사로 분류된다. 메이저 스튜디오들이 배급이나 마케팅 전문성에서 비교가 되지 않는 독립 영화사들보다 흥행 수익 면에서 훨씬 유리할 것으로 예측할 수 있다.

두 번째 해석 변수는 영화의 등급으로, R 등급 영화의 관객 수가 제한되는 영향을 미치거나 영화 속 성인을 위한 내용에 부정적 혹은 긍정적인 지침 역할을 함으로써 흥행 수익에 영향을 미칠 수 있다. 이 요소를 설명하기 위한, MPAA 평가 시스템에 따르는 두 번째 변수들은 G 등급, PG 등급, PG13 등급, R 등급 등으로 구성되어 있다. X 등급은 해당사항이 없었기 때문에 변수에서 제외했다.

세 번째 해석 변수는 개봉일이다. 1975년 영화 〈죠스〉가 경이적인 개봉 성적을 거둔 이후, 여름은 영화 개봉의 최적기로 간주되었다. 실제로 현재 흥행 수익의 40%가 여름에 발생한다. 이러한 개봉 시기는 젊은 층에 대한 공략과 함께 발달했다. 크리스마스 휴가 기간 역시 영화 개봉에 아주 중요한 시기다. 이 기간은 주로 작품성이 뛰어나 아카데미상 후보에 오르는 작품이 개봉되는 시기였지만 여전히 블록버스터 영화들이 개봉되기도 했다. 여름 시즌과 크리스마스 휴가 시즌은 계속 늘어나서 영화업계의 여름은 5월 전몰 장병 추도 기념일 전에 시작되며 크리스마스 시즌은 11월 추수 감사절 휴가 기간 이전부터 시작된다.[8] 이 두 기간이 흥행 수익에 실제로 긍정적인 영향을 주는지를 알아보기 위해서 필자는 두 가지 변수를 이용했다. 필자는 이 두 시즌이 수익에 긍정적인 영향을 미친다고 생각한다. 다시 말해 여름 시즌과 크리스마스 휴가 시즌은 다른 시즌에 비해 흥행 수익에 보탬이 된다는 것이다. 개봉일은 〈머피의 박스오피스 리지스터〉에 기록된 영화의 첫 와이드 릴리스 날짜를 참조했다.

시장조사원들은 종종 영화 타이틀과 스타 배우에 관한 조사에서 관객들의 초기 '관람희망도want-to-see'를 바탕으로 삼는다. 이렇게 스타 배우를 전면에 내세우는 것은 영화계에서 스타 배우를 가장 중요한 '인적 자본'으로 생각한다는 것으로, 스타 배우의 중요성을 잘 보여 준다. 흥행 수익에 긍정적인 영향을 끼치는 이 요소를 평가하기 위해서 어떤 영화에 신뢰할 수 있는 스타 배우의 등장을 이 모델의 네 번째 해석 변수로 간주하고자 한다. 리트먼의 연구의 한 방법을 이용해 필자는 퀴글리 출판사Quigley Publications에서 출간한 《미국 체인망/독립 극장주 연례 조사Annual Poll of Circuit and Independence Exhibitors in the United States》가 최고 스타로 지정한 배우 10명을 살펴볼 것이다. 올해 개봉하는 영화라고 가정할 경우, 이전 3년 동안 10명의 최고 배우 리스트에 올랐던 적이 있는 배우가 출연한다면 이 영화는 신뢰할 수 있는 배우를 보유하고 있다고 볼 수 있는 것이다.[9] 따라서 1986년에 개봉된 영화에 1983~1985년 사이에 10명의 최고 배우 리스트에 올랐던 배우가 출연한다면 이 영화에

---

8) 예를 들어, 〈인디애나 존스와 마궁의 사원〉은 1984년 5월 개봉하여 3,380만 달러, 〈람보〉는 1985년 5월 개봉하여 2,510만 달러, 〈록키 4〉는 1985년 11월 27일 개봉하여 1,990만 달러, 〈스타트랙 4〉는 1986년 11월 26일 개봉하여 1,680만 달러의 수입을 올렸다.
9) 이 변수는 이진법으로서 스타가 있는 영화는 1, 없는 영화는 0으로 처리된다.

는 신뢰할 수 있는 배우가 출연하는 것이다. 매년 발표되는 10명의 최고 배우 전체 리스트는 〈표 3〉에 나와 있다.

**〈표 3〉 회귀 분석 모델을 위한 신뢰할 수 있는 인기 배우**

| 1983년 | | |
| --- | --- | --- |
| 버트 레이놀즈 | 리처드 기어 | 더스틴 호프만 |
| 폴 뉴먼 | 클린트 이스트우드 | 존 트래볼타 |
| 해리슨 포드 | 실베스터 스탤론 | 샐리 필드 |
| 앨런 알다 | 더들리 무어 | 시시 스페이식 |
| 보 데렉 | 리처드 프라이어 | 바브라 스트라이샌드 |
| 골디 혼 | 돌리 파턴 | 스티브 마틴 |
| 빌 머레이 | 제인 폰다 | |

| 1984년 | | |
| --- | --- | --- |
| 클린트 이스트우드 | 리처드 기어 | 제인 폰다 |
| 에디 머피 | 체비 체이즈 | 폴 뉴먼 |
| 실베스터 스탤론 | 톰 크루즈 | 앨런 알다 |
| 버트 레이놀즈 | 더들리 무어 | 보 데렉 |
| 존 트래볼타 | 리처드 프라이어 | 골디 혼 |
| 더스틴 호프만 | 돌리 파턴 | 빌 머레이 |
| 해리슨 포드 | | |

| 1985년 | | |
| --- | --- | --- |
| 클린트 이스트우드 | 프린스 | 더스틴 호프만 |
| 에디 머피 | 댄 애크로이드 | 리처드 기어 |
| 샐리 필드 | 메릴 스트립 | 체비 체이즈 |
| 버트 레이놀즈 | 실베스터 스탤론 | 톰 크루즈 |
| 로버트 레드포드 | 존 트래볼타 | |

| 1986년 | | |
| --- | --- | --- |
| 실베스터 스탤론 | 해리슨 포드 | 프린스 |
| 에디 머피 | 마이클 더글러스 | 댄 애크로이드 |
| 클린트 이스트우드 | 메릴 스트립 | 존 트래볼타 |
| 마이클 J. 폭스 | 샐리 필드 | 더스틴 호프만 |
| 체비 체이스 | 버트 레이놀즈 | 리처드 기어 |
| 로버트 레드포드 | 톰 크루즈 | 척 노리스 |
| 아놀드 슈워제네거 | | |

※ 〈표 3〉~〈표 9〉까지의 자료는 세계영화연감(The International Motion Picture Almanac) 에서 인용했다.

이와 유사하게, 신뢰할 수 있는 감독을 설명하는 변수 또한 과거 실적에 근거한다. 지난 3년 동안 20명의 최고 감독이 자료화되어 있다. 이 감독들 중에서 올해 영화를 연출한 감독이 있다면 이 모델은 '시장성 높은 감독' 이라는 또 다른 변수를 포함하게 된다.[10] 한 감독이 과거 3년 동안 1편 이상의 최고 영화를 만들었을 가능성이 있기 때문에 연간으로 따지면 '시장성 높은 감독' 은 60명이 안 된다. 1983년에서 1986년까지 '시장성 높은 감독' 리스트는 〈표 4〉에 나와 있다. 상위 20위 영화에 대한 자료는 〈머피의 박스오피스 리지스터〉와 연예계의 대표적 주간지인 〈버라이어티〉가 매년 선정하는 '주요 흥행 영화The Big Rental Films' 집계에 바탕을 두고 있다. 신뢰할 수 있는 감독은 흥행 수입에 긍정적인 영향을 미치는데, 왜냐하면 상위 20위 내의 영화를 연출한 적이 있는 감독은 또 다른 신뢰할 수 있는 영화를 연출할 수 있을 것이라는 기대감이 있기 때문이다.

대부분의 영화평론에는 어떤 면에서는 '과장된' 카피가 포함되어 있다. 예를 들어 비교적 지적인 성향으로 분류될 수 있는 자넷 마슬린Janet Maslin과 빈센트 캔비Vincent Canby에서부터 대중적이며 압축적인 스타일을 구사하는 평론가(시스켈Siskel과 에버트Ebert는 "최고다"라며 영화를 추천하기도 한다)에 이르기까지, 영화에 대한 평론가들의 의견은 잠재 관객에게 영화의 질적 수준에 관해 하나의 신호로서 작용한다. 따라서 필자는 전국 평론가들의 영화평 평균치에 기반을 둔 영화평론을 또 다른 해석 변수로 모델에 포함시켰다. 극장 경영자를 위한 업계지인 〈박스오피스〉는 〈리뷰 다이제스트〉를 발행한다. 이 〈리뷰 다이제스트〉에

---

10) 스타 배우를 변수로 할 때와 마찬가지로, 시장성 있는 감독이 연출한 영화는 1, 그렇지 않은 영화는 0으로 처리된다.

**〈표 4〉 회귀 분석 모델을 위한 시장성 있는 감독**

### 1983년

| | | | |
|---|---|---|---|
| I. 커쉬너 | J. 브리지스 | J. 글렌 | T. 핵포드 |
| R. 벤톤 | T. 정 | J. 산드리치 | C. 히긴스 |
| C. 라이너 | B. 포시 | A. 스티븐스 | N. 마이어 |
| J. 아브라함스 | H. 라미스 | J. 부어만 | T. 후퍼 |
| H. 니드햄 | S. 로젠버그 | M. 호지스 | J. 휴스턴 |
| M. 앱티드 | R. 맥스웰 | T. 길리암 | H. 허드슨 |
| H. 자이프 | S. 커닝햄 | J. 헨슨 | C. 이스트우드 |
| J. 랜디스 | R. 레스터 | J. 데릭 | T. 코체프 |
| S. 폴락 | S. 포이터 | O. 스코트 | J. 밀리우스 |
| S. 큐브릭 | I. 리트먼 | D. 데이비스 | H. 베커 |
| R. 클라이저 | B. 밴혼 | S. 스탤론 | B. 레이놀즈 |
| G. 넬슨 | S. 고든 | M. 라이델 | J. 래이톤 |
| S. 스필버그 | A. 알다 | B. 클락 | J. 어빌드센 |

### 1984년

| | | | |
|---|---|---|---|
| S. 스필버그 | J. 부어만 | J. 휴스턴 | J. 배드햄 |
| R. 레스트 | M. 호지스 | C. 이스트우드 | A. 라인 |
| S. 포이터 | T. 길리암 | T. 코체프 | S. 드라고티 |
| C. 히긴스 | J. 헨슨 | J. 밀리우스 | W. 힐 |
| I. 리트먼 | J. 데릭 | H. 베커 | H. 라미스 |
| B. 밴혼 | O. 데이비스 | S. 폴락 | P. 브릭만 |
| S. 고든 | O. 스코트 | B. 레이놀즈 | S. 루멧 |
| H. 니드만 | S. 스탤론 | J. 레이톤 | J. 앨비스 |
| A. 알다 | M. 라이델 | T. 길리암 | I. 커쉬너 |
| J. 글렌 | B. 클락 | J. 아빌드센 | J. 브룩스 |
| J. 샌드리치 | T. 핵포드 | R. 마퀀드 | R. 도너 |
| A. 스티븐스 | N. 마이어 | J. 랜디스 | T. 후퍼 |
| T. 정 | R. 아텐보로 | | |

### 1985년

| | | | |
|---|---|---|---|
| S. 스필버그 | H. 베커 | W. 힐 | L. 니모이 |
| S. 스탤론 | S. 폴락 | H. 라미스 | H. 윌슨 |
| M. 라이델 | B. 레이놀즈 | P. 브릭만 | R. 저메키스 |
| B. 클라크 | J. 레이톤 | S. 루멧 | H. 로스 |
| T. 핵포드 | T. 길리암 | J. 알브스 | R. 하워드 |
| C. 히긴스 | J. 아빌드센 | I. 커쉬너 | A. 매그놀리 |
| N. 메이어 | R. 마퀀드 | J. 브룩스 | B. 레빈슨 |

| | | | |
|---|---|---|---|
| T. 후퍼 | J. 랜디스 | R. 도너 | B. 드 팔마 |
| J. 휴스턴 | J. 배드햄 | R. 아텐보로 | R. 터글 |
| H. 허드슨 | R. 레스터 | J. 헨슨 | P. 햄스 |
| C. 이스트우드 | A. 라인 | I. 리트먼 | B. 스트라이샌드 |
| T. 코체프 | J. 글렌 | J. 단테 | J. 카누 |
| J. 밀리우스 | S. 드라고티 | M. 브레스트 | |

### 1986년

| | | | |
|---|---|---|---|
| R. 마퀀드 | S. 루멧 | L. 니모이 | J. 카누 |
| S. 폴락 | J. 알브스 | H. 윌슨 | G. 코사마토스 |
| J. 랜디스 | I. 커쉬너 | R. 저메키스 | P. 위어 |
| J. 배드햄 | J. 브룩스 | H. 로스 | J. 파리스 |
| R. 레스터 | R. 아텐보로 | R. 하워드 | A. 해커링 |
| A. 라인 | J. 헨슨 | A. 매그놀리 | M. 릿치 |
| S. 스탤론 | C. 이스트우드 | B. 레빈슨 | L. 티그 |
| J. 글렌 | I. 리트먼 | B. 드 팔마 | P. 보그다노비치 |
| S. 드라고티 | S. 스필버그 | H. 허드슨 | T. 버튼 |
| W. 힐 | J. 단테 | R. 터글 | G. 밀러 |
| H. 라미스 | M. 브레스트 | P. 야마스 | J. 휴즈 |
| P. 브릭만 | J. 아빌드센 | B. 스트라이샌드 | |

서 영화는 1(매우 저질)에서 5(최고)에 이르는 등급을 받는다. 이 누적 등급은 〈박스오피스〉, 〈버라이어티〉, 〈로스엔젤레스 타임즈〉, 〈뉴욕 타임즈〉, 〈USA 투데이〉의 영화평을 기준으로 결정된다. 대상 영화 표본은 아주 포괄적인데, 〈리뷰 다이제스트〉에는 필자가 산정한 모든 개봉 영화 표본(512개)에서 54개만이 제외되었다.

장르에 대해서는 일곱 개의 변수가 있다. 드라마, 코미디, 액션/어드 벤처, 공포/미스터리/서스펜스, 가족, 뮤지컬, SF이다. 각 영화는 하나 의 장르에 속한다. 제작비 또한 하나의 해석 변수에 포함된다. 리트먼 은 제작비에 관한 자료를 구할 수 있는 영화에만 관심을 기울인 반면, 필자는 고비용 영화에 대해 하나의 변수를 정하고자 한다. 순수 제작 비용(배급 등에 관계된 비용은 포함되지 않는다)이 1,500만 달러가 넘을 때는 변수로 지정이 되고, 그렇지 않을 경우에는 제외된다.[11] 고비용 영화에 대한 자료는 〈버라이어티〉가 발표하는 '제작비가 많이 들어간 영화 목록'에 나온다. 이러한 고비용 영화에 대해서는 순수 제작 비용(1,500만 달러 이상)이라는 또 다른 변수가 포함된다. 일반적으로 높은 제작비가 소요된 영화는 흥행 수입의 성공과 상관관계가 있다.

마지막 변수는 아카데미상이다. 여기에서는 노미네이션의 수와 수상의 수를 수치로 나타낸 변수로 다룬다. 따라서 흥행 수익에 미치는 모든 긍정적인 영향들을 망라한 완전한 박스오피스 수익 모델은 배급사 규모, 미국영화협회의 등급 판정, 배급 패턴(개봉 규모), 흥행력 있는 스타 배우, 흥행 감독, 평론가들의 평가, 장르, 제작비 규모, 영화제 수상 여부의 요소로 이루어진다.

다중 회귀 분석이라는 통계적 기술은 1983년에서 1986년 사이에 개봉한 영화의 박스오피스 수익과 박스오피스 수익에 영향을 미친 여러 요소들 간의 관계를 평가하기 위해 사용될 것이다. 이 방법을 통해 여러 요소들이 박스오피스 수익에 미치는 상대적인 효과를 수학적으로 측정한다. 더 나아가 다중 회귀 분석은 향후 수익 예상에도 이용될 수 있다.

## 모델 평가와 평가 결과

본 모델을 이용해 우리는 사실상 1983년에서 1986년 사이에 개봉한 영화(512편)를 모두 살펴볼 것이다. 〈표 5〉는 이 기간에 대한 요약 통계 자료를 제공한다. 대부분의 영화(81%)는 메이저 스튜디오가 개봉한 영화들이다. MPAA 기준에 따라 R 등급 영화로 분류된 영화가 48%로

---

11) 리트먼이 사용하는 공식에는 다소 문제가 있다. 언론은 저예산 영화들보다는 고비용 혹은 많은 예산이 드는 영화에 대한 소식을 선호하는 경향이 있기 때문이다.

<표 5> 전체 표본 분포

| | | | |
|---|---|---|---|
| 표본 수 | 512 | 장르 | |
| | | 코미디 | 30.2% |
| 흥행 수익: 평균 | 1,886만 달러 | 드라마 | 23.0% |
| 표준편차 | 2,819만 달러 | 액션 | 21.1% |
| | | 공포 | 9.4% |
| 메이저 배급사 배급 | 80.6% | SF | 5.8% |
| 독립 배급사 배급 | 19.4% | 가족 | 5.1% |
| | | 뮤지컬 | 5.1% |
| 크리스마스 시즌 개봉 | 10.9% | | |
| 여름 개봉 | 33.0% | 영화사 | |
| 그외 시즌 개봉 | 56.1% | 워너 브러더스 | 12.7% |
| | | 유니버설 | 11.3% |
| 인기 배우 출연 영화 | 10.7% | 20세기 폭스 | 10.7% |
| 인기 감독 연출 영화 | 16.4% | 콜럼비아 | 9.8% |
| | | MGM/UA | 9.8% |
| 고비용 제작 영화 | 21.2% | 파라마운트 | 9.2% |
| | | 오라이언 | 7.4% |
| G 또는 PG 등급 영화 | 37.4% | 트라이스타 | 6.4% |
| PG13 등급 영화 | 14.6% | 디즈니 | 3.5% |
| R 등급 영화 | 48.0% | 독립 영화사 | 18.9% |

가장 많았다. 흥행 파워가 있는 대형 스타가 등장하는 영화와 흥행 경험을 보유한 감독이 연출한 영화는 각각 11%와 16%로 극히 드물었다. 비록 하이 컨셉트를 이용한 영화(15%)나 속편 또는 시리즈물(17%)은 거의 없었지만 약 절반 정도에 해당하는 54%에 대해 한두 가지 형태로 머천다이징 사업이 이루어졌다. 장르별로는 코미디가 30%, 드라마 23%, 액션 21%의 비율이었다.

상관관계 분석은 두 가지 변수가 얼마나 밀접하게 연관이 되어 있는지를 보여 준다. 다시 말해, 이 통계 분석 절차는 한 변수의 증감이 다른 변수의 증감에 얼마나 영향을 주는지 여부를 보여 준다. 같은 방향으로 움직이는 변수는 정(+)의 상관관계를 가지고 있는 반면, 반대 방향으로 움직이는 변수는 부(-)의 상관관계를 가지고 있다. 게다가 두 변수가 어떻게 함께 움직이는지에 관계없이 두 변수 사이에는 강하거나 약한 상관관계가 존재하거나 혹은 존재하지 않을 수도 있다. 〈표 6〉은 박스오피스 수익과 각 변수 사이의 간단한 상관관계를 보여 준다. 예상했던 바와 같이 변수들은 수익에 긍정적인 영향을 주는 요소들이기 때문에 거의 모든 변수와 수익 사이에는 정의 상관관계가 존재한다. 긍정적 변수들이 수익에 긍정적인 영향을 미치는 것처럼 수익 또한 이 변수들에 긍정적인 영향을 미친다. 장르와 박스오피스 수익 간에는 별 상관관계가 존재하지 않는다. 리트먼과 필자 연구의 가장 큰 차이는 SF 장르에서 발생한다. 리트먼은 SF 장르와 수익 사이의 상관관계를 밝혀 냈다. 이러한 결과가 나온 것은 아마도 리트먼의 연구

**〈표 6〉 흥행 수익과 독립 변수 사이의 단순 상관관계**

| | | | | | |
|---|---|---|---|---|---|
| 제작비 | 0.255 | (0.395) | 액션 | 0.081 | (-0.164) |
| 메이저 배급사 | 0.204 | (0.321) | 공포 | −0.062 | (0.067) |
| PG13 등급 | −0.007 | * | 가족 | −0.045 | (−0.051) |
| R 등급 | −0.108 | * | 뮤지컬 | 0.023 | (0.067) |
| 크리스마스 개봉 | 0.128 | (0.469) | SF | 0.037 | (0.216) |
| 여름 개봉 | 0.224 | (−0.029) | 파라마운트 | 0.164 | (0.097) |
| 평론가 등급 | 0.265 | (0.395) | 20세기 폭스 | 0.030 | (0.030) |
| 아카데미상 후보 | 0.337 | (0.233) | 유니버설 | −0.010 | (0.031) |
| 아카데미상 수상 | 0.212 | (0.295) | MGM/UA | −0.038 | (0.027) |
| 인기 감독 | 0.227 | * | 콜럼비아 | 0.053 | (0.104) |
| 인기 배우 | 0.276 | (0.276) | 워너 브러더스 | 0.098 | (0.185) |
| 머천다이징 | 0.272 | * | 오라이언 | −0.039 | * |
| 하이 컨셉트 스타일 | 0.371 | * | 트라이스타 | −0.006 | * |
| 리메이크/속편/시리즈 | 0.182 | * | 디즈니 | 0.005 | * |
| 드라마 | −0.118 | (−0.002) | 독립 영화사 | −0.200 | * |
| 코미디 | 0.068 | (0.071) | | | |

괄호 안 수치는 리트먼의 1980년 연구에 따른 단순 상관관계를 나타낸다.

* 는 리트먼의 연구에서 누락된 수치다. 콜럼비아

가 SF 영화가 다시 인기를 끌기 시작한 1970년대 후반에 이루어졌기 때문일 것이다. 스튜디오 중 파라마운트가 수익과 가장 밀접한 상관관계를 보이는데, 이는 다른 영화사에 비해 파라마운트가 흥행 수익과 가장 밀접하게 연관되어 있다는 것을 의미한다. 이러한 결과는 파라마운트가 출시한 하이 컨셉트 영화 수를 고려해 볼 때 특히 흥미로운 사실이다.

비평 및 평가와 관련된 모든 변수는 수익과 정의 상관관계가 있다. 아카데미상 후보에 오르는 것이 아카데미상을 수상하는 것이나 평론가들로부터 좋은 등급을 받는 것보다 수익과 더 밀접한 관계가 있다. 여름은 수익과 정의 상관관계를 보이는데 이는 여름 개봉이 수익과 약간 부의 상관관계를 갖는다는 리트먼의 모델과 일치하지 않는다. 리트먼 모델은 크리스마스 개봉과 수익 사이의 강력한 상관관계를 보여 주는데 이 또한 필자의 모델과 다른 결과이다. 세 개의 모든 하이 컨셉트 관련 변수는 상당히 긍정적인 상관관계를 보여 주는데, 하이 컨셉트 스타일과 수익 사이의 상관관계가 가장 강력하다. 이 결과는 하이 컨셉트 변수와 수익이 관련되어 있음을 보여 준다.

해석 변수 사이에는 스튜디오에 따라 몇 가지 흥미로운 상관관계가 성립된다. 이러한 결과는 스튜디오와 흥행 수익에 영향을 미치는 여러 요소와의 관계를 설명해 준다. 그 결과는 〈표 7〉에 나와 있다. 첫 번째로, 비록 파라마운트가 흥행 수익과 가장 밀접하게 연관되어 있지만 제작비 규모와는 별 상관관계가 없다. 파라마운트는 제작비 면에서 10개 스튜디오 중 8번째이다. 이 결과는 파라마운트가 제작비 대비 효율성이 가장 높은 스튜디오라는 사실을 보여 주는데, 특히 파라마운트와 박스오피스 스타 배우 사이에 견고한 상관관계가 있기 때문이다. 워너 브러더스는 제작비, 박스오피스 스타 배우, 흥행 경험 보유 감독과 강

<표 7> 해석 변수 사이의 단순 상관관계

| 비용과… | | 평론가 등급과… | |
|---|---|---|---|
| 워너 브러더스 | 0.102 | 디즈니 | 0.129 |
| 유니버설 | 0.085 | 오라이언 | 0.101 |
| 20세기 폭스 | 0.081 | 워너 브러더스 | 0.086 |
| 디즈니 | 0.056 | 20세기 폭스 | 0.046 |
| 트라이스타 | 0.038 | 콜럼비아 | 0.025 |
| MGM/UA | 0.005 | 유니버설 | 0.005 |
| 콜럼비아 | −0.010 | 파라마운트 | −0.007 |
| 파라마운트 | −0.016 | 트라이스타 | −0.045 |
| 오라이언 | −0.074 | MGM/UA | −0.048 |
| 독립 영화사 | −0.202 | 독립 배급사 | −0.184 |

| 인기 배우와… | | 인기 감독과… | |
|---|---|---|---|
| 워너 브러더스 | 0.114 | 워너 브러더스 | 0.179 |
| 파라마운트 | 0.086 | 콜럼비아 | 0.067 |
| 콜럼비아 | 0.055 | 유니버설 | 0.057 |
| 20세기 폭스 | 0.001 | 파라마운트 | 0.041 |
| 유니버설 | −0.004 | MGM/UA | 0.014 |
| 트라이스타 | −0.013 | 트라이스타 | −0.008 |
| 오라이언 | −0.026 | 20세기 폭스 | −0.051 |
| MGM/UA | −0.029 | 디즈니 | −0.055 |
| 디즈니 | −0.066 | 오라이언 | −0.085 |
| 독립 배급사 | −0.119 | 독립 배급사 | −0.160 |

| 하이 컨셉트 스타일과… | | 머천다이징과… | |
|---|---|---|---|
| 파라마운트 | 0.091 | 디즈니 | 0.113 |
| 유니버설 | 0.054 | 트라이스타 | 0.100 |
| 20세기 폭스 | 0.028 | 유니버설 | 0.059 |
| MGM/UA | 0.025 | 워너 브러더스 | 0.048 |
| 콜럼비아 | 0.025 | 콜럼비아 | 0.041 |
| 워너 브러더스 | 0.017 | 오라이언 | 0.038 |
| 디즈니 | 0.007 | 파라마운트 | −0.003 |
| 오라이언 | −0.016 | 20세기 폭스 | −0.006 |
| 트라이스타 | −0.022 | MGM/UA | −0.011 |
| 독립 배급사 | −0.163 | 독립 배급사 | −0.240 |

 하이 컨셉트—할리우드의 영화 마케팅

**〈표 8〉 흥행 수익으로의 소급 — 최적 선형 모델**

종속변수: 1983~86년 극장 개봉 영화의 흥행 수익(단위 100만 달러)

| 독립변수 | 추계계수 | 표준오차 | 회귀계수 |
|---|---|---|---|
| 여름 개봉 | 8.615 * | 2.112 | 4.079 |
| 평론가 등급 | 4.781 * | 1.152 | 4.151 |
| 비용 | −59.220 * | 18.885 | −3.136 |
| 비용 규모 | 4.179 * | 1.442 | 2.879 |
| (비용)제곱 | −0.058 * | 0.025 | −2.313 |
| 아카데미상 후보 | 4.911 * | 0.653 | 7.522 |
| 인기 배우 | 14.126 * | 3.308 | 4.271 |
| 인기 감독 | 3.414 | 2.788 | 1.224 |
| 머천다이징 | 6.003 * | 2.145 | 2.798 |
| 하이 컨셉트 스타일 | 19.330 * | 2.821 | 6.852 |
| 타이-인 상품들 | 7.581 * | 2.683 | 2.826 |
| 파라마운트 | 13.408 * | 3.593 | 3.732 |
| 20세기 폭스 | 4.482 | 3.381 | 1.326 |
| 유니버설 | −1.274 | 3.316 | −0.384 |
| MGM/UA | 0.049 | 3.443 | 0.014 |
| 콜럼비아 | 2.388 | 3.494 | 0.684 |
| 워너 브러더스 | 5.352 ** | 3.223 | 1.661 |
| 코미디 | 11.942 * | 2.840 | 4.814 |
| 액션 | 14.694 * | 2.769 | 5.305 |
| 공포 | 8.042 * | 3.679 | 2.176 |
| SF | 7.667 ** | 4.440 | 1.723 |
| 상수 | −22.018 * | 4.298 | 5.123 |

결정 계수: 0.452.　　　조정 결정 계수: 0.429.　　　표본 수: 512.

* 5% 유의 수준　　** 10% 유의 수준

한 상관관계를 가지고 있다. 마이너 스튜디오 중에는 디즈니의 전망이 밝다. 디즈니는 평론가들의 평가와 머천다이징 사업에 대해서는 뚜렷한 상관관계를 보이는 반면, 스타 배우와 고비용 제작과는 별다른 관계가 없다. 파라마운트 또한 디즈니의 뒤를 이어 하이 컨셉트 변수와 강력한 상관관계를 가지고 있다. 장르별로 보면, 유니버설은 코미디, 독립 영화사는 (새로운 영화 시장을 개척할 때 가장 널리 이용되는) 공포와 액션, 그리고 디즈니는 가족물과 각각 밀접한 상관관계를 가지고 있다.

아카데미상을 제외하면 모든 변수가 이 모델의 분석에 상당한 도움이 된다. 통계학적으로 볼 때 이 변수들 모두 모델에 필요하다는 것을 의미하는 것이다. 가장 정교한 통계 모델은 〈표 8〉에 나와 있다. 이 모델은 변수들을 통해 박스오피스 흥행 수익의 절반 가량을 설명한다. 수익에 관계되는 몇 가지 변수를 반드시 설명할 필요가 있다. 아주 흥미로운 사실은 고비용이 커다란 부정적인 효과를 가지고 있다는 것이다. 수치로 말해, 과도한 예산이 투입된 영화의 경우 총 흥행 수익이 약 1,860만 달러 감소한다. 이 놀라운 사실은 고예산 영화들이 실제로 수익 전망을 낮춤을 의미한다. 영화 〈무언가 불길한 것이 이리로 오고 있다Something Wicked This Way Comes〉(1983), 〈코미디의 왕The King of Comedy〉(1983), 〈카튼 클럽The Cotton Club〉(1984), 〈바운티 호의 반란The Bounty〉(1984), 〈원스 어폰 어 타임 인 아메리카Once Upon a Time in America〉(1984), 〈다윗 대왕King David〉(1985), 〈SOS 우주 특명Enemy Mine〉(1985) 등 2,000만 달러 이상이 투입된 영화들은 투입 예산 절반에도 못 미치는 수익을 올렸다. 이러한 고예산 흥행 실패작은 〈스타워즈 에피소드 6-제다이의 귀환Return of The Jedi〉(1983), 〈람보 2〉, 〈007 제14탄-뷰 투 어 킬A View to a Kill〉(1985) 등 비슷한 예산이 투입된 흥행작들보다 훨씬 더 참담한 실패를 기록했다. 유니버설을 제외한 모든 메이저 스튜디오들과 흥행 수익 간에는 정의 상관관계가 나타난다. 따라서 다른 영화사들과 비교해 봤을 때 유니버설은 흥행 수익에 부정적인 결과를 기록했음을 보여 준다. 실제로 유니버설의 흥행 총 수익은 떨어졌다. 예상했던 것처럼 파라마운트와 워너 브러더스는 가장 많은 수익을 올렸는데, 이는 이 두 스튜디오가 배급 능력과 마케팅에서 비교 우위에 있음을 잘 증명해 준다.

추정 통계 모델은 각 영화의 흥행 수익 예상 가치를 보여 준다. 즉 모델이 개봉일, 영화사, 제작 비용 등 수익에 영향을 미치는 모든 요인들을 기초로 각 영화의 예상 수익을 상세하게 보여 준다는 것을 의미한다. 예상 가치는 한 영화가 거두어들인 실제 혹은 관측 수익과 거의 비슷하다. 실제로 조사된 관측 수익과 소급 산출된 예상 수익을 분석해 보면, 이러한 통계 분석을 통해 예측할 수 있는 영화의 패턴을 발견할 수 있다. 수익을 예상할 때 가장 큰 오류는 기록적인 흥행 수익, 즉 비정상적으로 높은 수익을 올리는 영화에서 발생한다. 예를 들어, 영화 〈백 투 더 퓨처Back to the Future〉는 1983년 화폐 가치로 1억 8,788만 달러의 수익을 올렸다. 소급하여 가치를 환산해 보면 모델에서 가장 큰 예상 수익은 6,300만 달러가 나왔지만, 여전히 실제 수익과는 커다란 차이를 보여 주고 있다. 영화 〈탑건〉 또한 예측이 빗나간 영화이다. 예상 수익은 8,700만 달러였지만 실제 수익은 이보다 훨씬 많은 1억 5,460만 달러였다. 이 영화는 이 통계 모델에서 매우 큰 예상치를 기록한 영화였지만, 또한 예상치를 훨씬 능가하는 수익을 올린 영화다.

또 다른 오류는 상당한 예산을 투입하고 입에 침이 마를 정도의 호평을 받았지만 기대치에는 미치지 못한 '서프라이즈surprise' 영화에서 발생한다. 〈필사의 도전The Right Stuff〉(1983), 〈브레인스톰Brainstorm〉(1983), 〈브라질Brazil〉(1985) 등이 이에 속한다. 여러 가지 면에서 이 영화들은 훌륭한 흥행 성적을 거둘 것으로 기대되었고, 따라서 흥행 실패의 원인은 여전히 풀리지 않는 수수께끼로 남아 있다. 이러한 경향이 가장 두드러지게 나타난 영화는 〈필사의 도전〉이었는데, 평론가들로부터 호평을 받았고 아카데미상 여러 부문에 후보로 올랐으며 가장 미국적이고 매력적인 주제를 담고 있는 영화로 인식되었다. 그러나 흥행 수익은 고작 2,150만 달러로 예상 수익보다 턱없이 낮은 액수였고, 추정 가치 7,830만 달러보다도 상당히 저조한 기록이었다. 이러한 실제 수

크로스 장르 영화의 흥행 예측에 있어서의 어려움을 보여 주는 〈카튼 클럽〉(〈카튼 클럽〉, 오라이언, 1984).

익과 예상 수익 사이의 차이는 흥행 수익 예측의 어려움을 잘 보여 준다. 〈필사의 도전〉처럼 성공할 수 있는 모든 요소가 포함되었음에도 흥행에 실패한 영화들은 많이 있다.

하이 컨셉트 영화가 간단하게 정의될 수 있는 스토리라인으로 구성된다는 점을 고려할 때, 우리의 모델이 혼란스러운 스토리라인 때문에 혹평을 받은 영화에서 큰 오류를 낸다는 사실은 흥미롭다. 예를 들어 〈악마의 키스〉, 〈악마의 성The Keep〉(1983), 〈어게인스트Against All Odds〉(1984), 〈카튼 클럽〉, 〈위험한 유혹Swing Shift〉(1984) 등과 같은 영화의 줄거리를 한번 살펴보자.[12] 이 영화들의 스토리라인은 여러 방향으로 나누어지기 때문에 관객의 예상을 더욱 어렵게 만들고 장르 구분도 복잡하게 한다. 또한 영화 〈플래시댄스〉나 〈탑건〉의 예와 달리 쉽게 컨셉

 하이 컨셉트—할리우드의 영화 마케팅

트가 정리되지 못하고 어떤 컨셉트인지 구분할 수 없다. 일례로, 프랜시스 코폴라 감독이 연출한, 제대로 구성되지 않은 듯한 갱스터 뮤지컬 〈카튼 클럽〉은 어떤 컨셉트를 가진 영화인가? 영화는 복잡한 스토리라인 때문에 실제 수익이 회귀 분석을 통해서 추정해 본 예상 수익보다 훨씬 낮았다. 부분적이지만 이 영화들은 흥행 실패가 하이 컨셉트와 관련이 있다고 주장할 수 있다. 뚜렷한 컨셉트가 없었기 때문에 흥행 실적에 타격을 입었다고 주장할 수 있는 것이다.

한편, 우리의 모델은 액션이나 공포 영화를 추측할 때에는 제 기능을 발휘한다. 본 모델에 어울리는 액션 영화는 〈10시에서 자정까지Ten to Midnight〉(1983, 실제 수익 710만 달러, 예상 수익 753만 달러), 〈코난 2-디스트로이어Conan the Destroyer〉(1984, 실제 수익 2,480만 달러, 예상 수익 2,430만 달러), 〈터미네이터〉(1984, 실제 수익 3,470만 달러, 예상 수익 3,870만 달러), 〈델타 포스Delta Force〉(1986, 실제 수익 1,510만 달러, 예상 수익 1,750만 달러) 등이다. 공포 영화로는 〈초능력 소녀의 분노Firestarter〉(1984, 실제 수익 1,420만 달러, 예상 수익 1,380만 달러), 〈철혈여경Impulse〉(1984, 실제 수익 250만 달러, 예상 수익 270만 달러), 〈캐츠 아이Cat's Eye〉(1985, 실제 수익 800만 달러, 예상 수익 810만 달러) 등이 있다. 이렇게 상당히 광범위한 예상치는 수익이 많거나 적은 액션, 공포 영화 모두를 예측할 수 있음을 의미한다. 이 모델은 또한 액션이나 공포 영화와 같이 장르가 명확하게 구분되는 영화를 예측할 때 가장 정확한 반면, 혼합 장르 영화를 정확하게 예측하는 것은 어려워 보인다. 이 모델의 또 다른 장점은 〈스테잉 얼라이브〉, 〈슈퍼맨 3〉, 〈푸키스 2-그 다음날Porky's II: The Next Day〉

---

12) 분명치 않은 컨셉트에 이러한 패턴을 가지고 있는 영화는 〈비디오드롬Videodrome〉(1983), 〈프리지스 오너Prizzi's Honor〉(1985), 〈런어웨이Out of Bounds〉(1986), 〈지구 최후의 보루The Adventure Of Buckaroo Banzai〉(1984) 등이 있다.

(1983), 〈악마의 유혹<sup>Oh, God, You Devil</sup>〉(1984), 〈익스터미네이터 2<sup>Exterminator II</sup>〉
(1984) 등 속편이나 시리즈물을 예측할 때 발휘된다. 마지막으로 이 모
델은 광범위한 배급과 적정한 마케팅이 가능한 메이저 스튜디오의 작
품들을 예측할 때 제 기능을 발휘한다.

필자는 하이 컨셉트 영화와 나머지 영화의 차이점을 찾기 위해 하이
컨셉트만으로 구성된 부분집합<sup>subset</sup>을 만들었다. 이 부분집합을 설명
하기 위한 모델에서 하이 컨셉트 영화는 하이 컨셉트 스타일이 포함되
어 있고 또 머천다이징되는 영화로 정의한다. 512개 영화 중 67개의
영화가 〈표 9〉에 나온 것과 같이 하이 컨셉트로 분류되었다. 하이 컨
셉트 영화와 나머지 영화 사이의 가장 뚜렷한 차이점은 박스오피스 평
균 흥행 수익이었다. 하이 컨셉트 영화는 4,780만 달러를 기록한 반면
나머지 영화는 1,450만 달러였다. 하이 컨셉트 영화의 높은 수익은 또
한 하이 컨셉트 영화와 나머지 영화의 비율(37.3%, 18.8%), 메이저 스
튜디오를 통한 배급 비율(97%, 78%) 등과도 일치하는 경향을 보여 준
다. 하이 컨셉트 영화는 주로 액션과 뮤지컬 영화이며, 스타 배우가 등
장하는 비율도 약 2배 정도 높았다. 개봉일과 관련해 하이 컨셉트 영
화는 다른 영화들에 비해 여름에 주로 개봉한다. 예상했던 것처럼 파
라마운트는 전체 하이 컨셉트 영화 면에서 다른 영화사들에 비해 훨씬
많은 16.4%를 차지한다. 독립 배급사의 하이 컨셉트 영화 비율은 메이
저 배급사에 비해 상당히 낮다. 이는 메이저 스튜디오가 제작비가 많
이 드는 하이 컨셉트 영화를 손쉽게 지원할 수 있기 때문일 것이다.

결론적으로 영화계 시장조사 방법의 하나를 보여 주는 이러한 통계
학적 모델은 한 영화를 여러 요소로 나눌 때 가치가 있다. 영화는 주연
배우, 흥행력 있는 감독, 타이-인 상품화, 장르 등과 같은 부분들의 총
합이다. 마케팅 유인 요소가 내재된 하이 컨셉트 영화는 모듈 방식의

**〈표 9〉 하이 컨셉트 표본의 배급**

| | 하이 컨셉트 | 그 외 |
|---|---|---|
| 표본 수 | 67 | 445 |
| 흥행 수익: 평균 | 4,786만 달러 | 1,450만 달러 |
| 표준편차 | 5,612만 달러 | 1,734만 달러 |
| 메이저 배급사 배급 | 97% | 78% |
| 독립 배급사 배급 | 3% | 22% |
| 크리스마스 시즌 개봉 | 14.9% | 10.3% |
| 여름 개봉 | 43.2% | 31.5% |
| 그 외 시즌 개봉 | 41.9% | 58.2% |
| 인기 배우 출연 영화 | 23.3% | 8.9% |
| 인기 감독 연출 영화 | 23.8% | 15.3% |
| 고비용 제작 영화 | 37.3% | 18.8% |
| G 또는 PG 등급 | 34.4% | 37.7% |
| PG13 등급 영화 | 17.9% | 14.2% |
| R 등급 | 47.7% | 48.1% |
| **장르** | | |
| 코미디 | 22.4% | 31.4% |
| 드라마 | 20.9% | 23.3% |
| 액션 | 26.8% | 20.2% |
| 공포 | 4.5% | 10.1% |
| SF | 12.0% | 4.9% |
| 가족 | 0% | 5.8% |
| 뮤지컬 | 13.4% | 3.8% |
| **영화사** | | |
| 워너 브러더스 | 13.4% | 12.6% |
| 유니버설 | 15.0% | 9.6% |
| 20세기 폭스 | 12.0% | 10.6% |
| 콜럼비아 | 13.4% | 9.2% |
| MGM/UA | 10.4% | 9.7% |
| 파라마운트 | 16.4% | 8.1% |
| 오라이언 | 5.9% | 7.6% |
| 트라이스타 | 5.9% | 6.5% |
| 디즈니 | 4.4% | 3.4% |
| 독립 영화사 | 3.0% | 21.3% |

패키지 영화이기 때문에 통계 단위로 분류할 수 있다. 따라서 통계 모델은 하이 컨셉트 영화가 다른 영화보다 예측이 쉽다는 사실을 증명하고 있는데, 이는 그리 놀라운 사실이 아니다. 우리의 모델은 하이 컨셉트와 일치하는 범주인 장르 중심에 1차원적인 내러티브, 그리고 이전의 영화를 통해 미리 알려진 영화에 대해 가장 완벽하게 기능을 발휘한다.

시장조사를 통해 흥행 수익을 예측할 수 있다면, 하이 컨셉트 영화는 영화 시장에서의 위험과 불확실성을 줄일 수 있다. 하이 컨셉트 영화의 이러한 요소는 영화계에 분명히 매력적인 것이지만 방법 면에서 볼 때 하이 컨셉트와 시장조사 사이의 관계에는 결함이 있다. 하이 컨셉트에 유리한 장르에 대한 충실함, 다른 매체와의 관련 같은 시장조사의 단기적인 편견은 장기 프로젝트에서도 반복된다. 이는 우리의 모델에서도 잘 볼 수 있다. 이런 사실과는 별도로, 장기 시장조사는 실질적인 방법상의 문제점을 고려하여 결과를 평가해야 한다. 이런 점을 따지면, 영화 제작을 결정할 때 정량적인 자료에 의존하는 것이 얼마나 어려운지를 잘 알 수 있다.

## 시장 조작, 통제, 하이 컨셉트

시장조사가 영화에서 시장성이 가장 높은 영화의 요소를 타깃화하여 표현하고 강조하기 위해 이루어지는 것이라면, 하이 컨셉트 영화는 시장조사 과정에서 가장 접근하기 쉬운 형태일 것이다. 하이 컨셉트 영화는 엄밀하게 상업적인 구성을 갖추고 있기 때문이다. 영화계에서 하이 컨셉트 영화의 발달은 시장조사의 발전과 동시에 이루어졌다. 하이 컨셉트와 시장조사의 경우 인과 관계를 밝히는 것이 어렵지만, 시장조사가 스타 배우가 없고 혼합 장르의 영화보다 하이 컨셉트 영화에 상당한 기여를 한다는 점은 분명하며, 이는 박스오피스 수익 모델에 의해서 잘 증명된다.

이데올로기적 측면에서 시장조사는 미디어 영향력에 대한 프랑크푸르트 학파의 예언을 상기시킨다. 실제로 허버트 마르쿠제<sup>Herbert Marcuse</sup>가 제기한 다음과 같은 질문을 통해 영화계의 시장조사를 더욱 직접적으로 설명할 수 있을 것이다. "일반 대중은 정보와 오락의 도구로서의 미디어와 통제와 세뇌를 위한 도구로서의 미디어를 과연 구별해 낼 수 있는가?" 이 말은 시장조사의 역설을 구체적으로 표현하고 있다. 한편으로 시장조사는 대상 관객이나 조사 응답자들이 반대할 만한 내용이나 소재를 제한함으로써 영화산업에 구속으로 작용한다. 이데올로기적 용어로 표현해 보자면 이러한 구속은 여러 가지 면에서 시장조사에 의해 만들어진 '독재'로 해석될 수 있다. 다른 한편으로 시장조사는 단순히 대다수 사람들의 기호와 감정에 맞춰 영화를 만들어 내게 한다. 이런 방식으로 포퓰리즘이 시장조사를 지배하는 것이다.

모든 주류 영화들이 예술과 상업을 합쳐 놓은 것이라고 할 때 시장조사는 영화를 상업 쪽으로 훨씬 기울게 한다. 시장조사의 컨셉트 테스트 결과 영화 〈바람과 야망<sup>Wind</sup>〉, 〈스테이 튠<sup>Stay Tuned</sup>〉, 〈허니문 인 베가스<sup>Honeymoon in Vegas</sup>〉 등이 '관람 흥미' 면에서 1992년 여름 개봉 작품 전체에서 가장 낮은 점수를 받은 것은 그리 놀라운 일이 아니다. 영화의 질과 상관없이 장르 충실도, 스타 배우뿐만 아니라 각각의 영화가 가져야만 하는 독특한 개성이 결여되어 있으면 시장조사에서 호소력을 발휘할 수 없음을 의미하는 것이다. 물론 이러한 영화들에는 분명 하이 컨셉트 영화의 특징도 결여되어 있다. 영화의 초기 흥미도에 대해서 참담한 점수를 받은 영화사 마케팅 부서에서 좀 더 희망적인 영화에 노력을 집중하게 되는 것은 당연한 일이었다. 결국, 스튜디오들은 대중에게 영화에 대한 일관된 이미지를 구축하는 데 있어 마케팅의 더 많은 도움을 받아야 하는 영화는 손을 놓게 되었다. 이러한 악순환은 시사회에서 신통치 않은 평을 받은 영화들에서도 되풀이되었다. 예를 들면 MGM은 로버트 알트만 감독의 결코 10대 코미디답지 않은 영화 〈오씨와 스틱스〉의 시사회를 1984년에 가졌다가 참담한 결과를 본 이후 이 영화를 포기했다. 마찬가지로 파라마운트는 1991년에 개봉된 농구 영화 〈플레이볼<sup>Talent for the Game</sup>〉에 대한 시장조사 결과를 보고 극장 개봉을 포기하고 곧바로 비디오테이프로 출시하기로 결정해 버렸다.

시장조사에 의한 제도적 통제는 할리우드 주요 영화의 조율에도 영향을 미친다. 시장조사는 잠재 관객의 만족과 효용의 극대화라는 방법론에 절대적인 영향을 받으며, 불가피하게 다수 대중의 가치 체계를 구현한다. 사실상 시장조사에 의한 통제는 미학적·사회적 규범의 통제이다. 따라서 도덕적 타락에 대한 주류 영화산업에 대한 공공연한 비난, 예를 들어 마이클 메드베드<sup>Michael Medved</sup>의 통렬한 비난 《할리우드 대 미국: 대중문화 그리고 전통 가치에 대한 전쟁<sup>Hollywood vs. America: Popular Culture and the War Against Traditional Values</sup>》은 완전히 이치에 맞지 않는다. 메드베드는 할리우드 영화가 대다수 미국인의 가치와 상반되는 태도를 부추긴다고 주장하는데, 한 예로 그는 다음과 같이 말하고 있다. "요점은, 하나의 제도로서 가족이 붕괴되었다거나 기능이 끝났다는 등 대다수 미국인들이 공유하지 않는 사고방식을 할리우드 영화가 조장한다는 것이다."

그러나 시장조사는 오히려 할리우드 영화가 대다수 미국인의 일반적 가치관, 사고방식, 기호를 반영하게 만든다. 따라서 메드베드의 비판은 잘못되었다. 메드베드는 할리우드가 단순히 지배적인 이데올로기를 반영하는 것이 아니라 이데올로기를 형성하고 적극적으로 도덕

〈마네킨〉은 젊은 여성층에 최대한 어필하기 위해 제작되었다(〈마네킨〉, 20세기 폭스, 1987).

적 기준을 타락시키고 있다고 지적하는 대신, 대중적인 영화를 떠받치고 있는 대중을 비난해야만 한다.

하이 컨셉트는 시장조사가 중심이 되는 산업의 상품으로 해석될 수 있다. 하지만 하이 컨셉트 영화가 정량적 수치에 의해 전적으로 지배된다는 주장은 매우 잘못된 것이다. 하이 컨셉트 영화에도 시장조사 질문지에서 빌리지 않은 창조적인 결정과 태도가 존재하는 법이다. 일부 평론가들이 암시하듯, 극단적으로 말하더라도 시장조사의 최종 결과가 1987년 개봉한 가벼운 로맨틱 코미디 영화 〈마네킨Mannequin〉이 될 수는 없을 것이다. 시장조사 전문가인 조셉 패럴이 기획해서 대성공을 거둔 영화 〈마네킨〉은 아름다운 마네킨이 생명을 얻어 한 가게 점원과 로맨스를 펼치는 이야기다. 이 영화는 제작 초기에 최대한 많은 젊은 여성층에게 어필하기 위해 주인공 캐스팅, 광고, 개봉 날짜 등 모든 것을 맞추었다. 그러나 이런 급진적인 전략은 퓨처필름Future Films이라는 낯선 이름의 영화사에 의해 이루어졌다. 혜성같이 나타난 이 제작사의 할리우드 입성은 영화계 신문에 실린 한 광고를 통해 예고되었다. "주목해 주세요 ― 6년에 걸친 신빙성 있는 조사, 수천 번의 인터뷰와 테스트를 거친 영화. 사람에 대한 발견인가 아니면 기술에 대한 발견인가?" 이 카피 아래에는 두 가지 그림이 있다. 하나는 한 손에 연필과 클립보드를 들고 미소짓고 있는 시장조사원이 한 모녀와 이야기하는 그림이고, 다른 그림은 모니터 요원들이 '코미디', '서부극', '로맨스', '여배우 나이' 등과 같은 타이틀을 막대 그래프와 차트로 설명하고 있는 것이다.

이런 광고 캠페인 이후 퓨처필름은 "각본, 스토리 구성 요소, 심지어는 상영 시간을 결정할 때에도 시장조사에 전적으로 의지한다"는 내용을 발표했다. 퓨처필름의 대표이사 로버트 세파일<sup>Robert Cefail</sup>이 전국에 걸친 대대적인 대중 조사를 실시한 후, "1986년 말 사람들이 가장 보고 싶어 하는 영화 목록을 만들었고, 이 목록을 가지고 제작 중인 영화들과 비교 테스트를 했다. 당시 사람들이 가장 보고 싶어하는 영화는 봄 배경의 로맨틱 코미디였고, 장소는 대도시, 주연 배우의 연령은 28세에서 32세였다. 당시 관객들이 가장 보고 싶어 했던 코미디는 위트 넘치고 지적인 유머였으며, 야단법석 떠는 익살은 원하지 않았다. 적당한 상영 시간은 1시간 52분이었다"라고 묘사했다. '맥무비<sup>McMovies</sup>(맥도날드 햄버거와 유사한 개념으로 대중이 간편하게 즐길 수 있는 영화)' 제작을 계획하면서 세파일은 대중의 기호를 알아보기 위해 설문 조사를 기획했는데, 이 설문 조사에서 응답자들은 900국의 전화번호(수신자 부담이며 최소 비용이 2달러다)로 전화를 걸어 잠재적인 플롯, 주제, 스토리라인의 특징 등에 대한 질문에 답했다.

퓨처필름의 기본 방침은 다음과 같은 언론 발표 내용에서 찾아볼 수 있다. "왜 미국인들이 영화 속에서 자신들의 기호가 무시되고 있다고 느끼는지 그 이유를 살펴보라. 영화 〈사랑을 위하여<sup>Dying Young</sup>〉(1991)에 대해 91%는 행복한 결말을 원했고, 〈첫 경험<sup>Casual Sex</sup>〉(1988)에서 89%는 우연한 관계나 비정상적인 행위보다 오래된 로맨스를 더 선호했다." 이와 같이 부정적인 영향을 줄 수 있는 문제를 해결한다는 점에서 마르쿠제의 다음과 같은 진술은 그의 선견지명을 다시 한 번 보여 준다. "심각한 문제의 소지가 있는 일부 컨셉트는 운용과 작용의 측면에서 적절한 설명을 할 수 없다는 것을 보여 줌으로써 모두 제거된다." 사실상 퓨처필름의 목표는 흥행 수익이라기보다는 오히려 이념적인 통제에 있는 것으로 보이기까지 했다. 〈로스엔젤레스 타임스〉와 〈빌리지 보이스<sup>Village Voice</sup>〉지에 '컬트의 문화 재편입<sup>Putting the Cult Back in Culture</sup>' 이라는 제목으로 쓴 러스 베이커<sup>Russ Baker</sup>의 재치 넘치는 기사에 따르면, 퓨처필름은 '사이언톨로지(Scientology, 신흥 종교의 하나)' 와 밀접하게 관련되어 있었다. 베이커는 다음과 같이 얘기한다. "얇은 베일로 가려지긴 했지만, 사이언톨로지가 광범위한 대중의 인정을 받고 수천 명을 이 종교에 끌어들이기 위해 펼친 가장 최근의 시도가 바로 퓨처필름일 수 있다." 퓨처필름의 시장조사 방식을 고려해 볼 때 이 영화사는 신중하게 꾸며진 시장조사에 따라 제작된 매체를 통해 대중을 통제하려 했다는 사실을 알 수 있다. 대중에 의한 통제라는 것은 환상이며, 사실 설문 조사 질문 사항을 계획하고 조작하는 사람들에 의한 통제이다.

메이저 스튜디오들은 분명히 위에서 언급한 '오웰적 시나리오' 보다 훨씬 덜 극단적인 방식으로 운영되지만, 퓨처필름으로부터 배울 수 있는 한 가지 교훈을 하이 컨셉트에 적용할 수 있다. 간단히 말하면, 시장조사가 대중의 이데올로기를 표현하고, 이것은 제도적 구조 안에서 제작되는 영화의 내용과 형태를 결정하도록 한다는 것이다. 미학적 · 사회적 혁신은 이러한 제도적 구조의 한 단면이 아니며 하나의 일탈로서 일어나거나 혹은 체제를 완전히 벗어난 곳에서 일어난다. 이러한 다소 엄격한 선언에도 불구하고 시장조사와 영화계의 관계, 더 나아가 하이 컨셉트와의 관계를 변화시키는 요인이 시스템 내부에 존재하고 있다.

## 시장조사의 몰락에 영향을 미친 요인들

지난 20년 동안 발전해 온 시장조사와 영화업계의 제휴 관계는 약해지고 있다. 그 첫 번째 요인은 하이 컨셉트 열풍에서 벗어나려는 경향이고, 두 번째 요인은 베이비붐 세대가 새로운 관객층으로 부상한 것이다. 할리우드에서 하이 컨셉트 영화를 예전처럼 강조하지 않는 것은 부분적으로 하이 컨셉트 영화의 제작비와 마케팅 비용이 계속 증가하고 있기 때문이다. MPAA에 따르면, 영화 1편당 평균 예산이 1988년 1,800만 달러에서 1990년에 2,680만 달러로 증가했다. 이는 대형 스타, 대규모 제작, 전매 요소들에 의존하면서 제작비가 계속해서 상승했기 때문이다. 1990년 〈토탈 리콜<sup>Total Recall</sup>〉은 제작 비용으로 6,000만 달러가 투입되었고 광고 비용으로 3,500만 달러가 추가되었다. 〈다이하드 2〉는 제작 비용으로 약 6,000만 달러, 광고 비용으로 3,000만 달러가 추가되었다. 영화 〈폭풍의 질주〉가 유일하게 5,000만 달러에 조금 못 미치는 제작 비용과 2,700만 달러의 광고비가 사용된 영화였다. 제작 비용이 증가하면서 영화들은 이자 지출을 줄이기 위해 지체 없이 배급에 들어갔다. 예를 들어 비용을 가능한 빨리 메우기 위해서 영화 〈폭풍의 질주〉는 촬영 시작 후 5개월 만에 개봉되었다.

이에 못지않게 중요한 것은 영화 제작비 증가와 더불어 광고 및 마케팅 비용도 상당히 증가했다는 사실이다. 영화사들이 5,000만~6,000만 달러를 영화 제작에 지출하면서, 영화의 이미지를 구축하고 계속 강화시켜 주는 광고를 통해 상당한 수익을 보장받을 필요가 있었다. 과거 10년 동안 TV 광고가 전체 광고 비용의 60~70%를 차지했으며, 가장 중요한 시간대는 개봉 주말 전 1주일의 중반 저녁의 황금 시간대였다. TV 방송사에서는 영화사들에 대해 광고료를 급격하게 올렸다. 20세기 폭스의 마케팅 및 배급 책임자였던 톰 쉬랙Tom Sherak은 다음과 같이 말했다. "만약 영화가 금요일 개봉되고 TV 방송국에서 그에 마땅한 광고료를 달라고 한다면 목요일 저녁은 가장 비싼 저녁이 될 것이다." 실제 1990년에는 영화 마케팅 평균 비용이 26% 증가해서 1,160만 달러에 달했다. 메이저 스튜디오의 경우 마케팅 비용은 1989년에 비해 20% 증가해서 영화당 평균 2,600만 달러였다.

이렇듯 상업 영화의 제작 및 마케팅 비용이 천문학적으로 증가하면서 영화 〈딕 트레이시〉와 〈배트맨〉은 각각 1억 400만 달러와 2억 5,300만 달러의 흥행 수익을 올리고도 순 국내 개봉 수익만으로는 본전을 찾지 못하게 되었다. 하이 컨셉트의 쇠퇴는 1990년 〈로보캅 2〉, 〈록키 5〉, 〈48시간 2〉와 같은 고예산 액션 영화의 후속편과 스타 배우들이 출연한 〈폭풍의 질주〉, 〈하바나Havana〉(1990), 〈에어 아메리카Air America〉(1990) 같은 영화들이 실패를 거듭하면서 더욱 분명해졌다. 적어도 언론에서는 영화사 고위 간부들이 하이 컨셉트 영화를 더 이상 제작의 중심으로 보지 않고 있는 것으로 여겼다. 이렇게 변화된 영화계에 대한 가장 전형적인 반응은 디즈니 회장 제프리 카첸버그가 쓴 〈세계는 변화하고 있다: 영화산업에 대한 몇 가지 고찰The World Is Changing: Some Thoughts on Our Business〉이라는 글에 잘 나타나 있다. 이 글에서 카첸버그는 영화계가 커다란 위험과 불확실성에 직면하고 있다고 쓰고 있다. 카첸버그는 고예산 블록버스터의 계속된 이윤 감소에 대해 지적했고, 특히 영화 〈딕 트레이시〉를 예로 들면서 다음과 같은 결론을 내린다. "우리는 이제 장기적이고 날카로운 관찰을 한 후에 블록버스터 사업에서 손을 떼야 한다."

카첸버그를 비롯하여 다른 많은 영화사 간부들은 하이 컨셉트 영화에 대한 대안으로 대규모 제작, 스타 배우, 전매 요소들을 강조하기보다 독창적인 스토리의 필요성을 자주 언급했다. 카첸버그가 이야기하듯이, "아이디어가 가장 중요하다는 기본적인 생각에 충실해야 한다"는 것이다. 그러나 이 과정에서 시장조사의 역할은 더욱더 문제가 된다. 시장조사는 쉽게 알아볼 수 있는 스타 배우와 영화적 특징, 장르 충실도 등으로 구성된 하이 컨셉트 영화에 대해서는 관객의 흥미를 측정할 수 있지만, 기존의 영역을 벗어나는 영화 내러티브는 설명하지 못한다. 따라서 독창적인 스토리로 중심을 옮겨 가는 과정에서 시장조사가 영화 제작에서 차지하는 역할은 동시에 줄어들고 있다. 사실상 카첸버그조차 과학적인 것은 전혀 존재하지 않는 영화산업에서, 과학의 분위기를 풍기는 시장조사가 창의적인 결정을 좌지우지해서는 안된다는 것을 강조하고 있다.

시장조사로부터의 이탈을 더욱 촉진한 것은 시장조사가 대상으로 하는 관객들의 구성이 변하고 있다는 사실이었다. 베이비붐 세대의 성장과 함께, 인구 분포의 변화는 풍족한 소비자가 더 많은 사회를 만들어 냈다. 2000년까지 35세 이하 세대들의 소득은 5% 증가할 것이고, 베이비붐 세대의 소득은 56% 증가할 것이다. 게다가 베이비붐 세대와 그들의 가족이 나이를 먹고 자녀가 성장해서 독립함으로써 여가 시간은 더 늘어날 것이다. 이러한 인구 구성상의 변화를 영화계 내부에서는 이미 경험한 바 있다. 지난 20년간 할리우드는 주로 젊은 층에 중점을 두었지만 같은 기간 동안 영화 관객은 더 나이를 먹었다. 1984년에서 1989년의 기간 동안 12~24세 사이의 관객이 전체 영화 관람객에서 차지하는 비중이 54%에서 46%로 하락한 반면 25~49세 사이의 관객은 39%에서 46%로 증가한 사실을 고려해 볼 필요가 있다. 더욱 중요한 것은 1990년에 40세 이상의 관객이 전 해보다 24% 급증한 반면, 21세 이하 관객은 4% 감소했다는 사실이다.

연령대의 이와 같은 변화는 영화의 흥행에서 예기치 못한 새로운 경향을 만들어 냈다. 첫 번째는 자녀를 가진 베이비붐 세대가 영화산업의 성공에 점점 더 결정적인 역할을 하게 되면서 그들과 자녀 모두에게 호소할 수 있는 영화들이 더욱 인기를 끌게 된 것이다. 예를 들어 〈뉴욕 세 남자와 아기〉, 〈마이키 이야기Look Who's Talking〉와 같은 스필버그/루카스 어드벤처, 〈인어 공주The Little Mermaid〉(1989), 〈미녀와 야수Beauty and the Beast〉(1991), 〈알라딘Aladdin〉(1992) 같은 새로운 디즈니 애니메이션, 그리고 가장 눈에 띄는 영화 〈나 홀로 집에〉가 있다. 게다가 이러한 관객층의 변화와 함께 성인층을 집중적으로 공략한 영화가 성공을 거두게 되었다. 예를 들면, 〈위험한 관계Dangerous Liaisons〉(1988), 〈장미의 전쟁The War of the Roses〉(1989), 〈우리 아빠 야호Parenthood〉(1989), 〈드라이빙 미스 데이지Driving Miss Daisy〉(1989), 〈델마와 루이스Thelma & Louise〉(1991) 등이 있다. 하지만 이런 영화의 성공은 시장조사의 영역을 벗어난다. 장르, 전매 자산, 스타 배우 등의 요소를 고수하지 않는 경우 시장조사에서 쉽게 개념화될 수 없는 영화가 탄생한다.

결과적으로 영화사 고위 간부들은 기존의 시장조사 방법을 재평가하지 않을 수 없었다. 파라마운트의 글로벌 마케팅 책임자 아서 코헨Athur Cohen이 묘사하듯이, "현대 영화 관객들은 높은 수준의 교육을 받았다. 그들은 더욱 세련된 사람들이다. 그래서 마케팅이 더욱 복잡한 일이 되었다." 코헨의 주장은 나이가 든 베이비붐 세대는 설득에 보다 저항적이며, 따라서 하나의 사업으로서 영화 마케팅에 보다 저항적이라는 사실을 영화계가 이해했다는 것으로 볼 수 있다. 젊은 영화 관객들은 또한 더욱더 정교하게 공략할 수 있다. 사실상 데니스 투텔리언 Denis Tootelian과 랄프 게데키 Ralph Gaedeke가 미국 서부에 사는 10대를 대상으로 실시한 조사 결과를 보면, TV가 영화나 다른 오락물에 관한 정보를 얻을 때 가장 중요한 출처라는 사실이 드러났다. 영화 마케팅 컨설턴트 아이라 도이치먼 Ira Deutchman이 요약하듯이, "성인 관객은 젊은 관객층만큼 쉽지 않다." 더 나이가 많은 관객층은 규칙적으로 영화를 관람하기보다 상황에 따라 극장에 가기 때문에 젊은 관객층에 비해 영화 선호도 면에서 예측하기가 더욱 어렵다. 까다로워진 영화 선택, 마케팅에 대한 반발감, 예측이 불가능한 극장 출입 등 베이비붐 세대의 특징은 영화산업에서 하나의 도구로서 활용할 수 있는 시장조사의 유용성을 더욱더 떨어뜨린다.

이제 시장조사와 영화계의 관련성은 줄어들고 있다. 특히 시장조사나 하이 컨셉트 영화로부터의 이탈, 시장조사 결과로는 효과적으로 규정할 수 없는 성인 대상 영화 제작의 증가 추세를 고려할 때 더욱더 그러하다. 하지만 시장조사는 계속해서 할리우드의 특정 주류 영화 제작에 기여할 것이다. 그러나 방법론적으로 독창적인 영화보다 가족 영화에 더 유리하게 작용하는 한계에 대해 할리우드는 더욱더 불만을 가질 것이다. 만약 할리우드 스튜디오들이 관객층이 호의적인 반응을 보이는 성인 대상 영화에 계속해서 중점을 둔다면 더 많은 영화사 간부들이 20세기 폭스의 전 회장 조 로스 Jo Roth가 시장조사에 대해 보였던 것과 같은 반응을 보이게 될 것이다. 로스는 어느 연설장에서 20세기 폭스가 시장조사와 완전하게 결별하게 되거나 영화계의 '부두교 창시자들'이라고 지칭한 시장조사원들과도 완전히 결별하게 될 것이라고 선언했다.

# 하이 컨셉트와 미국 영화 역사의 과정　6

**제2차 세계대전 이후 미국 영화계에서** 하이 컨셉트 영화는 현대 할리우드의 강력한 하나의 상업적·심미적 동력으로 발전해 왔다. 하이 컨셉트의 가장 두드러진 질적 특징인 영화의 스타일과 룩은 그 영화에 마케팅과 머천다이징 요소가 강하게 내재되어 있고 이는 함께 작용한다. 그 결과, 필자가 서론에서 설명한 하이 컨셉트의 특징인 '보여 주고, 끌어들이고, 표를 사게 하기'—즉, 스타일을 압축하여 관객에게 보여 주는 강렬하면서도 단일하게 통일된 룩Look, 이를 통해 관객들에게 강하게 작용하는 흡인력인 훅Hook, 그 결과로서 관객들의 열망적인 관람 의사를 행동화하게 하는 북Book—이라는 법칙을 고수하는 차별화된 영화 상품이 탄생하는 것이다. 하이 컨셉트 스타일, 마케팅과의 통합, 그리고 이 두 요소를 뒷받침해 주는 내러티브는 하이 컨셉트 영화 제작의 기틀이라 할 수 있다.

　차별화된 하이 컨셉트 영화는 영화산업의 경제적 논리, 기술적 발전, 기업 구조의 변화를 통해 더욱더 발전했다. 이런 변화는 TV, 케이블, 홈 비디오의 발전과 같은 몇몇 대표적인 기술 개발과 이와 동시에 진행되어 온 영화산업계의 거대 복합 기업화에 의해 더욱 촉진되었다. 이러한 기술적 변화와 기업적 변화가 가져온 효과는 다음과 같이 요약될 수 있다. 즉 영화는 이제 필수적으로 다른 미디어와 더욱 달라져야 했고, 더욱 폭넓고 다양한 미디어를 통해 상영되어야 했으며, 상업적으로 투자 대비 수익률을 안전하게 보장해 줄 수 있도록 강력한 마케팅 흡인력이 내재된 영화를 제작해야 하는 경향으로 변화된 것이다. 1970년대 중후반을 통해 영화 마케팅과 배급 분야에서 세츄레이션 배급 방식의 확산과 마케팅 수단으로서 음악 요소의 적극적 활용과 머천다이징 사업의 일반화, 그리고 장기 프로젝트이든 단기 프로젝트이든 간에 시장조사를 통한 합리적 기획 방식의 수용 등 세세한 부분에서의 진화와 발달에 힘입어 영화업계의 구조적 변화가 큰 폭으로 급속히 진행되었다. 영화 〈죠스〉, 〈스타워즈〉, 〈그리스〉는 1970년대 중반에서 후반에 걸쳐 개봉되었고, 개봉 후 수년 동안 하이 컨셉트 영화의 특징을 구체화해 주었다. 영화산업의 구조적 변화에 마케팅 배급 방식의 변화가 결합되면서 하이 컨셉트 영화는 할리우드의 주류 제작 방식으로 주목받고 그 중심에 위치하게 되었다.

하이 컨셉트 영화는 현대 영화산업에서 막강한 지배력을 가지고 있는데, 이렇게 된 배경 중의 하나는 하이 컨셉트 영화가 보이지 않는 자동 복제 시스템을 배후에 가지고 있기 때문이다. 하나의 하이 컨셉트 영화는 더 발전된 또 다른 하이 컨셉트 영화를 잉태한다. 하이 컨셉트 영화와 로우 컨셉트 영화가 영화업계와 영화 시장을 침투해 가는 경로를 생각해 보자. 높은 시장성, 전매 자산, 스타 배우, 심플하면서도 대담한 룩 등의 요소를 보유하고 있는 하이 컨셉트 영화 프로젝트 X가 있다고 가정하자. 이런 작품이라면 사전 시장조사에서 좋은 평가를 받게 될 것이다. 시장조사에 참여한 응답자들이 이 프로젝트에서 참조점을 인지할 것이기 때문이다. 시장조사에서 좋은 평가를 받으면 배급사는 더욱더 이 영화에 대해 확신을 갖게 된다. 이렇게 되면 충분한 광고 예산이 책정될 것이다. 구체적인 머천다이징을 위한 예산을 포함하여 충분한 광고 예산이 책정될 것이고, 이는 곧 영화에 대한 강한 인지도를 확보할 수 있게 된다는 것을 의미한다. 충분한 광고 마케팅 예산을 통해 형성된 작품에 대한 인지도는 개봉 첫 주말 박스오피스에 직접적으로 영향을 준다. 이러한 흐름과 결과를 창출하는 프로젝트 X 같은 영화에 스튜디오 경영자들은 대단히 만족해하면서 더 많은 하이 컨셉트 영화를 제작하기 위해 아이디어 메모를 해댈 것이다. 물론 극장 박스오피스 기록이 높을수록 케이블과 홈 비디오 시장에서 이 영화가 높은 가격에 팔리게 되는 것은 두말할 나위가 없다.

다른 한편으로 영화사가 여름 시즌을 겨냥해서 준비하는 대형 영화 프로젝트 Y가 있다고 가정해 보자. 이해를 돕기 위해 프로젝트 Y를 고전 드라마 〈대중의 적<sup>An Enemy of the People</sup>〉을 원작으로 하는 작품이라 치고 이 작품의 주인공은 영화에 처음 출연하는 액션 배우라 하자.[1] 여름 시즌에 개봉할 영화이자 프로젝트 X와 경쟁하는 시점에 개봉할 이 영화에서, 고통받는 노르웨이 출신 의사를 연기하는 액션 스타에 대해 시장조사 응답자들은 별다른 관심을 보이지 않는다. 또 이 작품의 컨셉트 평가와 광고 평가 역시 좋지 않다. 그러면 영화사는 잔뜩 겁을 먹게 되고, 광고 예산을 삭감할 것을 결정한다. 이 영화에는 또한 머천다이징 요소도 매우 제한되어 있다. 영화사는 점점 더 배우로부터 멀어져

---

1) 스티브 맥퀸은 실제로 1976년에 이와 같은 프로젝트에 참여한 적이 있다. 그러나 이 영화는 극장에서 개봉되지 못했다.

가는 관객들을 지켜보면서 노심초사한다. 이런 일련의 흐름의 결과로 마케팅 예산은 줄어들게 되고 결국 영화의 뛰어난 작품성만을 중심으로 하여 마케팅이 진행된다. 하지만 영화의 뛰어난 작품성은 영화의 인지도 측면에서는 별다른 역할을 하지 못한다. 이 영화는 낮은 인지도를 기록하게 되고 그 결과 세츄레이션 배급 방식도 통하지 않는다. 당연히 저조한 극장 개봉 수익을 기록하게 될 것이며 이는 후속 윈도우에 판매할 때도 약점으로 작용하게 된다. 이상 프로젝트 X와 Y의 예에서 영화사가 배울 수 있는 교훈은 프로젝트 Y의 개봉 후 월요일에 있었던 다음과 같은 독백에서 찾을 수 있다. "우리는 고급스러운 영화를 만들기 위해 노력했지만 아무도 이 작품을 좋아해 주지 않는군요. 이런 영화를 대대적으로 지지할 관객층은 존재하지 않아요. 프로젝트 X와 같은 영화를 계속해서 제작하는 것이 가장 현명하다는 것을 모든 수치가 잘 보여 주고 있습니다. 자, 그러니 이제 프로젝트 X 2탄 제작이나 빨리 시작합시다." 이렇게 하여 하이 컨셉트 영화에 또 다른 점수가 추가되는 것이다.

관객층의 인구 구성상의 변화(하이 컨셉트가 태동한 70년대의 영화 관객층은 베이비붐 세대였다. 이제 세월이 변했으니 그 관객층에 변화가 온 것이다)와 제작 원가의 상승은 하이 컨셉트 영화에 경고 신호를 보내고 있지만 하이 컨셉트 영화는 계속되어 왔고 가까운 미래에도 계속되리라는 것은 부인할 수 없는 사실이다. 필자가 제시한 것처럼 하이 컨셉트는 제2차 대전 이후에 진행된 강력한 기업적·산업적 추동력에 의해 형성된 것이다. 이러한 하이 컨셉트의 기반은 여전히 지금도 할리우드에 남아 있다. 여러 요인들이 우후죽순으로 만들어지고 있는 하이 컨셉트 영화의 작품 수를 축소시킬 수도 있겠지만, 결과적으로 할리우드는 항상 전매 자산이 포함되어 있고, 적정한 예산으로 제작할 수 있는 상품들―예를 들어 TV 시리즈를 영화로 각색한 〈아담스 패밀리<sup>The Addams Family</sup>〉(1991), 〈웨인즈 월드〉, 〈비버리 힐빌리즈<sup>The Beverly Hillbillies</sup>〉(1993) 등―과 같은 하이 컨셉트 영화를 계속해서 추구할 수밖에 없다. 따라서 하이 컨셉트 제작 형식을 완벽하게 벗어던지는 시기는 있을 수 없기 때문에, 하이 컨셉트의 시대가 언제까지로 끝난다고 그 시기를 구분할 수는 결코 없을 것이다.

지난 20년간 영화계에서 하이 컨셉트는 막강한 힘을 지니고 있었다. 한 예로 미국 영화사의 일반적인 발전을 한번 고려해 보자. 1970~80년대의 영화는 21세기의 영화사에서 어떻게 규정되고 어떤 특징을 가진 영화 역사의 시기였다고 묘사될 수 있을까? 필자는 하이 컨셉트의 흔적만이 다른 시기의 특징과 명백히 비교되는 특징의 중심이었다고 주장하고자 한다.

## 작가주의 영화감독의 변신

하이 컨셉트의 중요성을 가늠하기 위해서 1960년대 후반에서 1970년대 초반에 걸친 영화 실험 황금기의 종말을 어떻게 기록해야 하는지에 관해 고려해 볼 필요가 있다. 영화산업의 역사 및 미학사에 관한 장에서 언급되는 것처럼 이 시기는 종종 감독 관련 용어로 설명된다. 이 시기에 활동한 감독들의 운명을 살펴보면 영화계에서 하이 컨셉트의 영향력이 얼마나 막강했고 또한 하이 컨셉트가 감독의 진로를 어떻게 돌이킬 수 없도록 바꾸어 놓았는지를 알 수 있다. 1981년 제럴드 마스트는 그의 저서 《짧은 영화사<sup>A Short History of the Movies</sup>》에서 "유럽과 일본의 영화산업처럼 미국의 영화 또한 감독의 영화가 되었다. …… 미국의 영화감독은 스타가 되었고 지난 10년간 많은 감독들이 스타 배우 없이도 영화를 제작할 수 있었다는 사실은 아주 중요하다. 이렇게 제작된 영

화로는 〈라스트 픽처 쇼〉, 〈보위와 키치Thieves Like Us〉(1974), 〈스타워즈〉,
〈천국의 나날들〉 등이 있으며, 이러한 제작 방식은 1968년까지는 들어
보지도 못한 방식이었다." 마스트는 계속해서 우디 앨런, 로버트 알트
만, 프랜시스 코폴라, 마틴 스콜세지, 폴 마주르스키, 피터 보그다노비
치를 작가주의의 모범적인 감독으로 꼽았다.

'짧은 영화사'를 10년 정도 확장하면, 위에서 언급된 감독들의 경력
은 미국 영화의 진보를 잘 보여 준다. 이미 설명했듯이 알트만 감독은
하이 컨셉트 영화에 제대로 적응하지 못했기 때문에 주류 영화산업에
서 밀려나게 되었다. 사실상 1992년에 개봉된 알트만의 〈플레이어〉는
그를 영화산업에서 몰아낸 메커니즘에 대한, 엷게 가려진 일종의 풍자
로 해석할 수 있다. 영화계에서 영화는 "콜라병 대신 TV 여배우가 등
장하는 〈부시맨The Gods Must Be Crazy〉", 혹은 "로빈슨 부인이 충격으로 쓰러
지는 것을 제외하면 〈졸업 2〉와 다름없는 영화"와 같은 방식으로 선전
된다. 알트만은 자신이 스스로 선택한 할리우드로부터의 망명에 대해
상업적인 성공의 부담에서 자유로운 영화를 만들기 위한 것이라고 설
명한다. 주류 영화산업에서 자금을 확보하지 못한 자신의 무능에 대해
얘기하면서 알트만은, "내게 되돌아오는 것은 컴퓨터로 처리된 시장
데이터뿐이었다. 즉 그놈의 시장 데이터라고 하는 것은 '당신이 말하
는 그 영화가 있을 만한 자리를 찾지 못하겠군요. 당신의 영화가 성공
할 것이라고 뒷받침할 수 있는 참고할 만한 사례도 없어요. 어디서 그
영화가 성공할지도 모르겠고요'라고 말한다. 투자하는 사람들은 자신
의 느낌이나 직감에 따르지 않고 이성으로 판단한다. 예술을 이성으로
분석할 수는 없지 않는가!"라고 항변했다.

고인이 된 할 애쉬비, 보브 라펠슨, 윌리엄 프리드킨, 피터 보그다노
비치는 1970년대 초반에 자신들이 내놓은 작품으로 모두 갈채를 받았

으며, 모두 알트만과 비슷한 역정을 겪었다.[2] 1970년부터 시작해서 애쉬비는 당대의 관심사를 다룬 여러 편의 사회 코미디와 드라마를 연출했다. 그의 작품은 〈랜드로드The Landlord〉(1970), 〈해롤드와 모드Harold and Maude〉(1971), 〈마지막 지령The Last Detail〉(1973), 〈바람둥이 미용사〉, 〈귀향〉(1978), 〈찬스Being There〉(1979) 등이 있다. 1979년에 개봉한 〈찬스〉는 애쉬비의 예술적 실체를 보여 주는 마지막 영화이다. 이후 그의 독특한 영화, 예를 들어 〈세컨드 핸드 하츠Second Hand Hearts〉(1980)와 〈라스베가스의 도박사들Lookin' to Get Out〉(1982) 등과 같은 코미디는 사실상 개봉이 불가능해 보였다. 영화 〈8백만 가지 죽는 방법Eight Million Ways to Die〉(1986)과 닐 사이먼Neil Simon식의 경탄할 만한 코미디 〈슬러거의 아내The Slugger's Wife〉(1985)를 끝으로 그는 영화 연출에서 손을 뗀다.

알트만과 애쉬비와는 달리 프리드킨과 보그다노비치는 좀 더 엄밀하게 장르 지향적인 작품들을 연출했다. 하지만 이와는 관계없이 변화하는 하이 컨셉트 영화 시장에 그들은 제대로 적응하지 못했다. 프리드킨이 1970년대 초반에 연출한 블록버스터 〈프렌치 커넥션〉과 〈엑소시스트〉는 스타일을 강조하고, 강렬한 룩을 제시하고, 소설 〈엑소시스트〉라는 전매 요소를 포함하는 등 나름대로 상당히 하이 컨셉트적 특징을 가지고 있었다. 하지만 프리드킨은 이 두 영화의 성공 이후 영화 〈광란자Cruising〉(1980), 〈늑대의 거리To Live and Die in L.A.〉(1985)에서 애매한 줄거리 때문에 어려움을 겪는다. 두 영화 모두 하이 컨셉트 스타일을 가지고 있지만 스토리라인이 분명하고 장르에 충실해야 할 내러티브가 결여되어 있었기 때문이다.

---

2) 알트만은 독립영화사인 파인라인에서 만든 영화 〈플레이어〉(1992)와 〈숏컷〉(1993)의 흥행 성공으로 자신의 경력 후반기를 주류 영화사 밖에서 이어 나갔다.

보그다노비치가 감독으로서 지위를 굳힌 것은 〈라스트 픽처 쇼〉를 연출해 호평을 받으면서였고, 〈타겟Targets〉(1968), 〈페이퍼 문Paper Moon〉(1973) 그리고 〈왓츠 업 덕?〉 같은 영화도 한몫 거들었다. 영화 〈마스크Mask〉(1985)를 제외하면, 서투르게 장르를 개조하여 음탕한 소극으로 만든 영화 〈서푼짜리 영화〉, 〈뉴욕의 연인들They All Laughed〉(1982), 〈일리걸리 유어즈〉, 〈막을 올려라Noise Off〉(1992), 〈콜잇 러브The Thing Called Love〉(1993) 같은 영화는 1970년대 중반 이후 관객이나 평론가들의 관심을 끌지 못했다. 스타일과 마케팅 흡인력의 결여가 보그다노비치의 작품을 더욱 예측하기 힘들게 만들었다.

반면 프랜시스 코폴라와 마틴 스콜세지는 하이 컨셉트 영화의 경제적 요구에 성공적으로 대처한 감독이다. 지난 20년간 코폴라 감독의 경력은 1982년 로맨스 뮤지컬 〈마음의 저편〉의 실패와 뒤이은 (그가 경영하던) 조에트로프 스튜디오의 해체로 설명된다. 이 영화에 대한 혹평과 관객의 무관심, 이에 더해 자신의 영화사까지 잃음으로써 상당한 타격을 입은 코폴라는 두 편의 영화를 연속으로 연출하기로 한다. 이 두 영화는 모두 힌튼S. E. Hinton의 청춘 소설을 영화화한 것으로 1980년대 영화산업 경제에 대한 그의 생각을 잘 보여 준다. 10대 청춘 스타 맷 딜런, 다이앤 레인, 로브 로우, 톰 크루즈가 출연한 〈아웃사이더The Outsiders〉(1983)는 본격적인 청춘 멜로 드라마였으며, 극단적인 스타일의 집중이 특징인 영화다. 10대 스타들의 출연과 전매 자산 덕택에 이 영화는 2,570만 달러라는 상당한 수익을 올렸다. 힌튼의 두 번째 소설을 영화화한 작품 〈럼블 피쉬Rumble Fish〉(1983)에서 코폴라 감독은 뮤지컬 〈마음의 저편〉의 양식을 반복했으며 또한 이것은 전 작품보다 훨씬 더 주관적인 해석에 가까웠다. 흑백 촬영 기법, 새로운 카메라 워크와 편집, 산업화 시대의 소음들을 표현하는 스튜어트 코플랜드Stewart Copeland의 독특한 사운드트랙 등으로 인해 영화의 마케팅 자산은 감독의 스타일 감각에 묻혀 버렸다. 결과적으로 자산으로 활용할 수 있는 10대의 출연진과 전매 요소에도 불구하고 〈럼블 피쉬〉는 〈아웃사이더〉의 10분의 1 수준인 250만 달러를 벌어들이는 데 그쳤다. 고도로 스타일을 추구하는 개인적 작품과 시장 원리에 맞춘 작품을 번갈아 연출하는 것이 뮤지컬 〈마음의 저편〉 이후 코폴라 감독이 보여 준 뚜렷한 특징이었다. 예를 들어 영화 〈터커Tucker: The Man and His Dream〉(1988)의 리스크는 〈대부 3〉와 〈드라큘라Bram Stocker's Dracula〉(1992)의 상업적 호소력과 마케팅 유인 요소에 의해 상쇄되었다.

마틴 스콜세지는 주류 영화산업에서 재앙을 직접 경험했다. 그는 많은 예산을 쏟아 부은 영화 〈뉴욕 뉴욕〉, 〈코미디의 왕〉으로 참담한 실패를 맛보았으며, 1983년에는 파라마운트가 갑작스레 그의 영화 〈그리스도 최후의 유혹The Last Temptation of Christ〉의 제작을 취소해 버렸다.[3] 코폴라 감독처럼 스콜세지는 〈컬러 오브 머니〉(1986), 〈케이프 피어Cape Fear〉(1991) 같은 전매 자산을 지닌 영화를 연출하는 한편 주류 영화계를 벗어나 시네플렉스-오데온Cineplex-Odeon이나 게펜Geffen 같은 소규모 영화사들과 제휴해 〈그리스도 최후의 유혹〉, 〈특근After Hours〉(1985)을 연출하는 저예산 운영으로 영화업계에 적응했다. 두 영화 〈좋은 친구들Goodfellas〉(1990, 4,680만 달러), 〈케이프 피어〉(7,810만 달러)의 흥행 성공이 그에게 〈순수의 시대The Age of Innocence〉(1993년, 3,000만 달러)와 같은 역사 로맨스를 만들 수 있는 자유를 주었던 것이다.

변화하는 시장을 무시한다거나 혹은 이에 적응한다는 양자 선택의

---

3) 물론, 스콜세지는 시네플렉스-오데온과 유니버설의 지원으로 1988년에 이 영화를 완성할 수 있었다.

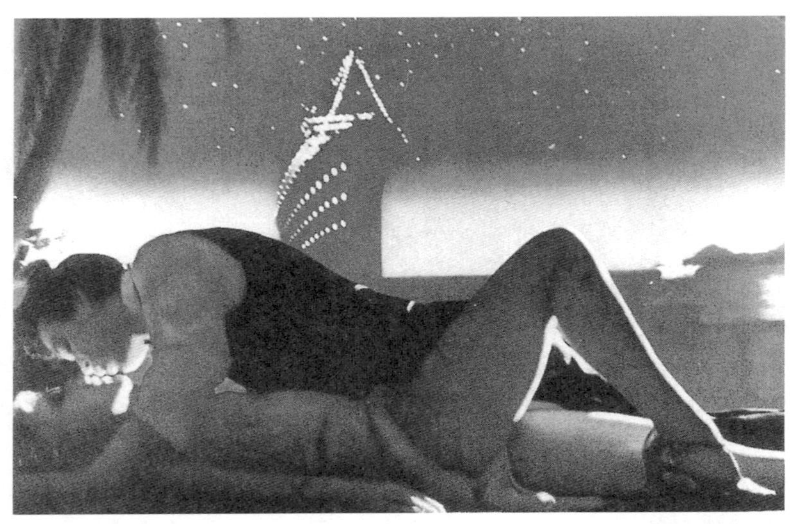

코폴라는 뮤지컬 〈마음의 저편〉의 상업적 실패 때문에 시장성 높은 10대 영화 〈아웃사이더〉를 연출하게 된다(위 : 〈마음의 저편〉, 콜럼비아, 1982. 아래 : 〈아웃사이더〉, 워너 브러더스, 1983).

길 이외에 몇몇 감독들은 주류 영화계에서 자신들만의 영역을 가지고 타협할 수 있었으며, 그 영역에서 자신들의 작품에 대한 완전한 가치를 인정받았다. 1960년대 후반에 활동한 감독 가운데 우디 앨런만이 이런 방식으로 타협하여 성공한 감독이다. 이것은 우디 앨런을 미국에서 활동하고 있는 감독 중 유일한 영화 예술인으로 묘사한 평론가들의 지원이 있었기 때문에 가능했다. 1979년 이후에는 오직 〈한나와 그 자매들Hannah and Her Sisters〉(1986) 한 편만이 흥행 성공(3,940만 달러)을 거두었음에도 불구하고 우디 앨런은 오랜 기간에 걸쳐 1년에 1편 꼴로 계속해서 영화를 연출했다. 오라이언/트라이스타 스튜디오의 도움으로 우디 앨런은 다른 감독이 경험한 경제적 압박을 느끼지 않고 영화 제작을 계속할 수 있었다.[4] 이러한 지위를 누린 감독은 거의 찾아볼 수 없다. 자유란 가장 상업적으로 성공한 올리버 스톤과 같은 감독만이 향유할 수 있는 것일 뿐인데, 그는 자신의 개성을 살린 영화를 연출하는 데 거의 제약을 받지 않았을 것이다. 사실상 올리버 스톤 감독처럼 상당한 상업적 역량을 가진 감독만이 미국의 제도, 사회, 역사를 공공연하게 비판하는 영화 〈JFK〉(1991) 같은 고예산 영화를 메이저 영화사에서 제작할 수 있었을 것이다.

결국 미국 영화에서 혁신과 독창성으로 칭송받은 대부분의 작가주의 감독들은 상업적인 하이 컨셉트 영화 시장이라는 일종의 도전에 대응해야만 했다. 결과적으로 이러한 집단의 작품들, 나아가 할리우드의 주류 영화들은 1960년대 후반에서 1970년대 초반까지의 영화적 실험과 비교해 볼 때 잘 기억되지 않는다. 이런 방식으로 하이 컨셉트의 영

---

4) 뉴욕에 기반을 둔 우디 앨런의 작업이 LA의 스튜디오들로부터의 자유를 어느 정도 보장해 주었다고 할 수 있다.

향력이 평가될 수 있을 텐데, 하이 컨셉트 영화는 시장성이 떨어지고 좀 더 미학적인 영화들을 압박하게 되었다고 이해할 수 있다.

## TV와 하이 컨셉트 영화의 이데올로기

작가주의 영화감독에 대한 논의를 좀 더 연장시켜 하이 컨셉트의 전성기에 발전을 거듭한 TV 네트워크 세대 감독들의 부상을 숙고해 보는 것도 흥미로운 일이다. 티모시 코리건[Timothy Corrigan]은 이러한 경향을 TV와 영화라는 두 매체 사이의 튼튼한 연결고리에서 찾는다. "공유성[shareability]이란, 하이 컨셉트 영화가 극장과 TV에서 관객들에게 선보여지기 전에 먼저 예산의 일부를 회수할 수 있는(수익성이 분명하기 때문에 극장 개봉 전에 TV 등에 판권을 판매할 수 있다) 하나의 방식으로 설명할 수 있는 개념이다. 여기에 하나 덧붙이자면, TV와 영화계에서 감독과 배우들을 서로 데려다 쓰는 일이 있는데 이렇게 흔히 일어나는 두 영역 간의 용이한 상호 이동(공유)을 설명해 주는 또 다른 성격의 개념이기도 하다." 공유성의 사례에는 TV 배우에서 영화감독으로 변신한 경우도 있다. TV 시리즈 〈래번과 셜리[Laverne and Shirley]〉의 페니 마샬[Penny Marshall]은 〈빅[Big]〉(1988), 〈사랑의 기적[Awakenings]〉(1990), 〈그들만의 리그[A League of Their Own]〉(1992)을 연출했고, 〈올 인 더 패밀리[All in the Family]〉의 배우 로브 라이너[Rob Reiner]는 〈스텐바이 미[Stand by Me]〉(1986), 〈프린세스 브라이드[The Princess Bride]〉(1987), 〈미저리[Misery]〉(1990)를, 〈해피 데이즈[Happy Days]〉의 론 하워드[Ron Howard]는 〈코쿤[Cocoon]〉(1985), 〈우리 아빠 야호〉, 〈분노의 역류〉, 〈파 앤드 어웨이[Far and Away]〉(1992)를, 대니 드비토는 〈환상살인[Throw Momma from the Train]〉(1987), 〈장미의 전쟁〉 등을 연출했다. 위에 언급된 70년대의 배우들이 TV에서 영화로 성공적인 전환을 한 것은 전혀 우연이 아니다. 영화계가 하이 컨셉트로 전환한 것이 TV 미학에 유리하게 작용했는데, 이는 캐릭터 유형에 대한 의존, 분명한 장르 구분, 모듈 구조 같은 특징을 공유했기 때문에 가능했다. 게다가 하이 컨셉트가 애당초 ABC 방송사의 '금주의 TV 영화'와 관련해서 창안된 개념이라는 사실을 기억해 보라. 이 프로그램은 종종 TV 가이드에서 단 한 줄의 카피로 화제성을 창출할 이야깃거리이거나 시청자층이 환호할 만한 주제에 그 초점이 맞춰졌다. 이 두 요소가 TV와 영화 그리고 하이 컨셉트 사이의 교류를 촉진시켰다.

TV 프로그래밍의 가장 두드러진 특징이라면 아마도 의례화와 형식화일 텐데, 이는 정규 방송 스케줄상 미리 예정된 방송 시간대에 프로그램을 배치하는 것부터 30분짜리 포맷으로 플롯라인을 완벽히 재구성할 수 있는 특성까지 요구하고 있다. 이러한 특징은 하이 컨셉트에서도 나타나며, 이것을 일반화하여 적용할 때 예상되는 오류에도 불구하고 지난 20년 동안 미국 영화의 가장 중요한 질적 특징으로 작용하여 왔다. 예를 들어 앤드류 브리튼<sup>Andrew Btitton</sup>은 〈레이건 시대의 엔터테인먼트<sup>Reaganite Entertainment</sup>〉라는 평론에서 다음과 같이 말했다. "영화 〈스타워즈〉와 〈트론〉, 〈크럴<sup>Krull</sup>〉(1983)은 구조, 내러티브 전개, 등장인물 사이의 관계 유형과 이데올로기적 경향 등 모든 면에서 내용적으로 동일하다. 변형된 것이 있다면 기계적이거나 외부적인 것이다. …… 명확한 표현을 감추고 주제 전개에 방해가 되도록 작용하는 것이 바로 레이건 시대 엔터테인먼트의 관습적 기능이었다고 해야 한다."

로빈 우드<sup>Robin Wood</sup>에 따르면, 의례화된 현대의 미국 영화는 확신을 심어 주는 이데올로기적 의제를 구현하고 있다. 브리튼의 초기 주장을 근거로, 우드는 대중적인 인기를 구가하고 있는 미국 영화, 특히 루카스/스필버그 영화의 이데올로기적 기능은 1960년대 후반의 잔재인 가부장적 부르주아 사회에 대한 위협을 제거하는 것이었다고 주장한다.

1960년대의 이상주의로 인해 발생한 도덕적 문제를 이데
올로기적으로 암시하는 영화〈끝없는 사랑〉, 유니버설, 1981).

시장 원리에 철저하게 맞춰진 하이 컨셉트가 우익의 가치와 신념을 수
용하는 시대 정신을 반영한다는 것은 의심의 여지가 없다.

하이 컨셉트 영화 스타일에 나타나는 소비중심주의와 생활양식에
대한 강조는 투자비를 회수하기 위한 방식으로 작용한다. 이런 경향은
하이 컨셉트에서 명백해지는데, 또 다른 한 축인 부르주아 가부장적
중도 세력에 대안을 제시해 준다. 예를 들어 영화 〈끝없는 사랑〉에서
제이드(브룩 쉴즈 분)의 1960년대 보헤미안적 대안 가정은 오직 도덕적
방종으로 묘사될 뿐이다. 제이드의 어머니는 딸의 남자친구를 유혹하
려 하고 부모들은 자녀들의 행동을 통제할 수 없다. 그리고 어머니는
딸을 희생시키면서 관음증적인 즐거움을 만끽한다.

이 영화의 중심 문제는 보헤미안 가정과 가족 구성원들을 파괴하는
10대 연인의 극단적인 사랑이다. 이 문제는 쉽게 1960년대에 고착화

된 '불안정한' 가정에 대한 보복으로 해석될 수 있다. 이와 비슷하게, 영화 〈아메리칸 지골로〉에서는 비버리 힐즈에 사는 어느 부인의 우아하고 부유한 삶을 바람직한 성공의 일종으로 묘사하는 동시에 남창인 줄리앙 케이의 '다른 세계'를 분명하게 정의하고 있다. 이곳은 어둡고 비밀스러운 동성애자들의 술집이라는 환경을 통해 그리고 줄리앙을 궁지에 몰아넣는 흑인 포주에 의해 표현된다. 감독 폴 슈레이더는 동성애와 소수 인종 사이에 상관관계를 만들어 놓는다. 슈레이더는 살인 용의자가 되기 전까지 이 세계에서 일하기를 거부하는 용기 있는 줄리앙을 통해 이런 식으로 이루어진 세계에 대한 가치 판단을 제공한다.

1960년대의 이상주의와 인종과 성적 차이는 가부장적 자본주의가 심화되면서 그 타자성이 더욱 분명해진다. 10대 코미디의 외피를 쓰고 등장한 폴 브릭먼Paul Brickman의 〈위험한 청춘〉은 이러한 패러다임이 심화되었음을 보여 준다. 고등학교를 졸업하고 경영학을 전공하려는 조엘(톰 크루즈 분)은 프린스턴 대학의 면접관과 인터뷰를 한 그날 밤에 자신의 집을 매춘굴로 바꾸어 놓는다. 입학 기회를 날려 버렸다고 생각하고 있던 조엘은 대학에 합격할 뿐 아니라 하룻밤 동안 포주 행세를 하면서 벌어들인 엄청난 돈에 놀라게 된다. 이 영화에서 관객들은 자본주의와 착취를 연결하고 있는 기업가 정신의 가치에 대해 배우게 된다. 그리고 레이건 대통령 시절 가장 중요했던 중상류층이 스스로 계층을 재생산하는 방법에 대해서도 알게 된다. 사실상 조엘은 시카고 근교에 살고 있는 부유한 백인 중산층으로, 재정적으로 지원을 받고 있지는 않지만 그의 명문대학 입학 등을 고려해 볼 때 성공이 보장된 미래가 있음에도 매춘업을 시작한 것에 대해서 칭찬받는다. 물론 동업자인 10대 창녀 라나(레베카 드 모네이 분)는 의붓아버지의 학대로 집에서 쫓겨나 있었다. 라나는 조엘의 매춘업 계획을 시작하고 또 진행시

계급 분열과 민주주의적 자본주의의 궤도(《위험한 청춘》, 워너 브러더스, 1983).

키는 데 큰 역할을 했음에도 조엘이 성공을 거둔 후에도 계속 매춘부 일을 한다. 영화에서 계급 구분은 심화된다. 레이건 대통령 시절 출세 의 기회는 여전히 있었지만 이러한 기회는 사회·경제적으로 부유한 계층에만 돌아갔다. 다른 많은 하이 컨셉트 영화처럼 영화 〈위험한 청 춘〉 또한 로빈 우드의 궤도를 따른다. 이 궤도는 "인종주의, 성차별주 의, 민주주의적 자본주의, 선택의 자유와 기회의 평등이라는 자본주의 의 신화, 자신의 힘으로 어쨌든 모든 것을 해결하는—그것이 절대로 개인의 영웅적 행동이라고 생각하지 않는 수백만 명의 사람들이 있다 하더라도— 개인주의적 영웅"으로 이루어져 있다.

## 하이 컨셉트의 대안

산업 구조가 보수적 이념에 물들어 있는 하이 컨셉트 영화를 여전히 지지하고 있다면 어떤 대안들이 미국 영화계를 바꾸어 놓을 수 있는 가? 미국 영화에 미학적 활력을 다시 불어넣어 줄 수 있는 한 가지 방법은 대안 영화와 주류 영화 사이의 교류이다. 데이비드 제임스<sup>David James</sup>는 사회적 결정 요소를 앞세우는 대안 영화 제작 방식을 다음과 같이 정의하고 있다. "영화를 정의하는 모든 모델들, 특히 대안 영화 스타일과 장편영화 산업의 코드 사이의 구분을 제시하는 모든 형식주의 모델들은 이들 각각의 사회적 결정 요소들과 짝을 이룰 것이다. 이런 식으로 모든 영화들은 사회적 실천으로 환원된다. 그것이 흑인 영화나 언더그라운드 영화 혹은 여성 영화라면 이런 대안 영화들은 다음과 같은 세 가지의 다른 활동 영역, 즉 대안적 사회 집단, 지배적인 사회, 그리고 헤게모니를 다루고 있는 영화에 대한 반응으로 이해될 것이다." 제임스는 소수의 이해와 대안 영화를 통한 그들의 표현과의 연계를 강조한다. 물론 실험적이고 전위적인 영화의 오래된 역사는 인종적, 성적 소수와 관련이 있다. 그러나 제임스는 대안 영화와 주류 영화 사이에 중요한 등식을 만들었는데, 이를 통해 주류 영화가 어떻게 전위적인 영화의 특성에 동화되는지를 잘 보여 준다.

주류 영화의 관점에서 볼 때 전위 영화의 스타일을 수용한 것은 경제적인 이유에서다. 할리우드는 흥행 수익이 늘어난다면 현재의 지배적인 제작 방식을 바꾸어 나갈 것이다. 이러한 과정은 영화사의 발전을 통해서 계속되었으며 심지어는 고전 영화 시대에도 계속 일어나고 있었다. 자넷 스타이거는 할리우드 영화에 대해 미학적으로 공헌한 '혁신적인 일꾼들'의 공로가 잠재적인 경제적 이익을 위해 촉진되었다고 설명한다. "혁신적인 일꾼들을 방해하는 대신, 할리우드의 제작 방식은 수익만 보장된다면 그들이 누구든 그들을 양성했다." 이러한 주장은 현대 영화계에 잘 들어맞는다. 그리고 하이 컨셉트는 이러한 영화 제작 방식을 변모시킬 미학적 혁신에 의해서 변화될 것이다. 분명한 사실은 이러한 과정을 단적으로 일목요연하게 도표화할 수 없다는 것이다. 제2장에서 설명한 하이 컨셉트 모델은 결코 정적이지 않다. 하이 컨셉트 스타일의 미세한 미학적 변화는 현재 진행형이다. 새로이 성공한 하이 컨셉트 영화는 미래의 하이 컨셉트 영화가 받아들일 변화를 제시하는 것이다.

이런 변화의 원천은 아마도 주류 상업 영화 제작 방식과는 다른 형태의 제작 방식에 있을 것이다. 전위 예술가들이 주류 영화산업에 동화되는 정도는 분명히 이 예술가들이 자신들의 창조적인 영화에 있어 내러티브의 중요성에 어느 정도의 관심을 가지느냐에 달려 있다. 이본느 라이너<sup>Yvonne Rainer</sup>, 요나스 메카스<sup>Jonas Mecas</sup> 같은 실험적인 구조주의 영화감독은 경제적 이윤을 얻기 위해 할리우드에 관심을 가지는 일은 결코 없을 것이다. 그들이 자신들의 작품에서 내러티브보다 구조나 과정을 강조한다는 것은 주류 영화업계의 어떠한 관심도 부정한다는 말이다. 물론 대안 영화를 제작하는 예술가들도 지배적 영화 제작 방식을 비판하기 위해서 부분적으로 지배적 제작 방식을 채택하기도 할 것이다. 한 예로 '레오폴드-로브<sup>Leopold-Loeb</sup> 살인 사건'을 현대적 시각으로 조명한 톰 칼린<sup>Tom Kalin</sup>의 독립 영화 〈졸도<sup>Swoon</sup>〉(1992)를 생각해 보자. 이 영화는 하이 컨셉트를 연상시키는 방식으로 촬영되었다. 등장인물들의 패션 스타일을 강조하고 연기나 그림자를 통해 잿빛과 흑백으로 촬영되었다. 이런 촬영의 효과에서 우리는 스타일 하나만을 확인할 수 있을 뿐이고, 따라서 영화는 등장인물들의 도덕적 타락을 가려 버리는, 광고로부터 받아들인 이 같은 공허한 스타일을 비평하고 있는 것이다.

실험 영화에서 주류 영화산업으로 옮겨 간 좀 더 적절한 사례는 팀 버튼Tim Burton, 데이비드 린치David Lynch 감독으로부터 찾을 수 있다. 두 감독은 주류 영화계에 입성하기 전부터 내러티브에 대해 강한 애착을 보여 주었다. 버튼 감독은 〈프랑켄위니Frankenweenie〉(1984)라는 짧은 영화로 할리우드의 이목을 집중시켰다. 이 영화는 교외에 살고 있는 한 가정의 개를 소재로 프랑켄슈타인 전설을 색다른 방식으로 재구성하고 있다. 버튼 감독의 독특한 세계관과 강력한 비현실적 시각 이미지는 장편영화 〈피위의 대모험Pee Wee's Big Adventure〉(1985)에서 하나로 합쳐졌다. 불후의 명성을 가져다준 폴 루벤스의 저급한 캐릭터뿐 아니라 이 영화는 대담한 팝 아트와 두드러진 원색을 사용한 특징을 갖는다. 이 두 가지 요소는 피위의 만화 같은 세계를 완벽하게 표현했다. 다음 작품 〈유령수업〉 역시 버튼의 시각적 감각과 독특한 시점을 비슷하게 활용하고 있다.

이러한 두 가지 특징은 〈배트맨〉을 경이적인 성공으로 이끌었다. 버튼은 이 영화에서 시각적 감각과 상식을 뛰어넘는 유머를 하이 컨셉트 프로젝트(전매 자산이라는 영화적 특성과 스타 배우 캐스팅의 요소)에 결합시켰다. 분명히 〈배트맨〉의 업적은 세밀한 제작 계획과 촬영 기법인데, 이는 만화나 1960년대 TV 시리즈로 익숙해진 〈배트맨〉을 교묘하게 수정한 것이다. 이 영화는 분명히 상업적 성공을 설명해 주는 하이 컨셉트의 영역에 속해 있지만, 버튼은 그의 강력한 시각적 감각을 통해 하이 컨셉트의 요소들을 변주할 수 있었다. 2억 5,000만 달러에 달하는 흥행 수익을 올렸기 때문에 이러한 형태의 차별화는 주류 영화업계에서 인정받았고 또한 앞으로 장려될 것이다.

린치 감독의 주류 영화계 입성은 다소 일시적인 것이었다. 미국영화연구소The American Film Institute의 도움으로 〈할머니The Grandmother〉 같은 실험적 단편영화를 찍음으로써 린치는 영화감독으로서 첫발을 들여놓았다.

이 영화의 이야기는 정신장애를 겪는 아이가 씨앗을 심고 이 씨앗이 자라서 할머니가 된다는 것이다. 린치 감독의 최초의 장편영화는 1971년에서 1976년까지 촬영한 70년대의 대표적 컬트영화 〈이레이저 헤드Eraserhead〉(1977)이다. 이 영화는 기형아에 관한, 무섭고 신경증적인 기괴한 악몽을 그린 영화이다. 버튼 감독처럼 린치 감독의 재능 또한 시각적 감각과, 일상생활에서 발견하는 기괴한 것들에 대한 심미안에 있었다.

하지만 버튼과는 달리 린치의 양식화된 영화 세계는 더 극단적으로 보이고 또한 비타협적이다. 숨막히게 하는 클로즈업, 균형이 맞지 않는 구도, 어둠의 세계, 특히 다이앤 아버스Diane Arbus의 작품에서 볼 수 있는 그로테스크하고 비정상적인 것에의 경도가 특징이다. 따라서 린치가 할리우드 주류 영화산업에 편입되지 못했던 이유를 살펴보는 것도 흥미로운 일일 것이다. 사실상 린치의 비전과 일관된 내러티브를 완전히 통합한 유일한 주류 영화는 〈엘리펀트 맨The Elephant Man〉(1980)이었다. 평론가 리처드 우드워드Richard Woodward는 이 영화를 다음과 같이 묘사한다. "영화 〈엘리펀트 맨〉의 분위기, 즉 산업화 시대 영국의 넓게 펼쳐진 어둠과 희미한 빛의 생생한 광경은 린치 감독이 만든 것이다. 분위기의 창조에 대한 린치의 재능과 극적인 이야기가 합쳐진 최초의 작품으로, 불행하게도 기형으로 태어난 존 메릭John Merrick과 의사의 관계가 그려진다."

〈엘리펀트 맨〉의 성공 이후 린치는 제작자 디노 드 로렌티스와 유니버설을 위해 SF 대하소설을 원작으로 한 영화 〈사구Dune〉(1984)를 4,000만 달러를 들여 연출했다. 린치의 스타일이 영화를 압도했고, 등장인물들은 표면적인 내러티브와 잘 어울리지 않았다. 그 결과는 엄청난 악평과 저조한 흥행 수익으로 돌아왔다. 전매 요소가 있는 영화의 제

일관된 내러티브와 결합된 음울한 비전(《엘리펀트 맨》, 파라마운트, 1980).

작이 린치의 재능과 조화되지 못했던 것이다. 결과적으로 버튼과는 달리 린치의 할리우드 편입은 실패했다. 린치 감독의 후속 영화는 골드윈<sup>Goldwyn</sup>이나 지금은 문을 닫은 드 로렌티스 엔터테인먼트<sup>De Laurentiis Entertainment</sup> 같은 독립 영화사를 통해 개봉되었다. 그의 특출한 재능은 TV 시리즈 〈트윈 픽스〉에 의해 꽃을 피웠다. 하지만 이 작품의 호소력은 한계가 있었다. 린치 감독은 특출한 능력을 가지고도 할리우드 주류에 동화될 수 없는 실험 영화 예술가의 대표적인 경우이며, 결과적으로 이들의 역량은 할리우드의 지배적인 영화 제작 방식을 바꾸지 못했던 것이다.

하이 컨셉트는 영화 시장의 재개념화를 통해서 변경된다. 영화를 영화 시장에 내놓는 데 있어 시장조사와 마케팅이 더 중요해지고 또 TV 광고를 통해 영화를 마케팅하기 때문에 인구 통계적 타깃팅을 고려해야 하는 등 영화 기획에서 내로우 케스팅의 중요성이 커지고 있다. 하이 컨셉트 시대는 젊은 연령층의 공략과 상관관계를 가지고 있었지만, 할리우드는 나이에 상관없이 여러 계층에 관심을 가지고 있다. 특히 메이저 스튜디오들은 라틴계나 흑인들을 공략하고자 한다. 흑인 영화라는 표식을 달고 있는 흥행작 〈하우스 파티House Party〉(1990), 〈보이즈 앤 후드Boyz N the Hood〉(1991), 〈똑바로 살아라Do the Right Thing〉(1989) 등은 스파이크 리Spike Lee 감독에게 3,500만 달러의 흥행 기록을 세운 〈말콤 X Malcolm X〉(1992)의 연출을 가능하게 하는 데 일조했다. 흥행 기록에 힘입어 리 감독은 확실한 전매 흥행 요소가 없이도 영화를 제작할 수 있는 우디 앨런이나 올리버 스톤 같은 감독의 반열에 오를 수 있었다.

영화사들이 인종별 하위 시장을 명백히 규정하고 이 하위 계층에 영화를 성공적으로 마케팅할 수 있다면, 이 틈새시장은 하이 컨셉트를 뛰어넘는 새로운 제작 형태의 신호가 될 것이다. 물론 이 주장은 틈새시장을 정확하게 정의하고 위치시킬 수 있는지 여부에 전적으로 달려 있다. 예를 들어 단순한 흑인 시장 공략은 아무런 의미가 없다. 왜냐하면 영화 〈머니 머니Mo' Money〉(1992)의 관객 공략은 〈꿈꾸듯 잠들고 싶다 To Sleep with Anger〉(1990)와는 분명히 다르기 때문이다. 인종과 상관없이 전자는 후자에 비해 좀 더 젊은 세대에게 더 호소력을 발휘할 것이다.

독립적인 미디어 예술가, 내로우 캐스팅, 레이건 시대의 일반적인 유행 등과는 관계없이 하이 컨셉트는 영화계 내에서 하나의 제작 형태로 계속 살아남을 것이다. 영화 스타일은 분명히 시간이 흐름에 따라 가장 인기 있고 상업적인 영화에 따라 적응하고 변할 것이다.

필자는, 미국 영화사에서 지난 20년 동안의 영화의 운명과 시대 구분에 관해 다시 질문하게 될 때, 이 시기가 비생산적이고 진부한 시대로 간주되지 않기 바란다. 대신 이 시기가 미국 영화에서 상업과 예술

사이의 균형이 상업적 측면으로 기울고 이것이 영화 제작과 영화 시장
에 영향을 미치게 된 하나의 구체적인 예를 제공하기 바란다.

## 참고 자료


### 단행본 자료

- Stuart Ewen, "Marketing Dreams: The Political Elements of Style," *Consumption, Identity & Style,* ed. Alan Tomlinson (London: Routledge, 1990).
- Kristin Thompson, "The Concept of Cinematic Excess," *Narrative, Apparatus, Ideology,* ed. Philip Rosen (New York: Columbia University Press, 1986).
- Charles Schreger, "Altman, Dolby, and the Second Sound Revolution," *Film Sound: Theory and Practice,* eds. Elizabeth Weis & John Belton (New York: Columbia University Press, 1985).
- Roland Barthes, "The Third Meaning," *Image Music Text* (New York: Hill and Wang, 1977).
- Tania Modleski, "The Rhythms of Reception: Daytime Television and Women's Work" from E. Ann Kaplan, *Regarding Television — Critical Approaches: An Anthology* (Los Angeles: AFI Monograph Series, 1983).
- Jim Collins, "Postmodernism as Culmination: The Aesthetic Politics of Decentered Cultures," *Uncommon Cultures* (London: Routledge, 1989).
- Michael Conant, "The Paramount Decrees Reconsidered," *The American Film Industry,* ed. Tino Balio (Madison: University of Wisconsin Press, 1985).
- Frederic Stuart, "The Effects of Television on the Motion Picture Industry," The American Movie Industry, ed. Gorham Kindem (Carbondale: Southern Illinois University Press, 1982).
- Michele Hilmes, "Television: The Vault of Hollywood," *Hollywood and Broadcasting: From Radio to Cable* (Chicago: University of Illinois Press, 1990).
- Joseph Dominick, "Film Economics and Film Content: 1964-1983," *Current Research in Film: Audience, Economics, and Law,* vol. 3, ed. Bruce A. Austin (Norwood, N.J.: Ablex Publishing Corporation, 1987).
- Harold L. Vogel, "Selected Theatrical Winners and Losers," *Entertainment Industry Economics: A Guide for Financial Analysis* (Cambridge: Cambridge University Press, 1990).

· Bruce A. Austin, "The Film Industry, Its Audience, and New Communications Technologies," *Current Research in Film: Audiences, Economics, and Law,* vol. 2, ed. Bruce A. Austin (Norwood, N.J.: Ablex Publishing Corporation, 1986).

· Olen J. Earnest, "Star Wars: A Case Study of Motion Picture Marketing," *Current Research in Film: Audiences, Economics, and Law,* vol. 1, ed. Bruce A. Austin (Norwood, N.J.: Ablex Publishing Corporation, 1983).

· Steven Knapp & Barry L. Sherman, "Motion Picture Attendance: A Market Segmentation Approach," *Current Research in Film: Audiences, Economics, and Law,* vol. 2, ed. Bruce A. Austin (Norwood, N.J.: Ablex Publishing Corporate, 1986).

· Gorham Kindem, "Hollywood's Movie Star System: A Historical Overview," *The American Movie Industry: The Business of Motion Pictures,* ed. Gorham Kindem (Carbondale: Southern Illinois University Press, 1982).

· Thomas Guback, "Theatrical Film," *Who Owns the Media? Concentration of Ownership in the Mass Communications Industry,* ed. Benjamin Compaine (New York: Knowledge Industry Publications, 1981).

· Kenneth Clarkson & Roger LeRoy Miller, "Market Structure and Performance," *Industrial Organiztion* (New York: McGraw-Hill, 1982).

· Mason Wiley & Damien Bona, "Altman Goes Country," *Inside Oscar* (New York: Ballantine Books, 1988).

· Thomas Schatz, *Old Hollywood/New Hollywood: Ritual, Art, and Industry* (Ann Arbor, Mich.: UMI Research Press, 1983).

· Thomas Schatz, *Hollywood Genres* (New York: Random House, 1981).

· Richard Dyer, *Only Entertainment* (New York: Routledge, 1992).

· Marin Gottfried, *All His Jazz: The Life and Death of Bob Fosse* (New York: Bantam, 1990).

· Kevin Boyd Grubb, *Razzle Dazzle: The Life and Work of Bob Fosse* (New York: St. Martin's Press, 1989).

· Dawn Steel, *They Can Kill You … But They Can't Eat You* (New York: Pocket Books, 1993).

· Pauline Kael, *Taking It All In* (New York: Holt, Rinehart and Winston, 1984).

· Rick Altman, *The American Film Musical* (Bloomington: Indiana University Press, 1987).

· Roland Barthes, *S/Z* (New York: Hill and Wang, 1974).

· David Bordwell, *Narration in the Fiction Film* (London: Methuen, 1985).

· John Fiske, *Television Culture* (New York: Routledge, 1987).

· Paul Schrader, *Schrader on Schrader* (London: Faber and Faber, 1990).

· George Katona, *The Mass Consumption Society* (New York: McGraw Hill, 1964).

· Tino Balio(ed.), *Hollywood in the Age of Television* (Cambrige, Mass.: Unwin Hyman, 1990).

· James Monaco, *American Film Now* (New York: New American Library, 1979).

· Robert Stanley, *The Celluloid Empire: A History of the American Movie Industry* (New York: Hastings House, 1978).

· John Douglas Eames, *The Paramount Story* (New York: Crown Publishers, 1985).

· Steven Bach, *Final Cut: Dreams and Disaster in the Making of Heaven's Gate* (New York: William Morrow, 1985).

· John Gregory Dunne, *The Studio* (New York: Limelight Editions, 1968).

· Louis M. Savary & J. Paul Carrico(eds.), *Contemporary Film and the New Generation* (New York: Association Press, 1971).

· Patrick McGilligan, *Robert Altman: Jumping Off the Cliff* (New York: St. Martin's Press, 1989).

· Gerald Mast, *A Short History of the Movies* (Indianapolis: Bobbs-Merrill Educational Publishing, 1981).

· Michael Pye, *Moguls: Inside the Business of Show Business* (New York: Holt, Rinehart and Winston, 1980).

· Anthony Slide, *The Television Industry* (New York: Greenwood Press, 1991).

· Peter Bart, *Fade Out: The Calamitous Final Days of MGM* (New York: William Morrow, 1990).

· Jack Hirshleifer, *Price Theory and Applications*, 2d ed. (Englewood Cliffs, N.J.: Prentice Hall, 1980).

- Edward Chamberlain, *The Theory of Monopolistic Competition* (Cambridge, Mass.: Harvard University Press, 1965).
- Christopher Pick(ed.), *What's What in the 1980s* (Detroit: Gale Research Company, 1982).
- Gregory J. Edwards, *The International Film Poster* (London: Columbus Books, 1985).
- Peter Guber, *Inside the Deep* (New York: Bantam Books, 1977).
- Ali MacGraw, *Moving Pictures* (New York: Bantam Books, 1991).
- Dale Pollock, *Skywalking: The Life and Films of George Lucas* (New York: Harmony Books, 1983).
- Bruce A. Austin, *Immediate Seating: A Look at Movie Audiences* (Belmont, Calif.: Wadsworth Publishing Company, 1989).
- Julie Salamon, *The Devil's Candy* (Boston: Houghton Mifflin Company, 1991).
- Herbert Marcuse, *One-Dimensional Man: Studies in the Ideology of Advanced Industrial Society* (Boston: Beacon Press, 1966).
- Robin Wood, *Hollywood from Vietnam to Reagan* (New York: Columbia University Press, 1986).
- Timothy Corrigan, *A Cinema without Walls: Movies and Culture after Vietnam* (New Brunswick, N.J.: Rutgers University Press, 1991).
- Robert Ray, *A Certain Tendency of the Hollywood Cinema, 1930-1980* (Princeton, N.J.: Princeton Unitersity Press, 1985).
- David E. James, *Allegories of Cinema: American Film in the Sixties* (Princeton, N.J.: Princeton University Press, 1989).
- R. Serge Denisoff & William D. Romanowski, *Risky Business: Rock in Film* (New Brunswick, N. J.: Transactions Publishers, 1991).
- Richard Levinson & William Link, *Stay Turned* (New York: St. Martin's Press, 1981).
- Robert C. Allen & Douglas Gomery, *Film History: Theory and Practice* (New York: Alfred A. Knopf, 1985).
- David Bordwell, Janet Staiger & Kristin Thompson, *The Classical Hollywood Cinema: Film Style and Mode of Production to 1960* (New York: Columbia

University Press, 1985).

- Steven Heller & Seymour Chivast, *Graphic Style* (New York: Harry N. Abrams, 1988).
- Diane Keaton & Marvin Heiferman, *Still Life* (New York: Fireside Books, 1985).
- Seth Cagin & Philip Dray, *Hollywood Films of the Seventies: Sex, Drugs, Rock'N'Roll and Politics* (New York: Harper and Row, 1984).


## 부정기간행물 / 계간지 / 기타

- Bruce A. Austin, "A Longitudinal Test of the Taste Culture and Elitist Hypotheses," *Journal of Popular Film and Television* 4 (1983).
- Gary Edgerton, "High Concept, Small Screen," *Journal of Popular Films and Television*, Fall 1991.
- J. A. Place & L. S. Peterson, "Some Visual Motifs of Film Noir," Film Comment, January/February 1974.
- Stuart Byron, "First Annual 'Grosses Gloss'," *Film Comment*, March/April 1976.
- Thomas Simonet, "Market Research: Beyond the Fanny of the Cohn," *Film Comment*, January/February 1980.
- Richard T. Jameson, "Style vs. 'Style'," *Film Comment*, March/April 1980.
- Myron Meisel, "The Sixth Annual Grosses Gloss," *Film Comment*, March/April 1981.
- L. M. Kit Carson, "Breathless Diary," *Film Comment*, May/June 1983.
- David Chute, "Dead End Streets," *Film Comment*, August 1984.
- Richard Crinkley, "The Art of the Cinemate," *Film Comment*, July/August 1985.
- Gregg Kilday, "Two or Three Things We Know About… The Eighties," *Film Comment*, November/December 1989.
- Anne Thompson, "Field of Dreams," *Film Comment*, March/April 1990.
- Douglas Gomery, "The American Film Industry of the 1970's: Stasis in the 'New Hollywood'," *Wide Angle* 5, no. 4 (1982).
- Alexander Doty, "Music Sells Movies: (Re) New (ed.) Conservatism in Film Marketing," *Wide Angle* 10, no. 2 (1988).

- Mimi White, "Crossing Wavelengths: The Diegetic and Referential Imaginary of American Commercial Television," *Cinema Journal* 25, no. 2 (1986).
- Barbara Klinger, "Digressions at the Cinema: Reception and Mass Culture," *Cinema Journal* 28, no. 4 (1989).
- Janet Staiger, "Announcing Wares, Winning Patrons, Voicing Ideals: Thinking About the History and Theory of Film Adventising," *Cinema Journal* 29, no. 3 (1990).
- Bruce A. Austin, Mark J. Nicolich & Thomas Simonet, "MPAA Ratings and the Box Office: Some Tantalizing Statictics," *Film Quarterly* 35 (1981).
- Beverle Houston, "Music Video and the Spectator: Television, Ideology and Dream," *Film Quarterly* 38, no. 1 (1984).
- Dennis H. Tootelian & Ralph M. Gaedeke, "The Teen Market: An Exploratory Analysis of Income, Spending, and Shopping Patterns," *Journal of Consumer Marketing* 9.4 (Fall 1922).
- Mitchell Cohen, "The Corporate Style of BBS: Seven Intricate," *Take One*, Winter 1974/75.
- Joseph D. Phillips, "Forms of Cultural Dependency: Film Conglomerate 'Blockbusters'," *Journal of Communication* 25, no. 2 (Spring 1975).
- Kenneth Turan, "Superman! Supersell!" *American Film*, December/January 1978.
- Paul Kerr, "Out of What Past? Notes on the 'B' Film Noir," *Screen Education*, Autumn/Winter 1979/1980.
- Bill George, "What's Wrinkled, Bug-Eyed, and Worth Billions," *Cinefantastique* 2/3 (1982).
- David Lachrenbruch, "Home Video: Home Is Where the Action Is," *Channels of Communication*, November/December 1983.
- Douglas Gomery, "Movie Merger Mania," *On Film* 13 (Fall 1984).
- David J. Ravenscraft, "Structure-Profit Relationships at the Line of Business Level," *Review of Economics and Statistics*, February 1983.
- Dennis Mueller, "Mergers and Market Shares," *Review of Economics and Statistics*, Winter 1984.

- Douglas Gomery, "Corporate Ownership and Control in the Contemporary US Film Industry," *Screen* 25, no. 4/5 (1984).
- Bob Fisher, "Don Peterman and Flashdance," *American Cinematographer,* April 1984.
- Jon Lewis, "Purple Rain: Music Video Comes of Age," *Jump Cut* 30 (1985).
- Leo Bogart, "What Forces Shape the Future of Advertising Research?" *Journal of Advertising Research,* February/March 1986.
- Janet Bergstrom, "Androids and Androgyny," *Camera Obscura* 15 (1986).
- Peter R. Dickson & James L. Ginter, "Market Segmentation, Product Differentiation, and marketing Strategy," *Journal of Marketing* 51 (1987).
- Diane Shoos & Diana George, "Top Gun and Postmodern Mass Culture Aesthetics," *Post Script* 9, no. 3 (1990).
- R. Serge Denisoff & George Plaskettes, "Synergy in 1980s Film and Music: Formula for Success or Industry Mythology?" *Film History* 4 (1990).
- William Maxwell, "Sampling Authenticity: Rap Music, Postmodernism and the Ideology of Black Crime," *Studies in Popular Culture* 14, no. 1 (1991).
- Teresa Grimes, "BBS: Auspicious Beginnings, Open Endings," *Movie* 31/32.
- Andrew Britton, "Blissing Out: The Politics of Reaganite Entertainment," *Movie* 31/32.
- Barry R. Litman, "Predicting Success of Theatrical Movies: New Empirical Evidence," National Convention for Education in Journalism, Boston, August 1980.
- Barry R. Litman, "Predicting Success of Theatrical Movies: New Empirical Evidence," National Convention of the Association for Education in Journalism, Boston, August 13, 1980.
- Thomas Simonet & Kenneth Harwood, "Identified Auteurs Among Top-Grossing American Film Directors, 1945-1969," Society for Cinema Studies Conference, University of Vermont, 1979.
- Thomas Simonet & Kenneth Harwood, "Popular Favorites and Critics' Darlings among Film Directors in American Release," Society for Cinema Studies Conference, Northwestern University, 1977.

· Joseph Helgot, Michael Schwartz, Frank Romo & Jaime Korman, "Aging Baby Boomers and Declining Leisure-Time: Strategic Implications for the Movie Industry," MarketCast Reports, 1988.


## 월간지 / 주간지

· Steve Pond, "Night Fever, Ten Years After," *Premiere,* December 1987.

· Peter Biskind, "Low Concept," *Premiere,* February 1988.

· Chris Chase, "Fosse's Ego Trip," *Life,* December 1979.

· Patrick McGilligan, "Breaking Away Mogul Style," *American Film,* June 1980.

· Mike Bygrave & Joan Goodman, "Meet Me in Las Vegas," *American Film,* October 1981.

· William Severini Kowinski, "The Malling of the Movies," *American Film,* September 1983.

· J. Hoberman, "1975-1985: Ten Years That Shook the World," *American Film,* June 1985.

· Timothy Noah, "Valley of the Duds," *Washington Monthly,* October 1985.

· David A. Garvin, "Blockbusters: The Economics of Mass Entettainment," *Journal of Cultural Economics,* June 1981.

· Joe Mandese, "Hollywood's Top Gun," *Marketing & Media Decisions,* March 1988.

· Stan Berkowitz, "Is 3-D Just Another Fad?" *Los Angeles,* March 1983.

· Richard J. Pietschmann, "The New Little Kings of Hollywood," *Los Angeles,* December 1987.

· Peter Schmideg, "Tailor-Made," *Cinema Papers,* July 1985.

· John Gregory Dunne, "Gone Hollywood," *Esquire,* September 1976.

· Bruce A. Austin, "Do Movie Ratings Affect a Film's Performance at the Ticket Window?" *Boxoffice,* March 1983.

· Judith Waldrop, "The Baby Boom Turns 45," *American Demographics,* January 1991.

· Graham Fuller, "Movies Highlight: Robert Altman," *Interview,* May 1992.

- Richard Albarino, "'Billy Jack' Hits Reissue Jackpot," *Variety*, November 7, 1973.
- Syd Silverman, "U.S. Four-Walling: Boon or Threat?" *Variety*, May 8, 1974.
- Charles O. Glenn, "In Reality, Nothing Just Happens," *Variety*, October 28, 1975.
- Addison Verrill, "'King' Wants 'Jaws' Boxoffice Crown," *Variety*, December 22, 1976.
- A. D. Murphy, "June Breaks Hot: Await Staying Power," *Variety*, June 22, 1977.
- Steven Ginsberg, "Jon Peters Org Develops 16 Features," *Variety*, August 2, 1979.
- Richard Kahn, "The Day Film Marketing Came of Age," *Variety*, October 30, 1979.
- Tom Bierbaum, "Movie Channel Accord Reached," *Variety*, November 12, 1982.
- Tom Bierbaum, "Col-HBO-CBS Studio: Agreement Dramatically Alters Rapidly Changing FeeVee Feature Landscape," *Variety*, December 1, 1982.
- Tom Bierbaum, "Columbia Pictures, HBO and CBS Combine for New Studio," *Variety*, December 1, 1982.
- Hy Hollinger, "Hollywood's View of Research Depends on Just Who's Being Asked, What Methods Are Used," *Variety*, January 12, 1983.
- Ray Loynd, "Disney Unfurls a New Banner: Touchstone Films to Handle Non-Traditional Product," *Variety*, February 16, 1984.
- James Greenberg, "Product Merchandising Helps Hype a Film at B.O. But You Need a Winner," *Variety*, October 30, 1984.
- William Daniels, "Film Ad Art Is No Easy Task," *Variety*, October 30, 1984.
- Richard Gold, "Create New Print Ad Campaigns to 'Freshen' Three Summer Pics," *Variety*, June 18, 1986.
- Lawrence Cohn, "1956-87 Big-Buck Scorecard," *Variety*, January 20, 1988.
- Jane Galbraith, "Disney Sprouts Third Pic Production Arm," *Variety*, December 7, 1988.
- Richard Gold, "Time Inc. Not for Sale, Affirm Execs at Meet," *Variety*, July 5, 1989.

- Richard Gold & Paul Harris, "Time Marches On, Grabs Warner, Outpaces Par," *Variety,* July 26, 1989.
- Charles Kipps, "Sony and Columbia: A Tidy Case of Hardware Meeting Software," *Variety,* October 3, 1989.
- Tom Bierbaum, "Vid Biz Takes Some Big Steps in Sell-Thru, Sponsors," *Variety,* November 15, 1989.
- Peter Bart, "Col's Billion Dollar Man Sets New Standard in H'wood," *Variety,* November 29, 1989.
- Richard Gold, "Majors Tune in Tube, Stint on Print," *Variety,* December 20, 1989.
- Peter Bart, "What Hollywood Isn't Telling MCA's New Owners," *Variety,* December 3, 1990.
- Reprinted in Claudia Eller, "Katzenberg Memo: Rivals' Reactions Range from Accord to Scorn," *Variety,* January 31, 1991.
- Claudia Eller, "Disney's Decade to Spread the Magic," *Variety,* January 17, 1990.
- Michael Fleming, "Turtles, 'Toons and Toys Are In," *Variety,* April 18, 1990.
- Charles Fleming, "Pitching Costs out of Control," *Variety,* June 27, 1990.
- Lawrence Cohn, "MegaPix for '91 Late to Gate," *Variety,* July 11, 1990.
- Claudia Eller, "Tracy' Cost Put at $101Mil," *Variety,* October 22, 1990.
- Jeffrey Katzenberg, "The World Is Changing: Some Thoughts on Our Business," reprinted in *Variety,* January 31, 1991.
- Richard Natale, "Summer Plugs Clog P&A Pipe Dreams," *Variety,* June 1, 1992.
- Patrick Goldstein, "Hollywood Squared," *Los Angeles Times,* July 26, 1987: Calendar section.
- Dale Pollock, "Flashfitht," *Los Angeles Times,* July 10, 1983: Calendar section.
- Michael Wilmington, "Nice Girls Don't Explode is a Dud," *Los Angeles Times,* May 29, 1987: Calendar section.
- Jack Matthews, "He Wants to Add New Pages to UA's Illustrious History," *Los Angeles Times,* November 19, 1987.
- Nikki Finke, "Film Ads: Would They Lie to You?" *Los Angeles Times,* December 9, 1988: Calendar section.

· Kathryn Harris, "Diller's Hands-On Efforts Pull Firm off the Critical List," *Los Angeles Times,* April 19, 1987.

· Elanin Dutka, "The Man Who Makes You King," *Los Angeles Times,* July 12, 1992: Calendar section.

· Pat H. Broeske, "Hollywood's '91 Focus: A Good Story," *Los Angeles Times,* January 8, 1991.

· David J. Fox, "Unraveling a Hollywood Mystery," *Los Angeles Times,* August 21, 1991.

· Pilar Viladas, "Good Guys Don't Live in White Boxes," *Los Angeles Times Magazine,* November 1, 1987.

· David Ansen, "Rock Tycoon Robert Stigwood," *Newsweek,* July 31, 1978.

· David Ansen & Peter McAlevey, "The Producer is King Again," *Newsweek,* May 20, 1985.

· Lynn Langway & Julia Reed, "Flashdance, Flashfashions," *Newsweek,* July 4, 1983.

· David Ansen & Peter McAlevey, "The Mouse That Roared," *Newsweek,* March 3, 1986.

· Charles Michener, "Altman's Opryland Epic," *Newsweek,* June 30, 1975.

· Tony Schwartz, "Stigwood's Midas Touch," *Newsweek,* January 23, 1978.

· Charles Michener, "The New Movie Musicals," *Newsweek,* March 24, 1975.

· Vincent Coppola, David T. Friendly & Janet Huck, "Now, It's Superhype," *Newsweek,* October 9, 1978.

· "The Yellow Brick Road to Profit," *Time,* January 23, 1978.

· Stephen Koepp, "Do you Believe in Magic?" *Time,* April 25, 1988.

· James P. Forkan, "Paramount Exec is Adman of Year," *Advertising Age,* January 8, 1979.

· Marcy Magiera, "Disney Adds to Tie-ins," *Advertising Age,* February 11, 1991.

· Marcy Magiera, "Madison Avenue Hits Hollywood," *Advertising Age,* December 10, 1990.

· Stuart Byron & Anne Thompson, "Summer Rentals," *LA Weekly,* September 27-October 5, 1985.

· Anne Thompson, "Reporting the Numbers," *LA Weekly,* July 24, 1992.

· Anne Thompson, "Altered States: Hollywood in Transition," *LA Weekly,* November 20, 1992.

· Gregg Kilday, "Strip Show: The Comic-Book Look of Dick Tracy," *Entertainment Weekly,* June 15, 1990.

· Will Tusher, "Schwarzenegger as the Tooth Fairy?" *Daily Variety,* August 29, 1991.

· James M. Markham, "This Spring's Hot Movie Underlines the Uneasy Link between Art and Advertising," *New York Times,* April 3, 1998.

· Janet Maslin, "Touchstone Has a Recognizable Touch," *New York Times,* November 5, 1989.

· Aljean Harmetz, "Movie Merchandise: The Rush Is On," *New York Times,* June 14, 1989.

· Neal Koch, "She Lives! She Dies! Let the Audience Decide," *New York Times,* April 19, 1992.

· Caryn James, "Test Screenings of New Movies Put Demographics over Creativity," *New York Times,* March 9, 1988.

· Richard B. Woodward, "A Dark Lens on America," *New York Times Magazine,* January 14, 1990.

· John Horm, "Audiences Make the Final Cut," *Dallas Morning News,* September 13, 1991.

· Anthony Haden-Guest, "Robert Stigwood Has the Stomach," *New York,* January 30, 1978.

· David Ogilvy, "Ogilvy Comes to New York, Ogilvy Goes to Hollywood," *New York,* February 6, 1978.

· Elmo Roper, "The Fortune Survey," Fortune, March 1949.

· Stratford P. Sherman, "Coming Soon: Hollywood's Epic Shakeout," *Fortune,* April 30, 1984.

· Teri Ritzer, "MGM in Serious Discussion Concerning Buy of UA Assets," *Hollywood Reporter,* May 19, 1981.

· Martin A. Grove, "Special Report: Licensing and Merchandising," *Hollywood*

*Reporter,* June 10, 1986.

· Mark Humphrey, "Licensing and Merchandising: Adding More Business to Showbusiness," *Hollywood Reporter,* June 7, 1988.

· Martin A. Grove, "Hollywood Report: Future Films and Future Focus," *Hollywood Reporter,* August 19 and 21, 1991.

· Robert March, "Roth: Instincts, Not Voodoo, Key to Future Fox Films," *Hollywood Reporter,* February 21, 1990.

· Alex Ben Block, "Priced to Sell?" *Forbes,* November 19, 1984.

· Jeffrey Trachtenberg, "G&W after Bludhorn," *Forbes,* December 3, 1984.

· Marc Frons & Cynthia Green, "Barry Diller: The Man Who Has To Make It All Happen," *Business Week,* May 20, 1985.

· Martin Davis, "Gulf & Western: From Grab Bag to Lean, Mean, Marketing Machine," *Business Week,* September 14, 1987.

· Ellen Farley, "Paramount Pictures, The Turnaround: A Frank Mancuso Production," Business Week, March 24, 1986.

· Ronald Grover, "Light, Camera, Auction," *Business Week,* December 10, 1990.

· Ronald Grover, "You Don't Know Them — But They Know Moviegoers," *Business Week,* May 25, 1987.

· John Huey & Stephen J. Sansweet, "Coca-Cola to Pay Over $820 Million Movie Firm," *Wall Street Journal,* January 20, 1982.

· Ben Fong-Torres, "Al Coury Owns Number One," *Rolling Stone,* October 5, 1978.

· Peter Lloyd, "The American Cinema: An Outlook," *Monogram,* April 1, 1971.

· Laurie Halpern Smith, "Cinecom: East Indie," *Movieline,* November 6, 1987.

· David Ehrenstein, "Two Snaps Down, Advocate," *November* 3, 1992.

· Russ W. Baker, "Putting the Cult Back in Culture," *Village Voice,* November 12, 1991.

· Betsy Sharkey, "Spotlight on Entertainment," *Adweek,* March 18, 1991.